T. 48
.b 382
A

PROCÈS

DU

MARÉCHAL NEY,

DUC D'ELCHINGEN, PRINCE DE LA MOSKWA, GRAND CORDON
DE LA LÉGION D'HONNEUR, CHEVALIER DE L'ORDRE
ROYAL ET MILITAIRE DE SAINT-LOUIS, COMMANDEUR DE
L'ORDRE DU CHRIST, etc.

PRÉVENU

DE HAUTE TRAHISON ET D'ATTENTAT CONTRE LA SURETÉ DE L'ÉTAT.

INSTRUCTION PRÉPARATOIRE,

ET

PREMIÈRE PROCÉDURE

Devant le Conseil de guerre de la première Division militaire.—Discours du Duc de RICHELIEU, Président du Conseil des Ministres.

Iᵉʳ CAHIER.

QUESTION DE COMPÉTENCE.

SECONDE EDITION.

PARIS,

CHEZ { PLANCHER, ÉDITEUR, RUE SERPENTE, Nᵒ 14;
EYMERY, LIBRAIRE, RUE MAZARINE, Nᵒ 30;
DELAUNAY, LIBRAIRE, AU PALAIS ROYAL.

1815.

PROCÈS

DU

MARÉCHAL NEY.

ORDONNANCE DU ROI *contenant la Liste des personnes qui ne font plus partie de la Chambre des Pairs.*

Au château des Tuileries, le 24 juillet 1815.

LOUIS, par la grâce de Dieu, Roi de France et de Navarre, à tous ceux qui ces présentes verront, salut.

Il nous a été rendu compte que plusieurs membres de la chambre des pairs ont accepté de siéger dans une soi-disant chambre des pairs, nommés et assemblés par l'homme qui avait usurpé le pouvoir dans nos États, depuis le 20 mars jusqu'à notre rentrée dans le royaume. Il est hors de doute que des pairs de France, tant qu'ils n'ont pas encore été rendus héréditaires, ont pu et peuvent donner leur démission, puisqu'en cela ils ne font que disposer d'intérêts qui leur sont purement personnels. Il est également évident que l'acceptation de fonctions incompatibles avec la dignité dont on est revêtu, suppose et entraîne la démission de cette dignité ; et par conséquent les pairs qui se trouvent dans le cas ci-dessus énoncé ont réellement abdiqué leur rang, et sont démissionnaires, de fait, de la pairie de France.

Ire partie.   1

A CES CAUSES, NOUS AVONS ORDONNÉ ET ORDONNONS ce qui suit :

ART. 1er. Ne font plus partie de la chambre des pairs les dénommés ci-après :

Le comte Clément de Ris.
Le comte Colchen.
Le comte Cornudet.
Le comte d'Aboville.
Le maréchal duc de Dantzick.
Le comte de Croix.
Le comte Dedeley-d'Agier.
Le comte Dejean.
Le comte Fabre de l'Aude.
Le comte Gassendi.
Le comte Lacépède.
Le comte de la Tour-Maubourg.
Le duc de Praslin.
Le duc de Plaisance.
Le maréchal duc d'Elchingen.

Le maréchal duc d'Albuféra.
Le maréchal duc de Conégliano.
Le maréchal duc de Trévise.
Le comte de Barral, archevêque de Tours.
Le comte Boissy-d'Anglas.
Le duc de Cadore.
Le comte de Canclaux.
Le comte Casa-Bianca.
Le comte de Montesquiou.
Le comte de Pontécoulant.
Le comte Rampon.
Le comte de Ségur.
Le comte de Valence.
Le comte Belliard.

2. Pourront cependant être exceptés de la disposition ci-dessus énoncée, ceux des dénommés qui justifieront n'avoir ni siégé ni voulu siéger dans la soi-disant chambre des pairs à laquelle ils avaient été appelés, à la charge par eux de faire cette justification dans le mois qui suivra la publication de la présente ordonnance.

3. Notre président du conseil des ministres est chargé de l'exécution de la présente ordonnance.

Donné au château des Tuileries, le 24 juillet de l'an de grâce 1815, et de notre règne le vingt-unième.

Signé LOUIS.

Par le Roi,

Signé le prince de TALLEYRAND.

ORDONNANCE du Roi qui prescrit l'arres-
tation et la traduction devant les conseils de
guerre compétens, de plusieurs généraux et
officiers y dénommés, et met provisoirement
sous la surveillance du ministre de la police
générale divers individus aussi y dénommés.

Au château des Tuileries, le 24 juillet 1815.

LOUIS, par la grâce de Dieu, Roi de France et de
Navarre,

Voulant, par la punition d'un attentat sans exemple, mais en graduant la peine et limitant le nombre
des coupables, concilier l'intérêt de nos peuples, la
dignité de notre couronne et la tranquillité de l'Europe, avec ce que nous devons à la justice et à l'entière sécurité de tous les autres citoyens sans distinction,

Avons déclaré et déclarons, ordonné et ordonnons
ce qui suit :

ART. 1er. Les généraux et officiers qui ont trahi le
Roi avant le 23 mars, ou qui ont attaqué la France et
le gouvernement à main armée, et ceux qui par vio-
lence se sont emparés du pouvoir, seront arrêtés et
traduits devant les conseils de guerre compétens,
dans leurs divisions respectives ; savoir :

Ney.

Labédoyère.

Les deux frères Lallemant.

Drouet-d'Erlon.

Lefebvre-Desnouettes.

Ameilh.

Brayer.

Gilly.

Mouton-Duvernet.

Grouchy.

Clausel.

Laborde.

Debelle.

Bertrand.

Drouot.

Cambrone.

Lavalette.

Rovigo.

2. Les individus dont les noms suivent ; savoir :

Soult.

Alix.

Excelmans.

Bassano.

Marbot.

Félix Lepelletier.

Boulay (de la Meurthe).

Méhée.

Fressinet.

Thibeaudeau.

Carnot.

Vandamme.

Lamarque (général).

Lobau.

Harel.

Piré.

Barrère.

Arnault.

Pommereul.

Regnaud (de Saint-Jean-d'Angely).

Arrighi (de Padoue).

Dejean fils.

Garrau.

Réal.

Bouvier-Dumolard.

Merlin (de Douai.)

Durbach.

Dirat.

Defermon.

Bory Saint-Vincent.

Félix Desportes.

Garnier de Saintes.

Mellinet.

Hullin.

Cluys.

Courtin.

Forbin-Janson , fils ainé.

Le Lorgne-Dideville.

sortiront dans trois jours de la ville de Paris , et se retireront dans l'intérieur de la France , dans les lieux que notre ministre de la police générale leur indiquera, et où ils resteront sous sa surveillance, en attendant que les chambres statuent sur ceux d'entre eux qui devront ou sortir du royaume , ou être livrés à la poursuite des tribunaux.

Seront sur-le-champ arrêtés ceux qui ne se rendraient pas au lieu qui leur sera assigné par notre ministre de la police générale.

3. Les individus qui seront condamnés à sortir du royaume auront la faculté de vendre leurs biens et propriétés dans le délai d'un an , d'en disposer, d'en transporter le produit hors de France , et d'en recevoir pendant ce temps le revenu dans les pays étrangers, en fournissant néanmoins la preuve de leur obéissance à la présente ordonnance.

4. Les listes de tous les individus auxquels les articles 1 et 2 pourraient être applicables, sont et demeurent closes par les désignations nominales contenues dans ces articles, et ne pourront jamais être étendues à d'autres, pour quelque cause et sous quelque prétexte que ce puisse être , autrement que dans les formes et suivant les lois constitutionnelles , auxquelles il n'est expressément dérogé que pour ce cas seulement.

Donné à Paris, au château des Tuileries, le 24

juillet de l'an de grâce 1815, et de notre règne le
vingt-unième.

Signé Louis.

Par le Roi, le ministre secrétaire d'état de la
police générale, signé duc d'Otrante.

Certifié conforme par nous, garde des sceaux de
France, ministre secrétaire d'état au département de
la justice, Pasquier.

CONSEIL DE GUERRE PERMANENT DE LA PREMIÈRE DIVISION MILITAIRE.

Le conseil de guerre permanent, nommé par S. Exc.
le ministre de la guerre, en vertu de l'ordonnance de
S. M. du 24 juillet dernier, a ouvert sa session aujour-
d'hui, au palais de Justice, pour procéder au jugement du maréchal Ney, prince de la Moskowa.

Les membres du conseil, savoir : M. le maréchal
comte Jourdan, président ; MM. les maréchaux Masséna, prince d'Essling ; Mortier, duc de Trévise ;
Augereau, duc de Castiglione ; MM. les lieutenans
généraux comte Gazan, Claparède et Villate ; M. le
commissaire-ordonnateur Joinville, remplissant les
fonctions de commissaire du Roi ; M. le maréchal de
camp comte Grundler, faisant fonctions de rapporteur,
et M. Boudin, celles de greffier ; après avoir décidé à
huis clos et en l'absence du maréchal Masséna, que
les motifs de récusation présentés par ce maréchal, et
fondés, dit-on, sur une vive querelle qui eut lieu entre
lui et le maréchal Ney, en Espagne, n'étaient pas suffisans pour motiver son refus de siéger au conseil, ont
pris place à onze heures du matin dans la grande salle
des assises qui avait été disposée à cet effet.

M. Berryer, défenseur du maréchal Ney, s'est placé
devant les juges.

M. le président, après avoir donné lecture de diverses lettres, dans lesquelles S. Exc. le ministre de

la guerre annonce au maréchal Jourdan sa nomination de président du conseil, la nomination des autres maréchaux et la liste des généraux de division employés dans la 1re division militaire, et en tête de laquelle se trouve, comme plus ancien en ordre, le lieutenant-général Gazan, a déclaré que la séance était ouverte.

Cette première séance, qui s'est terminée à cinq heures et demie, a été entièrement occupée par la lecture des pièces au procès : l'ordonnance de S. M., relative à la traduction par-devant un conseil de guerre de S. Exc. le maréchal Ney, comme prévenu d'avoir favorisé le retour de Buonaparte ; celle relative à d'autres individus, prévenus du même délit ; le procès-verbal d'arrestation du maréchal ; les ordres et instructions adressés en mars dernier au maréchal par S. Exc. le ministre de la guerre ; la correspondance du maréchal avec le ministre de la guerre jusqu'au 13 mars, et dans laquelle il rend compte des dispositions qu'il prend chaque jour pour s'opposer aux progrès de Buonaparte, et transmet les nouvelles qu'il reçoit sur sa marche ; sa correspondance avec es maréchaux Suchet, à Strasbourg, et Oudinot, à Metz ; les interrogatoires subis par le maréchal, les 9 et 22 août, devant M. de Cazes, préfet de police, et les 14 et 20 septembre, devant M. le maréchal de camp comte Grundler, rapporteur ; sa déclaration dont il a réclamé l'adjonction aux pièces du procès, et qui est ainsi conçue :

« Je déclare, par ces présentes, décliner la com-
» pétence de tout conseil de guerre ; cependant, par
» déférence pour MM. les maréchaux et officiers su-
» périeurs qui composent le conseil de guerre, je
» consens à répondre à toutes les questions qui me
» seront faites. »

Enfin, les procès-verbaux d'information, contenant les dépositions à charge et à décharge des témoins, au nombre de quarante, à-peu près.

Le maréchal Ney n'a point comparu aujourd'hui.

La séance de demain sera probablement remplie par

la plaidoirie de la compétence, qui doit avoir lieu avant l'audition des témoins.

Séance du 9 novembre.

La séance, ouverte à dix heures sous la présidence de M. le maréchal comte Jourdan, M. le président donne lecture de la lettre du ministre de la guerre qui convoque le conseil, et de l'ordre qui nomme les membres qui doivent le composer.

Une autre lettre annonce le remplacement du général Maison par M. le général comte Gazan, à raison d'ancienneté de grade.

Une troisième lettre indique le palais de Justice pour le lieu de la tenue des séances du conseil.

M le général rapporteur a la parole.

Il lit une lettre du ministre de la guerre, qui envoie au président du conseil l'ordonnance du 24 juillet.

M. le rapporteur lit l'ordonnance susdite. Il lit ensuite l'ordonnance du 2 août, qui attribue au conseil de guerre de Paris la connaissance des crimes prévus par l'ordonnance du 24 juillet.

Viennent les pièces de l'instruction.

La première est le procès-verbal de l'arrestation du maréchal.

Il est du commissaire de police d'Aurillac, qui s'est transporté dans une maison où était le maréchal Ney, l'a arrêté, et a reçu de lui un porte-feuille contenant plusieurs lettres, un état de la garde-robe et des dépenses du maréchal.

Un passe-port donné au maréchal, pour lui et sa suite, à la destination de Lausanne, et plusieurs autres lettres, notamment une du sieur Fontalban au maréchal, par laquelle il le prie, en cas qu'il quitte la France, de donner la préférence à la Louisiane.

On lit ensuite les lettres du ministre de la guerre au maréchal Ney, dans les premiers jours de mars dernier.

La première lui indique les mesures prises pour

s'opposer à la marche de Buonaparte, et le placement des troupes qu'il prendra sous ses ordres en Franche-Comté. On lui ordonne de prendre les ordres de S. A. R. le duc de Berri et de Monsieur. On le prévient que d'autres généraux ont ordre de se réunir à lui en cas de besoin.

On donne ensuite lecture de plusieurs extraits d'ordre du ministre de la guerre au maréchal Ney et à d'autres généraux dans lesquels il est cité.

Une lettre du maréchal, en date du, 10 mars, est ainsi conçue :

« Je n'ai trouvé, à mon arrivée, aucune des troupes que m'annonçait V. Exc. M. le comte de Bourmont vous a rendu compte que toutes les troupes avaient été dirigées sur Lyon.

» Je n'ai aucune nouvelle des opérations de Buonaparte. On dit ici qu'il se retire en Italie par le Simplon.

» Je vous renouvelle, etc. »

Une autre, du 11, de Lons-le-Saulnier :

« Le duc de Maillé m'apprend qu'une partie des troupes de Grenoble ont passé à l'ennemi. On pense que Buonaparte va arriver à Lyon aujourd'hui. Je pars, et si je trouve l'occasion favorable, je n'hésiterai pas à attaquer l'ennemi. »

Suit l'énumération des troupes qu'il a sous ses ordres.

Dans la troisième, du 12 mars, il annonce l'entrée de Buonaparte à Grenoble et à Lyon, ainsi que la défection des troupes. Il rend ensuite compte des mesures qu'il prend dans cette circonstance.

On lit trois autres lettres du maréchal au ministre de la guerre, datées de Lons-le-Saulnier.

Dans la première, il transmet au ministre le *Journal de l'Isère*, qui rend compte de la défection des troupes. « S. Exc. y trouvera, dit-il, des proclamations qui méritent l'attention du Roi. »

Puis il indique la position des troupes.

Dans la seconde, il donne une nouvelle indication de ses forces.

« Il serait bien essentiel, dit-il à la fin de sa lettre, d'adopter un *chiffre,* afin que si la correspondance venait à tomber entre les mains de l'ennemi il ne pût pas en profiter. »

La troisième est ainsi conçue :

« Je reçois la lettre, en forme d'instruction, que V. Exc. m'a adressée. »

Il donne l'extrait de divers rapports qu'il a reçus : l'un annonce que Buonaparte est arrivé à Villefranche, et parle des mouvemens du peuple en sa faveur, des canons et des caissons que la population de Châlons-sur-Saône a arrêtés au passage.

« Ce qu'il y a de plus fàcheux, ajoute-t-il, c'est la marche rétrograde de S. A. R. Monsieur sur Moulins : c'était à Grenoble qu'il aurait dû se porter de suite pour arrêter les progrès de Bonaparte.

» M. le maréchal Macdouald paraît n'avoir pas eu de confiance dans ses troupes ; mais il fallait d'abord les faire combattre.

Suivent les détails des dispositions qu'il a faites.

« Je mettrai la plus grande diligence à pouvoir manœuvrer sur la Saône, afin de déjouer les projets de Buonaparte s'il faisait des tentatives sur ce point.

« Les troupes que j'ai avec moi sont animées du meilleur esprit, et je ne doute pas que tout le monde ne fasse son devoir. »

On lit ensuite deux lettres écrites par le ministre de la guerre, qui envoie au conseil la proclamation du maréchal Ney, du 13 mars.

ORDRE DU JOUR.

Le maréchal prince de la Moskowa, aux troupes de son gouvernement.

« Officiers, Sous-officiers et Soldats,

« La cause des Bourbons est à jamais perdue ! La dynastie légitime que la nation française a adoptée va remonter sur le trône ; c'est à l'empereur Napoléon, notre souverain, qu'il appartient seul de régner sur notre beau pays ! Que la noblesse des Bourbons prenne le parti de s'expatrier encore, ou qu'elle consente à vivre au milieu de nous ; que nous importe! La cause sacrée de la liberté et de notre indépendance ne souffrira plus de leur funeste influence. Ils ont voulu avilir notre gloire militaire ; mais ils se sont trompés : cette gloire est le fruit de trop nobles travaux pour que nous puissions jamais en perdre le souvenir.

« Soldats ! les temps ne sont plus où l'on gouvernait les peuples en étouffant tous leurs droits ; la liberté triomphe enfin, et Napoléon notre auguste Empereur, va l'affermir à jamais. Que désormais cette cause si belle soit la nôtre et celle de tous les Français ! Que tous les braves que j'ai l'honneur de commander se pénètrent de cette grande vérité !

« Soldats ! je vous ai souvent menés à la victoire ; maintenant, je veux vous conduire à cette phalange immortelle que l'Empereur Napoléon conduit à Paris, et qui y sera sous peu de jours ; et là, notre espérance et notre bonheur seront à jamais réalisés. *Vive l'Empereur !*

» Lons-le-Saunier, 13 mars 1815.

Le maréchal d'Empire,

Signé prince DE LA MOSKOWA. »

On lit une lettre que M. le maréchal Ney écrit aux autorités civiles et militaires pour leur ordonner, au nom de l'Empereur, de faire arrêter les officiers généraux Bourmont, Lecourbe, de Laure, Jarry, le major de la Genetière, M. de Duras, le baron Couet, M. le comte de Scey, préfet du Doubs et le maire de Dôle.

Cette lettre dit qu'il sera rendu compte à l'Empereur de l'exécution de ces mesures. Elle est du 19 mars.

Une lettre du préfet du Doubs à M. le duc de

Feltre, du 21 mars, annonce qu'une émeute a eu lieu par des officiers en retraite, qu'ils ont pris la cocarde tricolore, et que le drapeau tricolore flotte à Besançon. Elle relate l'ordre d'arrestation donné par le maréchal Ney.

Le greffier du conseil donne lecture des interrogatoires du maréchal Ney devant le préfet de police.

M. le maréchal Ney s'est d'abord exprimé ainsi :

Je ne suis pas obligé à vous répondre. Je ne dois pas être jugé par une commission militaire, mais par la chambre des pairs. Je vois bien, par le costume que vous portez, que vous appartenez à l'autorité royale, mais rien ne me prouve que vous soyez préfet de police. Je suis prêt à répondre à toutes les questions, à réfuter toutes les calomnies, et à *dire des choses qui étonneront bien des gens.* Je veux d'abord savoir pourquoi je suis ici ? Parce qu'on m'a mis sur une liste où l'on m'appelle *Ney*. Si j'avais connu l'ordonnance du Roi, je me serais rendu à Paris. J'ai été arrêté arbitrairement et contre les formes établies par les lois. »

M. le maréchal nie formellement qu'il ait offert au Roi ses services, et qu'il lui ait fait des protestations de fidélité ; il repousse surtout avec force l'accusation d'avoir reçu de l'argent de S. M. : le ministre lui a seulement délivré, sur le payeur de Besançon, un bon de 15,000 francs, à valoir sur 40,000 fr. d'arrérages qui lui étaient dus. « Je dis au Roi, ajoute-t-il, que son ministre de la guerre m'avait donné l'ordre de me rendre dans mon gouvernement, et je lui demandai ses dernières instructions. S. M. me répondit que Buonaparte était débarqué, et me recommanda de prendre les mesures nécessaires pour m'opposer à ses progrès. Je crois que je lui répondis que cette démarche, de la part de Buonaparte, était insensée, et qu'il méritait, s'il était pris, d'être conduit à Paris dans une cage de fer : on a prétendu que j'avais dit que je le conduirais moi-même, si je le prenais, dans une cage de fer. Je ne me rap-

pellé pas bien ce que j'ai dit; je sais que j'ai prononcé ces mots : *cage de fer.* Il y avait en ce moment plusieurs personnes auprès du Roi ; entr'autres, autant que je puis me le rappeler, M. le prince
de Poix, le duc de Grammont, le prince de Neuf-
châtel et quatre ou cinq autres. Je dis aussi que
Buonaparte me paraissait bien coupable d'avoir
rompu son ban. Je lui ai dit, au reste, tout cela
à lui-même, quand je l'ai vu depuis, et il en a ri.

» On a répandu dans le public, continue le maréchal Ney, que j'avais baisé la main du Roi : cela est
faux. Je n'avais pas besoin de lui faire des protestations de fidélité, car mon intention était de le bien
servir, et je l'aurais fait, si j'avais vu que cela eût été
possible. »

Bientôt, rappelant des souvenirs plus fidèles, il
dit : « J'ai en effet baisé la main du Roi, S. M. me
l'ayant présentée en me souhaitant un bon voyage.
Le débarquement de Buonaparte me paraissait si ex-
travagant, que j'en parlais avec indignation, et que
je me servis en effet de cette expression de cage de
fer. »

Le maréchal Ney donne quelques détails sur les
dispositions qu'il avait prises pour s'opposer à Buonaparte ; il proteste de sa fidélité et de son dévouement au Roi jusqu'à l'époque du 13 mars. A deux
heures du matin il reçut la proclamation, qu'il a
signée et fait proclamer. « Je dis *la* proclamation,
observe-t-il avec soin, et non *ma* proclamation; car
elle me fut envoyée toute faite par Buonaparte, et
apportée par un agent particulier et un officier de la
garde. Dès la veille, un autre officier de la garde,
remarquable parce qu'il est manchot, était revenu
après avoir vu Napoléon; il avait été dépêché de
Metz, à ce qu'il paraît, par les autres officiers de ce
corps, pour demander à Buonaparte le point où ils
devaient se réunir. Avant de lire la proclamation aux
troupes, je la communiquai aux généraux de Bourmont
et Lecourbe, et les consultai sur ce que je devais

faire. De Bourmont me répondit qu'il fallait se joindre
à Buonaparte ; que les Bourbons avaient fait trop de
sottises, et qu'il fallait les abandonner. C'était le 14,
à midi ou une heure, que je fis cette lecture sur l'es-
planade de Lons-le-Saulnier ; mais la proclamation
était déjà connue : des agens, venus du quartier général de Buonaparte, l'avaient répandue dans la ville ;
je crois même qu'ils avaient aussi apporté des aigles. »

Le maréchal persiste à soutenir qu'il n'a ni écrit ni
dépêché personne à Buonaparte avant le 15, époque à
laquelle il lui envoya son aide de camp Devaur, le
colonel Passinges, et un maréchal de camp dont il ne
se rappelle pas le nom. Il s'étend sur les preuves de
zèle qu'il avait précédemment données pour le service
du Roi. Il avait envoyé des gendarmes déguisés recueillir des renseignemens sur la marche, les forces et
les dispositions de Buonaparte ; il avait rassemblé les
officiers de chaque régiment, et leur avait rappelé vivement leur devoir envers S. M ; enfin il s'était écrié,
dans un mouvement d'enthousiasme royaliste : « Si je
vois de l'hésitation dans la troupe, je prendrai moi-
même le fusil du premier grenadier pour m'en servir,
et donner l'exemple aux autres. »

Ces allégations du maréchal ont amené la question
suivante : Comment pouvez-vous donc expliquer le
changement qui s'est opéré en vous, et comment jus-
tifierez-vous votre conduite du 14 mars ? Vos devoirs
n'étaient-ils pas toujours les mêmes ? Le maréchal a
répondu : Cela est vrai ; j'ai été entraîné ; j'ai eu tort :
il n'y a pas le moindre doute.

Demande. Qui est-ce qui a pu vous entraîner, et
n'est-ce pas vous-même qui avez entraîné, par vos
discours et par votre exemple, les officiers et les
troupes qui étaient sous vos ordres ?

Réponse. Je n'ai entraîné personne. Le colonel
Dubalen (du 64e) fut le seul qui protesta ; il vint me
dire qu'ayant prêté serment de fidélité au Roi il voulait se retirer. Je l'autorisai à le faire ; et j'ai empêché
depuis qu'il ne fût arrêté. Mon aide de camp Clouet

me dit qu'il n'approuvait pas ma conduite, et me
demanda de retourner à Paris : si je l'engageai de dif-
férer de quelques jours, ce ne fut que pour sa sûreté.
Ce qui m'a déterminé personnellement, c'est la crainte
de la guerre civile, et l'assurance que les agens de
Buonaparte m'avaient donnée, que les puissances alliées étaient d'accord avec lui ; que le baron Kolher,
général autrichien, était venu le trouver à l'île d'Elbe,
et lui dire, de leur part, que les Bourbons ne pouvaient plus régner ; qu'on l'engageait à débarquer en
France, sous la condition de ne jamais faire la guerre
hors des limites ; que le roi de Rome et sa mère res-
teraient en otage à Vienne, jusqu'à ce qu'il eût donné
à la France une constitution libérale : toutes choses
que lui-même m'a répétées ensuite quand je l'ai vu
à Auxerre. Les généraux Bourmont et Lecourbe ne
m'ont fait ni objection ni observation. De Bourmont
a vu Buonaparte, et a été de suite employé par lui.
Je fais observer que la proclamation qui m'est attribuée, et que je n'ai publiée que le 14, était connue
dès le 13 en Suisse ; qu'elle émanait de Buonaparte,
qui l'avait envoyée à Joseph, à Prangin. Cette tac-
tique était celle de Buonaparte, qui déjà, dans le
commencement de la campagne de Russie, avait fait
insérer dans le *Moniteur* une lettre dans laquelle il
me faisait parler d'une manière fort inconvenante sur
les Russes et sur les affaires politiques. Je n'en eus
connaissance que parce qu'il me dit le lendemain, en
plaisantant, *qu'il m'avait fait faire de l'esprit.* Je lui
fis les représentations les plus fortes ; mais la chose
était faite. Il en avait fait autant à l'égard du prince
Eugène et de Davoust. Je me rappelle aussi qu'il m'a-
vait fait dire, pour me persuader, que les Anglais le
protégeaient ; que, huit jours avant son départ de l'île
d'Elbe, il avait dîné sur un vaisseau de guerre de
cette nation ; que le colonel ou général Campbel, qui
était commissaire anglais dans cette île, en était parti
le lendemain, et que par suite il avait pu faire ses
préparatifs et s'embarquer.

D. Les troupes avaient-elles manifesté, avant votre proclamation, de mauvaises dispositions contre le Roi ?

R. Il y avait une rumeur sourde ; mais les mauvaises dispositions des troupes étaient connues. J'avais cru pouvoir les changer en faisant arrêter, le 13 au matin, un officier que le général Bourmont doit connaître, et qui avait manifesté l'intention de passer à Buonaparte. Je donnai l'ordre au général Bourmont de l'envoyer à la citadelle de Besançon.

Depuis l'arrivée de Buonaparte, je l'ai très-peu vu. Depuis cette malheureuse proclamation du 14, je ne vivais plus ; je ne désirais que la mort, et j'ai tout fait pour la trouver à Waterloo. Lorsque je suis venu de ma terre pour le Champ-de-Mai, Buonaparte me dit : *Je vous croyais émigré ? — J'aurais dû le faire plus tôt,* lui répondis je, *maintenant il est trop tard.*

Je dois dire aussi que j'avais des désagremens intérieurs. Ma femme croyait bien que je marchais contre Buonaparte, et cela l'affligeait. J'ai été fort maltraité par lui, et ma femme aussi : j'étais regardé chez lui comme *la bête noire.* Il ne voulait pas voir ma femme : je lui en demandai la raison ; il lui reprocha d'avoir tenu des propos. J'ai eu bien des fois envie de me brûler la cervelle ; je ne l'ai pas fait, parce que je désirais me justifier. Je sais que les honnêtes gens me blâmeront ; je me blâme moi-même : j'ai eu tort, je me le reproche ; mais je ne suis pas un traître : j'ai été entraîné et trompé.

D. Le jour de votre arrivée à Paris, le maréchal Soult, ministre de la guerre, ne vous engagea-t-il pas à ne point voir le Roi ?

R. Lorsque j'arrivai auprès du ministre, il me dit : « Buonaparte est débarqué. » Je lui répondis : « Je viens de l'apprendre ; c'est une folie : que faut-il que je fasse ? » — Il répartit que je devais aller à Besançon ; qu'il m'y avait envoyé mes instructions. — Mais que ferais-je, quand je serai arrivé ? Faudra-t-il réunir les troupes ? Sur quel point les dirigerai-je ? — Vous le saurez, me répondit-il brusquement, en lisant vos instructions. Je lui parlai de mon désir de voir le Roi. « N'y allez pas, me dit-il sur le même ton : S. M. est souffrante ; elle ne reçoit pas. » Je le quittai en lui disant : Vous ne m'empêcherez pas de voir le Roi.

D. Vous expliquez-vous quel pouvait être le motif du maréchal Soult en vous détournant de voir Sa Majesté ?

R. Non ; je ne peux le deviner. Je l'ai poussé à bout de toute manière pour le savoir, et pour connaître aussi la quantité de troupes que j'avais dans mon gouvernement : je n'en pus rien obtenir. Le fait est que si j'avais suivi ses instructions je n'aurais fait faire aucun mouvement à ces troupes ; je serais resté seul à Besançon. Comment se fait-il que l'aide de camp de Soult soit venu disséminer ces troupes au lieu de les réunir ? Si j'avais voulu trahir, j'aurais donné de faux avis à Suchet et à Oudinot, et je ne les aurais pas pressés de marcher en avant. Suchet m'écrivait que ses troupes étaient déjà en fermentation ; Gérard, qui se défiait de Suchet, avait envie de reprendre le commandement. Le général Bertrand avait envoyé partout des lettres et des proclamations. Buonaparte, ne voyant pas arriver de Bourmont, Lecourbe, Lagenetière, Dubalen et quelques autres officiers, ordonna de les faire arrêter, et de faire afficher leurs noms dans les villes ; mais il révoqua son ordre à mon arrivée à Paris ; et il envoya le général Mermet pour prendre le commandement de Besançon.

Le second interrogatoire fait par M. le préfet de police contient ce qui suit :

D. Affirmez-vous que jusqu'au moment de votre arrivée à Lons-le-Saunier, vous n'avez pas eu la pensée et n'avez pas formé le complot de déserter la cause du Roi ?

R. Non, bien certainement. Je n'avais aucune connaissance de ce que le comte d'Erlon, Lefèvre-Desnouettes et les autres ont pu faire. On peut demander à Colbert, à Ségur, à Lefèvre-Desnouettes, lui-même, ce que je leur ai dit avant de partir de

Paris , et si je ne les ai pas engagés à rester fidèles au Roi.

D. Si vous n'aviez pas formé , avant votre arrivée à Lons-le-Saunier , le projet de joindre Buonaparte avec vos troupes et de reconnaître ses ordres , comment avez-vous pu vous déterminer si promptement à changer de conduite et de sentiment ?

R. On peut dire que c'est *une digue renversée....* Je conviens que cela est difficile à expliquer..... C'est l'effet de toutes les assertions des agens de Buonaparte. Le préfet de Bourg m'avait manifesté une grande térreur ; tout paraissait perdu....... Mais je n'ai changé cependant qu'au moment où j'ai lu la proclamation aux troupes. Je n'avais reçu aucune dépêche, ni aucun émissaire de Buonaparte avant la nuit du 13 au 14 mars : je n'étais en relation avec qui que ce fût ; je n'ai rien su de ce qui s'était passé auparavant. J'ai eu tort sans doute de lire la proclamation ; mais j'ai été entraîné par les événemens. La preuve que, le 13 même , j'étais encore fidèle au Roi résulte des lettres que j'ai écrites ce jour là aux maréchaux Suchet et Oudinot. Celle qui s'adressait à ce dernier a été écrite le soir , et elle doit en faire mention. Je crois bien que d'autres généraux ont reçu des lettres de Bertrand, mais qu'ils n'ont pas osé les montrer.

D. N'en avez-vous pas reçu, vous-même, ou ne vous a-t-on pas communiqué celles reçues par les généraux ? ne vous en a-t-on pas dit du moins le contenu ?

R. Non. On ne m'a communiqué aucune lettre. J'ai reçu des lettres de Bertrand dans la nuit du 13 au 14 avec des proclamations. Je crois que d'autres en ont reçu aussi , mais je ne les ai pas vues. De Bourmont en a reçu lui-même une , par laquelle on lui ordonnait de se porter sur Mâcon. Je crois qu'elles étaient écrites de Tournus, sous la date du 13 ou du 14.

Ire partie.   2

D. Que contenait la lettre que vous avez reçue de Bertrand ?

R. L'envoi pur et simple de la proclamation, l'invitation de la répandre et de diriger mes troupes sur Dijon.

D. N'avez-vous pas reçu aussi, avant le 13, une lettre de Buonaparte ?

R. Je n'ai reçu de lettre de lui que dans la nuit du 13 au 14. Elle doit être dans mes papiers. Il m'y donnait l'ordre de marcher sur Mâcon ou Dijon, et de faire suivre beaucoup d'artillerie. Il m'y disait : «Ainsi vous devez avoir cent pièces de canon. Si vous en manquez, j'en ai trouvé cinq cents à Grenoble. » *Il ne me parlait aucunement du Roi, il me donnait des ordres comme il aurait fait un an auparavant, et comme si notre position respective n'avait jamais changé.* Ses agens m'avaient dit qu'il aurait pu faire arrêter à Paris, s'il l'avait voulu, le Roi et la famille royale, d'après ce que lui mandaient ses partisans ; lui-même me l'a répété à notre première entrevue. Il m'a même chargé, à Dijon, d'écrire à Maret qu'il était inutile de rien faire à Paris, que son succès était inévitable, et j'ai envoyé à cet effet, à Maret, duc de Bassano, un de ses parens, habitant de Dijon, qui était dans la garde nationale, autant que je puis me le rappeler, et inspecteur des droits réunis ou de l'enregistrement; c'est la seule lettre que j'aie écrite à Maret, et c'est *par ordre.*

D. N'en avez-vous pas reçu vous-même une de cet ancien ministre ?

R. Non. Je n'écrivis à Maret que *sur l'ordre* que m'en a donné l'*Empereur*, dans une lettre qu'i m'adressa lui-même à Dijon. Il était déjà en avant, et même, je crois, à Fontainebleau.

D. Comment se fait-il qu'étant beaucoup plus près de Paris que vous, il vous ait chargé d'écrire à Maret ? Votre lettre n'a dû arriver qu'après lui ?

R. Je présume qu'il lui a écrit de son côté ; il ne m'en chargeait que pour plus de sûreté. Ma lettre a dû arriver avant lui : il n'avait qu'une marche devant moi.

D. Savez-vous où il a reçu les premières dépêches qui lui sont parvenues de Paris ?

R. Non.

D. Savary n'était-il pas déjà auprès de lui lorsque vous l'avez rejoint ?

R. Non : d'après ce que j'ai ouï dire, Savary était resté aux environs de Paris, et courait dans les campagnes. Je crois qu'il n'a rejoint Buonaparte qu'à Paris.

D. Buonaparte ne vous a-t-il pas fait part des complots qui avaient préparé et facilité son retour ?

R. Il m'a parlé de son entrevue avec le général Kobler, et de son dîner à bord d'un vaisseau anglais. Nous étions une quinzaine à table. Il annonça que son affaire était une affaire de longue combinaison : Cambrone, Labédoyère, Bertraud, Drouot, Brayer, un colonel d'artillerie, qui commandait celle de la garde; Alix, je crois, et un colonel polonais, étaient de ce dîner. Il nous parla avec détail de ce qui s'était passé pendant son absence, et s'entretint des plus grandes choses comme des plus petites. Il savait, par exemple, ce qui s'était passé au dîner du Roi à l'hôtel-de-ville, me faisant remarquer que les maréchaux n'y avaient pas eu de place; il me dit même que ma femme n'y avait pas été invitée; ce qui est inexact : il est vrai seulement qu'elle n'y était pas allée, parce que l'invitation du Roi lui était parvenue à la campagne. Il me demanda des nouvelles de plusieurs personnes : je crois que ce fut lui qui me fit connaître la disgrâce de Soult, et la remise de son épée au Roi. Il était extrêmement bien informé de tout ce qui se passait et de tout ce qui s'était passé à Paris; il cita plusieurs femmes de maréchaux comme n'ayant pas été invitées au dîner de l'hôtel-de-ville.

Il parla de la cérémonie funèbre du 21 janvier. Il me demanda ce que faisait Soult, et pourquoi ce mi-

2.

nistre avait coupé les divisions militaires en deux, en
envoyant deux lieutenans généraux pour chaque division, de manière que chacun d'eux correspondait directement avec le ministre. Cette disposition parut
singulière à beaucoup de monde. Soult avait placé des
généraux à lui dans ces divisions ; ils correspondaient
directement avec le ministre, qui, de cette manière,
avait des gens qui étaient à lui, et d'autres qui étaient
au Roi. Aussi, en arrivant à Besançon, je trouvai le
général Mermet qui partageait, à mon insu, depuis
vingt jours, le commandement de la division avec
Bourmont. Mermet était placé à Lons-le-Saulnier,
Bourmont à Besançon.

D. Buonaparte ne vous rappelait-il pas, dans sa
lettre du 13, vos anciennes liaisons, et ne vous tu-
toyait-il pas ?

R. Non : jamais je n'ai été tutoyé par lui. Il me
parlait seulement de mes campagnes, il me
disait qu'il se rappelait toujours avec plaisir mes actions : je crois qu'il m'y appelait *le brave des braves*,
ainsi qu'il le faisait quelquefois.

D. D'après ce que vous m'avez déclaré dans votre
premier interrogatoire, il paraîtrait que vous avez
conservé, jusqu'au 13 au soir, l'espérance de faire
marcher vos troupes contre Buonaparte, et que vous
n'avez eu à punir aucune rébellion de leur part ?

R. Je n'ai eu à punir qu'un officier, ainsi que je
vous l'ai raconté. Le bouleversement n'a eu lieu que
le 14 au matin. Auparavant il n'y avait que de la fermentation. Le préfet vint me déclarer, après la publication de la proclamation, qu'ayant prêté serment au
Roi, il voulait rester fidèle et qu'il se retirait. Je l'autorisai à se retirer à la campagne. On peut lui demander si je cherchai à le détourner de cette résolution.
Il fut le seul, avec le colonel Dubalen, qui me fit des
observations et me montra de l'opposition.

Le maréchal termine en disant : Je voudrais que
vous pussiez annuller ce que j'ai dit dans mon dernier
interrogatoire à l'égard de Gérard, de Bourmont et
d'autres généraux.

Je ne veux dénoncer personne. Je ne désire que prouver au Roi que je n'ai pas eu l'intention de le trahir; lorsque je l'ai quitté, je suis parti avec l'intention de sacrifier ma vie pour lui. Ce que j'ai fait est un grand malheur, j'ai perdu la tête, je n'ai jamais formé le complot de trahir le Roi. J'aurais pu passer aux Etats-Unis, je ne suis resté que pour sauver l'honneur de mes enfans; j'avais annoncé, en partant de Paris, que j'étais prêt à me mettre à la disposition du Roi. Je ne tiens pas à la vie, je ne tiens qu'à l'honneur de mes enfans.

Après les interrogatoires faits par M. Decazes, le général comte Grundler donne lecture de ceux auxquels il a lui-même procédé.

Le maréchal lui remit d'abord la protestation suivante, que M. le rapporteur crut devoir joindre aux pièces :

« Je déclare, par ces présentes, décliner la compétence de tout conseil de guerre, pour être jugé en conformité de l'ordonnance du Roi du 24 juillet dernier. Cependant, par déférence pour MM. les maréchaux de France et lieutenans généraux qui composent le conseil de guerre, je suis prêt à répondre aux questions qu'il plaira à M. le maréchal de camp comte Grundler (remplissant les fonctions de rapporteur) de m'adresser. »

A la Conciergerie, le 14 septembre 1815.

Le maréchal prince DE LA MOSKOWA.

Le général fait ensuite à l'accusé la question suivante :

Savez-vous pourquoi vous avez été arrêté ?

R. Je n'ai eu connaissance du motif de mon arrestion qu'à Aurillac, département du Cantal, où l'on m'a donné connaissance de l'ordonnance du Roi du 24 juillet dernier.

D. Où avez-vous été arrêté, et par quel ordre ?

R. J'ai été arrêté dans le château de Bessouis département du Lot, par ordre de M. Locard, préfet du Cantal, le 3 août dernier, par un capitaine, un lieutenant et quatorze gendarmes, qui m'ont de suite conduit à Aurillac.

D. Pourquoi, à l'époque du 3 août, vous trouviez-vous dans le département du Lot ?

R. J'ai quitté Paris le 6 juillet, à l'entrée des alliés dans la capitale. Mon intention était de me rendre en Suisse : j'avais des passe-ports du ministre de la police générale et un congé illimité du ministre de la guerre, qui m'autorisait à me rendre dans ce pays pour y rétablir ma santé. J'avais appris en route que Lucien Buonaparte, qui avait passé par Lyon, avait dîné chez le général en chef de l'armée autrichienne, comte de Bubna, et probablement sur le rapport qu'il a fait du passage de ce personnage, il avait été arrêté Turin. Le commissaire général de police de Lyon étant venu me rendre visite, me prévint que toutes les routes qui conduisaient en Suisse étaient gardées par les Autrichiens, qu'il était à craindre que je ne fusse arrêté par eux, et me conseilla ou de leur demander des passe-ports, ou d'aller aux eaux minérales de Saint-Alban, près Rouanne, en attendant des nouvelles de Paris ; à quoi je répondis que s'il n'y avait pas sûreté pour moi d'aller en Suisse, je préférais rétrograder sur Paris. Le passe-port dont j'étais porteur fut visé par ce commissaire général de police, pour retourner à Paris. Cependant je me décidai à me rendre provisoirement à Saint-Alban, ayant appris que Moulins et d'autres villes voisines étaient occupées par les Autrichiens. C'est là, à Saint-Alban, qu'une personne de confiance qui me fut envoyée par madame la maréchale Ney, m'engagea à la suivre dans le château de Bessonis, appartenant à une parente de madame la maréchale, et où j'arrivai le 19 juillet. J'y restai jusqu'au 5 août, époque de mon arrestation. Conduit, comme je l'ai dit plus haut, à Aurillac, le jour même, et déposé à la maison de ville, j'y restai jusqu'au 15 du même mois, que l'ordre de me conduire à Paris fut apporté par le capitaine de gendarmerie Jomard, accompagné d'un lieutenant, qui me firent partir et m'accompagnèrent jusqu'à la Conciergerie, où j'arrivai le 19 au matin.

D. Avez-vous écrit à Napoléon Buonaparte pendant qu'il était dans l'île d'Elbe, ou à quelques-unes des personnes qui l'y avaient accompagné ?

R. Jamais.

D. Avez-vous, à la même époque, reçu des lettres de Napoléon ou des personnes qui étaient près de lui ?

R. Non.

D. Avant le retour de Napoléon en France, aviez-vous reçu quelques avis de son projet d'y revenir ?

R. Non ; je n'ai jamais rien su de ses projets.

D. Où étiez-vous lorsque Buonaparte effectua son invasion dans le département du Var !

R. J'étais à ma terre de Coudreaux près Châteaudun, département d'Eure-et-Loir.

D. Comment avez-vous appris cette invasion ?

R. Je ne l'ai apprise qu'à mon arrivée à Paris, le 7 mars, par mon notaire, Me Batardy.

D. Pourquoi, à cette époque, avez-vous quitté votre terre des Coudreaux ?

R. En vertu des ordres de M. le duc de Dalmatie, ministre de la guerre, qui me furent apportés par son aide de camp, datés du 5, et qui me furent remis le 6, dans l'après-midi. Ils m'annonçaient qu'en vertu des ordres du Roi, je devais me rendre de suite dans mon gouvernement de Besançon, où je recevrais de nouveaux ordres. Immédiatement après l'arrivée de l'aide de camp du duc de Dalmatie, je donnai des ordres pour mon départ, et me mis en route dans la soirée, pour Paris, où je devais passer, ayant besoin de prendre des uniformes, et où j'espérais connaître le motif de ces dispositions, l'aide de camp du ministre n'ayant pu me donner aucun détail à ce sujet. Arrivé à peine, je me rendis chez S. A. R. Mgr le duc de Berri, qui me confirma la nouvelle que m'avait déjà donnée mon notaire, et me demanda si je connaissais le colonel Labédoyère : je lui répondis qu'il avait été aide de camp du prince Eugène. Ne croyant pas pouvoir faire ma cour au Roi avant mon départ, parce qu'on m'avait annoncé que S. M. était souffrante, je priai S. A. R. de vouloir bien me mettre aux pieds du Roi, et de l'assurer de tout le zèle que je mettrais à remplir mes devoirs. S. A. R. voulut bien me le promettre. En sortant des Tuileries, je me rendis chez le ministre de la guerre, à qui je demandai s'il pouvait, préalablement aux instructions qu'il m'annonçait que je trouverais à Besançon, me faire connaître l'ensemble des opérations et des dispositions prises pour déjouer les projets de Buonaparte. Il refusa de s'expliquer, en disant que je recevrais mes instructions dans mon gouvernement, que M. le général de Bourmont, commandant la 6e division militaire, avait déjà des ordres qu'il me remettrait à mon arrivée à Besançon.

(Ici le maréchal s'excuse de répondre sur le contenu des ordres qu'il reçut à son arrivée à Besançon et sur le nombre de troupes qu'il mit en mouvement. Il a besoin, dit-il, pour donner à ce sujet des explications satisfaisantes, de revoir ses papiers. Il renvoie, au surplus, aux copies qui doivent exister au ministère de la guerre.)

D. A quel endroit et quel jour avez-vous rejoint vos troupes ?

R. A Lons-le-Saulnier, le 12 mars ; c'était le point de rassemblement que j'avais donné par suite des nouvelles qui me furent apportées le 10, à Besançon, par M. de Maillé, premier gentilhomme de la chambre de Monsieur, qui avait accompagné ce prince à Lyon, et duquel j'appris les premières nouvelles de la prise de Grenoble par Buonaparte, de la défection des troupes et du mouvement rétrograde de Monsieur sur Rouanne. Je me déterminai à rejoindre les troupes mises en marche sur Lyon par le général de Bourmont. Je chargeai M. le duc de Maillé, qui devait retourner

auprès du comte d'Artois, d'engager ce prince à me
donner un rendez-vous et de faire en sorte de nous rejoindre entre Auxonne et Besançon. Les troupes furent échelonnées depuis Bourg, Saint-Amour, Lous-
le-Saulnier et Poligny, à l'exception du 6e régiment
d'hussards, qui de Dôle fut envoyé à Auxonne.

D. Quand V. Exc. rejoignit ces troupes, quels rapports reçut-elle sur les dispositions où elles étaient pour
servir la cause du Roi ?

R. On m'assura que les troupes étaient fort mal disposées, et pour chercher à les maintenir dans le devoir, j'assemblai les corps d'officiers au fur et à mesure que je rencontrai les régimens sur la route, afin
de les rappeler à leur devoir et à la fidélité qu'ils devaient au Roi. Les généraux Bourmont et Lecourbe
étaient présens, et peuvent rendre témoignage de tout
ce que j'ai dit et fait pour raffermir les corps d'officiers
dans le sentiment de leur devoir.

Pour répondre à diverses interpellations qui lui sont
faites par M. le général rapporteur, M. le maréchal
répète tous les détails qu'on a déjà vus dans ses réponses
à M. le préfet, tant au sujet des agens de Buonaparte,
qui vinrent le trouver à Lons-le-Saulnier, la nuit du
13 au 14 mai, que sur le contenu de la lettre qu'ils
lui apportèrent de la part de Bertrand. Il ajoute seulement : Bertrand me disait dans sa lettre qu'il était
inutile de s'opposer au dessein de Buonaparte, que son
opération était positive et bien concertée, et qu'il me
rendait responsable du sang français qui serait versé
inutilement dans cette circonstance. La crainte d'al-
lumer la guerre civile en France, et l'impossibilité de
m'opposer avec succès à une tentative que l'on me disait arrêtée avec l'Autriche et l'Angleterre, me déterminèrent à ne prendre contre les émissaires de Buonaparte aucune mesure de rigueur.

M. le maréchal Ney a subi, devant M. le général
comte Grundler, plusieurs autres interrogatoires dont
nous allons extraire les passages les plus importans.

D. Vous avez déclaré que vous n'aviez vu les agens

de Buonaparte, pour la première fois, que dans la
nuit du 13 au 14 mars. Pourquoi donc votre proclamation est-elle datée du 13?

R. C'est à tort qu'elle porte cette date. Elle est réellement du 14. Je l'ai lue moi-même à une fraction des
troupes, le reste l'a connue par l'ordre du jour. Le
maréchal convient qu'il a eu connaissance, mais seulement par les journaux, et non officiellement, de
l'ordonnance du Roi, qui déclarait Buonaparte traître
et rebelle, et qui ordonnait à tous les citoyens de lui
courir sus.

Une grande partie des troupes, dit-il, avait déjà
abandonné la cause du Roi, avant qu'il eût publié la
proclamation : deux bataillons du 76e s'étaient même
permis de garder prisonnier, à Bourg, leur général le
maréchal de camp Gauthier; et comme les mauvaises
dispositions des troupes ne peuvent le justifier de s'être
réuni à Buonaparte, il rejette ce que sa conduite offre
de criminel sur la force des circonstances et la crainte
de la guerre civile.

Les agens de Buonaparte avaient déjà réussi à in-
fluencer la *totalité* des troupes. Déjà depuis le 10 et
le 11 une grande partie des soldats avait commencé à
déserter. Un grand nombre d'agens obscurs et inconnus s'étaient mêlés parmi eux. J'ai su depuis que deux
aigles leur avaient été apportées. L'exaltation était à
son comble ; un silence sinistre annonçait que les
troupes étaient prêtes à lever l'étendard de la révolte.
Les soldats menaçaient de me tuer, ainsi que cela me
fut rapporté par le général de Bourmont et par plusieurs autres officiers. J'étais moi-même troublé de la
position affreuse où je prévoyais que la France allait
se trouver, et j'ai plutôt suivi l'entraînement général
que je n'ai donné l'exemple.

Le matin du jour où je lus la proclamation aux
troupes, je fis appeler chez moi les généraux Lecourbe
et Bourmont; je leur en donnai communication. Je
sommai ce dernier, *au nom de l'honneur*, de me dire
ce qu'il pensait. Ils en approuvèrent le contenu, et

m'accompagnèrent sur le terrain où le général Bourmont avait fait assembler les troupes.

D. Lorsque vous eûtes pris le parti de rejoindre
Buonaparte, écrivîtes-vous aux maréchaux Suchet et
Oudinot pour les prévenir de votre détermination?

R. Non. Je crois me rappeler que je leur écrivis
quelques jours après pour leur transmettre les ordres
qui m'avaient été adressés par le général Bertrand.

D. Où avez-vous rejoint Buonaparte?

R. A Auxerre, direction qu'il m'avait fait indiquer
pour la marche des troupes.

D. Avez-vous reçu, du 13 au 14 mars, des ordres
des ministres du Roi?

R. J'ai reçu une lettre du ministre de la guerre, à
Besançon ou en route, qui me faisait connaître les
mouvemens ordonnés par lui aux maréchaux Suchet
et Oudinot; mais je ne me rappelle pas précisément la
date.

D. N'avez-vous pas donné l'ordre de faire arrêter
plusieurs officiers généraux et supérieurs employés
dans votre département, entre autres les généraux
comte de Bourmont, Lecourbe, Delort, Jarry, M. le
comte de Scey, préfet du département du Doubs, et
M. le maire de Dôle?

R. Oui, d'après l'ordre que j'en ai reçu de Buonaparte : c'était *une mesure provisoire que l'on croyait*
utile, mais qui ne les a pas atteints, la plupart de ceux
que vous me désignez étant arrivés à Paris presqu'en
même temps que Buonaparte. J'ai su depuis qu'ils
n'avaient pas été inquiétés, et que l'ordre avait été
envoyé au général Mermet, commandant à Besançon,
de mettre en liberté ceux qui avaient été arrêtés,
excepté le préfet de Besançon, qu'on fit sortir de la
ville.

D. Connaissez-vous M. Cayrol, commissaire ordonnateur?

R. Oui.

D. Pourquoi l'avez-vous fait arrêter à Lons-le-
Saulnier?

R. Je ne me rappelle pas avoir donné cet ordre-là. Je crois me souvenir que lui ayant reproché de n'avoir pas pris toutes les mesures nécessaires pour assurer la subsistance des troupes, je lui ordonnai de se rendre à Besançon pour y pourvoir.

D. En arrivant à Besançon, donnâtes-vous l'ordre de désarmer la place?

R. Non.

D. Savez-vous si le directeur d'artillerie fit retirer des canons de dessus les remparts, et par quel ordre?

R. Je n'en ai rien su. On peut en demander compte au général de Bourmont, pour savoir s'il y avait des ordres ministériels à cet égard.

D. Vous rappelez-vous avoir fait demander, par votre chef d'état-major une somme de 15,000 francs à M. le préfet de Besançon?

R. Non.

D. De qui le général Gauthier reçut-il l'ordre de rétrograder sur Bourg avec le 76e?

R. Je suppose que c'est du général de Bourmont.

D. Par qui V. Exc. apprit-elle la révolte du 76e, et son départ pour rejoindre Buonaparte?

R. Par le préfet de l'Ain et deux autres personnes qui arrivaient de Lyon.

D. Quelles étaient les forces sous vos ordres à Lons-le-Saulnier, tant infanterie que cavalerie et artillerie?

R. Il y avait à Lons-le-Saulnier les 60e et 77e de ligne, 8e de chasseurs et 5e de dragons; l'artillerie n'était point encore arrivée.

D. D'où V. Exc. attendait-elle son artillerie?

R. De Besançon. Le général Mougenet avait l'ordre de la diriger sur Lons-le-Saulnier. Je crois qu'il y arriva une batterie le 15, mais je ne puis pas l'affirmer, parce que j'étais déjà parti de cette ville.

D. V. Exc. a écrit le 13, de Lons-le-Saulnier, une lettre au ministre de la guerre, dans laquelle elle lui fait connaître la composition des deux divisions sous ses ordres. Ces troupes étaient donc à Lons-le-Saulnier ou dans les environs?

R. Je vous ai déjà répondu que deux régimens étaient à Lons-le-Saulnier. Le reste était cantonné aux environs, à l'exception du 3e de hussards dont une grande partie était déjà passée à Buonaparte, du 6e de hussard que j'avais dirigé sur Auxonne, et du 76e qui était à Bourg. Quant à l'artillerie, elle n'était point encore arrivée en totalité, et les divisions dont j'ai fait connaître la composition au ministre, n'auraient pu être réunies que le 15.

D. De quoi se composaient vos approvisionnemens de guerre, le 13 à Lons-le-Saulnier?

R. Je ne puis répondre positivement à cette question. Je sais seulement que quelques-uns des régimens d'infanterie devaient avoir cinquante cartouches par homme : d'autres régimens n'en avaient pas du tout. On avait mis une telle précipitation à faire partir les troupes, que le général de Bourmont avait oublié de faire donner des cartouches à quelques-uns des régimens. A mon arrivée à Besançon, il n'y avait pas encore *un seul* cheval de *réuni* pour le service de l'artillerie de mon corps d'armée, ce qui m'obligea de faire partir de Lons-le-Saulnier, pour Besançon, un officier d'état-major du ministre de la guerre, qui arrivait de Lyon avec M. le marquis de Soran, pour demander au directeur d'artillerie de m'envoyer des cartouches en poste.

D. Avez-vous fait à M. Pessinges de Préchamp, votre chef d'état-major, quelques confidences sur votre projet de vous réunir à Buonaparte?

R. Non.

D. Pourriez-vous nous représenter et la lettre que vous reçûtes du général Bertrand, de la part de Napoléon, dans la nuit du 13 mars; et l'original de la proclamation que vous avez lue aux troupes, et qui, dites-vous, était jointe à la lettre du général Bertrand?

R. Ces deux pièces doivent se trouver dans mes papiers.

D. Vous rappelez-vous avoir dit sur la place de Lons-le-Saulnier, aux personnes qui vous entouraient, après la lecture de la proclamation, que le retour de Buonaparte en France était arrangé depuis plus de trois mois?

R. Non, je ne me rappelle pas cela.

D. N'avez-vous pas dit à l'ordonnateur Cayrol: « Il y a trois mois que je savais cela de l'île » d'Elbe? »

R. Non.

On a présenté à M. le Maréchal Ney, un grand nombre de pièces qu'il a reconnues et signées comme étant celles qui ont été saisies dans son porte-feuille, le 3 août, jour de son arrestation. La plupart sont relatives à ses affaires particulières. Il y a parmi ces pièces un congé illimité délivré par le prince d'Eck-mühl; des passe-ports délivrés par le ministre Fouché; l'un des deux porte les faux noms de Michel Théodore Neubourg : son objet était de faciliter l'*incognito* que le maréchal voulait garder en voyageant. On y trouve encore une feuille de route sous le faux nom de Raiset, major au 3e régiment de hussards. Quand M. le rapporteur lui a demandé s'il reconnaissait la proclamation insérée dans le *Moniteur* du 21 mars dernier, pour être celle qu'il a lue aux troupes à Lons-le-Saulnier, il a répondu : Cette proclamation est évidemment fausse, puisqu'elle ne porte ni la vraie date, ni ma signature; je n'ai jamais été dans l'usage de signer, *le prince de la Moskowa.* Cette qualité précédait mon nom, et tous les actes que j'ai faits dans ma vie politique et militaire sont signés *Ney.*

D. Avez-vous donné à Dôle l'ordre de faire imprimer et afficher une proclamation?

R. Je ne me le rappelle pas.

D. Avez-vous dit, le 15 mars, au maire de Dôle, en présence du sous-préfet, que depuis trois mois MM. les maréchaux de France avaient formé le projet

de renverser le gouvernement des Bourbons, et que
dapuis un mois ce projet avait été définitivement
arrêté ?

R. C'est une fausseté : je ne connaissais pas le maire
de Dôle. Je crois me rappeler l'avoir vu à mon passage
par cette ville ; mais je ne lui ai fait aucune espèce de
confidence ni de déclaration dans le genre de celles
qui sont rapportées dans sa déposition.

D. Avez-vous fait faire la recherche des deux
pièces dont je vous ai invité à nous représenter l'original, savoir : la lettre de Bertrand, et la proclamation
que vous assurez y avoir été jointe ?

R. J'en ai fait faire la demande à madame la
maréchale ; elle m'a répondu qu'à l'époque où elle
apprit mon arrestation, et l'exécution du colonel
Labédoyère, un premier mouvement d'inquiétude la
détermina à donner l'ordre à son régisseur des Coudreaux de brûler tous les papiers qui se trouvaient
dans mon château ; et au nombre desquels se trouvaient les deux pièces que vous me demandez. Cet
ordre a été exécuté.

On cite au maréchal les noms de MM. Vattaire,
Curel et Faultrier, de Metz ; Beausire, Bousquet, de
Bellenet, Saint-Geron et Caze, et on lui demande s'il
connaît ces particuliers. Il déclare qu'il n'en connaît
aucun.

On lui donne ensuite lecture de différentes pièces
qui rapportent ce qu'il a dit à diverses époques à
Lille, à Metz, et dans d'autres villes, contre les Bourbons, et pour préconiser le gouvernement de Buonaparte. Voici les explications dans lesquelles il entre à
ce sujet :

Je suis parti de Paris le 23 mars, par ordre de
Buonaparte, pour me rendre à Lille. Je reçus dans
cette ville une lettre très-longue de lui, le 25 ou le 26,
dans laquelle il me prescrivait de parcourir toute la
frontière du nord et de l'est de la France, depuis
Lille jusqu'à Landau ; de passer la revue des troupes ;
de visiter les places pour m'assurer de l'état des forti-

ficalions et de la situation de leurs approvisionnemens de guerre et de bouche ainsi que les hôpitaux militaires.

Dans cette mission., où je déployai le caractère de commissaire extraordinaire, j'étais également chargé de donner des renseignemens sur les fonctionnaires civils et militaires, de les suspendre provisoirement quand je le croirais convenable, et de proposer leur remplacement. On sait que je n'ai usé qu'avec une extrême réserve de ce pouvoir, et que personne n'a été déplacé par moi. Lorsque j'arrivais dans les villes, les autorités civiles et militaires venaient me rendre visite. Je m'informais à elles de l'état des choses : je leur faisais part des ordres que j'avais reçus et des pouvoirs qui m'étaient confiés. Il était tout simple que je leur parlasse dans le sens du gouvernement d'alors ; mais je nie formellement avoir tenu aucun discours ou propos insultans pour le Roi ou les princes de sa famille : mes instructions portaient l'ordre exprès d'annoncer partout que l'empereur ne voulait et ne pouvait plus faire la guerre hors des frontières de France, d'après les arrangemens faits et conclus à l'ile d'Elbe, entre lui, l'Angleterre et l'Autriche ; que l'impératrice Marie-Louise et le roi de Rome devaient rester à Vienne en otage jusqu'à ce qu'il eût donné à la France une constitution libérale et exécuté toutes les conditions du traité, après quoi elle viendrait le joindre avec son fils à Paris.

J'avais en outre l'ordre, dans le cas où le Roi ou quelques princes de la famille royale tomberaient en mon pouvoir, de ne rien faire pour les retenir, mais de les laisser aller où ils jugeraient convenable, et de protéger même leur sortie du territoire français. Je devais rendre compte tous les jours directement à Buonaparte lui-même.

D. Avez-vous dit, le 14 mars, à M. de Vaulchier, préfet du Jura, que le retour de Buonaparte était depuis long-temps préparé ; que vous correspondiez avec l'île d'Elbe fréquemment et facilement ; que

le ministre de la guerre et plusieurs maréchaux
étaient dans le complot.

R. Je nie formellement l'assertion de M. le marquis de Vaulchier. J'ai bien pu l'engager, dans
l'intérêt de la troupe et des citoyens, à conserver
l'administration de son département, pour y maintenir la tranquillité publique, et protéger les personnes et les propriétés ; mais je n'ai jamais dit avoir
correspondu avec l'île de l'Elbe avant le retour de
Buonaparte. J'ai déjà fait connaître que j'ignorais
entièrement ses projets, et l'on a dû voir que je n'appris son débarquement sur les côtes de France que
par M. Bastardy, mon notaire. Toutes les mesures
que j'ai ordonnées jusqu'au 14 au matin, étaient
dans les intérêts du Roi, et prouvent qu'elles avaient
pour but de contrarier et d'arrêter la marche de
Buonaparte. Si à cette époque la troupe avait été
pourvue des munitions de guerre que j'attendais de
Besançon ; si j'avais eu les canons qu'on m'avait
promis d'envoyer, et si j'avais pu compter sur l'esprit des troupes, je n'aurais pas hésité à marcher à
la rencontre de Buonaparte, quoique je fusse infé-
rieur en forces. Les renseignemens que je reçus à
cette époque sur les progrès et les forces de Buonaparte, ne pouvaient point me laisser l'espoir de le
combattre avec le moindre succès. Chaque jour les
soldats désertaient en grand nombre, et manifestaient
l'intention de se réunir à lui. Les habitans des villes,
le peuple des campagnes travaillaient l'opinion des
soldats et les engageaient à la défection. Si j'ai été
entraîné à suivre le mouvement général, c'était dans
la crainte d'attirer sur ma patrie des malheurs incal-
culables. Abandonné à moi-même, je n'ai pas trouvé
dans mes lieutenans les conseils dont j'avais tant besoin et que je leur demandais.

Depuis la défection de l'armée de Lyon, toute
la responsabilité morale pesait sur moi seul, et cependant mes moyens contre Buonaparte diminuaient
tous les jours par la désertion et l'influence toujours

Ire partie.   3

puissante de ses agens. Si j'ai failli dans cette circonstance, on doit me rendre la justice de penser que jamais je n'ai eu l'intention de trahir le Roi, seulement j'ai préféré ma patrie à tout.

M. le maréchal termine en exprimant le désir de voir figurer comme pièce au procès, la lettre que le général de Bourmont reçut le 14 au matin de Bertrand, de la part de Buonaparte, et dans laquelle on l'invitait à diriger les troupes du sixième gouvernement sur Dijon.

Il a été ensuite fait lecture du procès-verbal d'information contenant les dépositions des témoins.

La plupart de ces témoins seront appelés à l'audience et y seront entendus. Nous suivrons leurs dépositions orales. Voici la substance de celles qui ont été lues :

M. Jacques Duval d'Eprémenil, chef d'escadron, attaché au ministère de la guerre, déclare qu'il fut envoyé vers le maréchal Ney, par le ministre de la guerre ; qu'il apprit en route la défection du maréchal ; que tout lui paraissait terminé, vu l'exaspération des troupes et de la population ; il revint à Paris, rendre compte au ministre de sa mission.

M. Bastardy, notaire du maréchal, dépose, qu'étant allé, le 7 mars, porter au maréchal, son traitement de février, il le trouva dans une ignorance absolue de l'événement du débarquement de Buonaparte, quoique cet événement fût consigné dans le *Moniteur* du même jour. Quand il n'y eut plus lieu de douter de l'exactitude de cette nouvelle, le maréchal s'appuya la tête sur sa cheminée, en s'écriant : ah ! mon Dieu, quel malheur ! quelle chose affreuse ! que va-t-on faire ! qu'a-t-on à opposer à cet homme-là ; et autres exclamations de même nature.

M. Philippe de Ségur, maréchal de camp, dépose, que le même jour, 7 mars, il apprit de M. le maréchal Ney, la nouvelle du débarquement de Buonaparte, et que tout ce que le maréchal dit, à l'occa-

sion de cet événement, était d'un serviteur fidèle
du Roi.

M. le duc de Grammont déclare n'avoir pas été
présent à l'audience donnée au maréchal par S. M.

M. le prince de Poix déclare qu'il était à l'audience
du Roi, lorsque le maréchal y fut admis : que S. M.
lui dit : partez, je compte sur votre fidélité ; que le
maréchal répondit qu'il se faisait fort de ramener Buonaparte dans une cage de fer ; que le Roi lui présenta
la main ; que le maréchal baisa la main de S. M. et
partit.

M. le duc de Duras, premier gentilhomme de la
chambre du Roi, fait une déposition conforme à celle
de M. le prince de Poix.

M. le colonel Clouet, premier aide-de-camp du
maréchal Ney, dépose que, voyant que les troupes
avaient arboré la cocarde tricolore, et que le maréchal
avait pris la résolution de se joindre à Buonaparte, il
entra dans la chambre du maréchal, et lui demanda
la permission de retourner dans sa famille, permission
qui lui fut accordée. Le témoin revint à Paris ; il y apprit que le ministre de la guerre avait donné l'ordre
d'arrêter plusieurs personnes, parmi lesquelles il était
compris, et que leurs biens étaient séquestrés : cette
raison, et d'autres considérations, le déterminèrent
à rentrer au service dans son grade.

M. le général Mermet déclare qu'il a été mis aux
arrêts par le maréchal, à raison d'ordres qu'il avait
donnés pour le service du Roi.

M. le général baron Gauthier déclare qu'il se rendit dans le département de l'Ain, et qu'il trouva la populace ameutée ; mais que, par sa fermeté, il contint
les esprits ; que le lendemain il fut entraîné à Châlons,
où on trouva Buonaparte.

M. le duc de Maillé déclare qu'il fut envoyé, par
ordre de monseigneur le duc de Berry, à Besançon ;
il ne l'y trouva pas, mais il trouva le maréchal Ney,
qui parut surpris de la retraite de Monsieur sur Moulins, et qui montrait les meilleures dispositions pour

3.

le service du Roi ; mais que deux jours après tout était changé.

M. le marquis de Saurant, aide-de-camp de Monsieur, dit qu'il fut envoyé près de monseigneur le duc de Berry ; qu'il rencontra le maréchal Ney, qui l'emmena à Lons-le-Saulnier ; les dispositions des troupes lui parurent inquiétantes ; le maréchal le rassura ; ensuite le maréchal reçut les proclamations de Buonaparte. Le témoin repartit le 13 avec les dépêches du maréchal, lequel paraissait être dans le meilleur esprit.

M. de Saint-Amour, officier supérieur, a été envoyé à Grenoble, où il ne put point pénétrer ; il revint à Lyon, auprès de Monsieur ; on doutait alors de la fidélité des troupes. Le témoin sortit de Lyon et se dirigea vers Lons-le-Saulnier pour trouver le marchal Ney, et l'engager à se retirer du côté de Moulins : il le trouva à Quingey ; il lui raconta ce qu'il avait vu ; le maréchal parut affligé, mais dans la ferme résolution de combattre Buonaparte ; nos troupes se battront, disait-il ; je tuerai le premier qui refusera de marcher ; je tirerai moi-même le premier coup de fusil ; les soldats sont ce qu'on veut qu'ils soient ; d'ailleurs c'est le canon qui les fait marcher, et l'un de mes aides-de-camp, lieutenant d'artillerie, l'appliquera bien ; il faut courir sur Buonaparte comme sur une bête fauve dont on redoute les coups de dents ; il y a encore du remède, On proposa alors au maréchal le service des gardes nationales de la Franche-Comté ; il le refusa, en disant que ce secours serait complettement inutile, la ville de Lons-le-Saulnier n'offrant pas de position militaire ; laissez, dit-il, ces bonnes gens-là dans leurs foyers, il nous causeraient plus d'embarras qu'ils ne nous rendraient de services ; il ne nous rendraient de services ; il ne nous faut ni *pleurnicheurs* ni *pleurnicheuses.*

M. le comte de Cey, ancien préfet du Doubs, déclare que le maréchal Ney arriva le 10 à Besançon, et lui demanda 15,000 francs qu'il lui refusa ; que depuis il n'a reçu aucune lettre du maréchal.

M. le comte de la Jennelière, officier supérieur, dépose qu'ayant appris le débarquement de Buonaparte, il alla offrir ses services à M. le comte de Bourmont, qui les accepta ; il se rendit ensuite à Lons-le-Saulnier avec ses officiers, où, le 14 mars, il lut aux troupes sa proclamation et embrassa les généraux. Le témoin se rendit à Dôle, où il écrivit au maréchal une lettre dont on donne lecture, et qui porte en substance : que le témoin donnait sa démission, ne sachant pas transiger avec l'honneur et la fidélité au Roi.

Les 12 et 13 mars, le maréchal excitait encore les troupes à garder fidélité au Roi ; le témoin pense que beaucoup d'officiers étaient restés fidèles ; il ajoute que la proclamation et la conduite du maréchal Ney ont beaucoup influé sur la conduite de l'armée, et contribué à la détacher de son dévouement au Roi. Le même témoin rend compte de la manière dont le maréchal Ney, après avoir fait battre un ban et l'épée haute, lut aux soldats la proclamation du 13 mars. Les soldats crièrent *vive l'empereur !* Le maréchal Ney embrassa toutes les personnes qui se trouvèrent auprès de lui, leur assura que cette affaire était arrangée depuis plus de trois mois, et que le retour de Buonaparte était le vœu de l'armée.

Un autre témoin dépose qu'à la lecture de la proclamation, les officiers placés au centre du carré furent altérés ; un colonel et un major firent observer au maréchal que le langage de sa proclamation était peu conforme à celui qu'il avait tenu, quelque temps auparavant, à l'esprit qu'il aurait dû donner aux troupes.

Il ne pense pas qu'avant le 13 mars, le maréchal eût eu communication avec Buonaparte.

Le témoin a vu la signature du général Bertrand sur un billet que le maréchal lui a dit avoir reçu ; ce billet annonçait que l'entreprise de Buonaparte était concertée avec les puissances étrangères.

M. le comte Fridlain, lieutenant-général, déclare

qu'il n'a jamais eu de relation avec le maréchal Ney,
qu'il l'a vu seulement en mars 1814 ; il ajoute qu'il ne
sait si des officiers des grenadiers royaux ont été envoyés au maréchal.

M. Cairel, commissaire des guerres, déclare qu'il
était ordonnateur à Lons-le-Saulnier le 10 mars, lorsque le maréchal Ney le fit demander, et lui dit qu'il
allait marcher sur Lyon contre Buonaparte. Le témoin
le suivit comme ordonnateur, il assista à la lecture de
la proclamation du maréchal Ney à Lons-le-Saulnier.
Après cet acte, le déclarant donna sa démission.

M. le maréchal Suchet, duc d'Albuféra, déclare
qu'il n'a eu que des rapports de service avec M. le
maréchal Ney pendant les 10, 11, 12 et 13 mars : ces
rapports se bornent à trois dépêches qu'il a recues du
maréchal. On lit ces dépêches qui contiennent les dispositions prises et à prendre contre Buonaparte.

M. le maréchal, duc de Reggio, déclare qu'il n'a
reçu en mars dernier que deux lettres du maréchal
Ney, elles étaient pour madame la maréchale, qui les
représentera.

M. de Rochemont déclare qu'il était employé dans
les droits réunis en mars dernier ; il apprit qu'on cherchait une personne assez fidèle au Roi, pour se charger d'une mission à Mâcon, le témoin s'offrit lui-
même ; il s'agissait d'observer l'armée de Buonaparte
et de rendre compte de ses forces. Le témoin arrivé
à Bourg, fut détourné de son projet par les mauvaises
nouvelles qu'on lui donna ; mais il partit et se rendit
à Mâcon ; là on visita son passeport, et un gendarme
vint l'avertir qu'il allait être arrêté ; le témoin partit
de Mâcon, il se dirigea sur Autun, où il était resté
depuis.

M. de Boursiac, sous-préfet à Poligny, déclare que
dans la nuit du 11 au 12 mars, il vit une voiture de
poste et deux officiers-généraux en descendre, c'é-
taient le maréchal Ney et le général de Bourmont ; il
les invita à venir chez lui, ce qu'ils acceptèrent : le
maréchal montra la plus grande virulence contre Buo-

naparte. Ils partirent à minuit et le sous-préfet ne les revit plus.

M. le comte de Villars déclare qu'il alla à Lons-le-Saulnier le 13 mars, comme ancien colonel des gardes d'honneur ; il parla à M. le général Bourmont et au maréchal. Ce dernier lui recommanda de ne point amener les hommes dont il disposait, parce que Lons-le-Saulnier n'était point une position, mais qu'il pouvait les assembler à Poligny, ce qui se fit. La même mesure fut prise par le témoin à Arbois. Le 15 le témoin apprit la lecture de la proclamation du maréchal Ney, et l'insurrection de la ville de Lons-le-Saulnier ; même chose arriva à Poligny, et à Arbois. Le lendemain soir les généraux de Bourmont et Lecourbe arrivèrent ; M. de Villars les entretint, et voyant une cocarde tricolore au général Lecourbe, il lui en exprima son étonnement : Que voulez-vous, répondit le général en jurant, les soldats ne veulent pas se battre. —Cependant le général Lecourbe ajouta, que si les soldats avaient été bien commandés, ils auraient combattu pour le Roi, mais le maréchal Ney avait exprès disséminé ses troupes par petits détachemens, afin d'être plus sûr de l'effet de sa proclamation. Le général Lecourbe dit au témoin, qu'en abordant Napoléon, il lui tiendrait ce langage : « Il ne s'agit plus de gouverner arbitrairement ; si vous voulez encore faire le tyran, nous saurons bien..... si vous maltraitez encore les généraux.... (Le général fit avec la main le geste indicatif de l'action de couper une tête). Nous ressemblons, continua le général, à l'Empire romain à l'époque de sa décadence ; ils ont tous le diable au corps ; si Buonaparte est tué, il s'en présentera quatre ou cinq qui voudront être empereurs ; ce sera pis que tout ce que nous avons vu. «

M. le comte Grivel, maréchal de camp, déclare qu'il a vu le maréchal Ney le 13 mars dernier, et qu'il était dans de bonnes dispositions ; que le 14 le témoin assista à la revue, dans laquelle le maréchal lut la proclamation. Le témoin se retira à Dôle, auprès de M. de Vaulchier.

M. de Montgenet, maréchal de camp, déclare que le 10 mars le maréchal Ney est venu à Besançon et a pris des mesures militaires ; qu'ensuite il est allé à Lons-le-Saulnier.

M. Delaur, lieutenant-général, déclare que le 14 mars, après avoir entendu la proclamation du maréchal Ney, il se retira ; qu'alors, le maréchal donna l'ordre de l'arrêter ; mais que depuis, cet ordre fut revoqué.

M. Pierre Boulongne, négociant à Paris, déclare que le 12 mars il revint de Lyon à Paris par Lons-le-Saulnier. Il fut conduit devant le maréchal Ney : il lui raconta l'entrée de Buonaparte à Lyon et les détails de cet événement. Le maréchal lui dit qu'il s'était concerté avec le maréchal Masséna, qui arriverait par les derrières ; que l'entreprise de Buonaparte n'était rien, et qu'il en viendrait à bout.

M. Garnier, ancien maire de Dôle, dépose qu'ayant été admis chez le maréchal Ney, le 15 mars, il lui entendit tenir les propos les plus incendiaires contre l'auguste dynastie des Bourbons ; qu'il fit illuminer la ville de Dôle, et répandit la proclamation qu'il avait lue la veille à Lons-le-Saulnier. Le témoin devait être arrêté ; mais pendant trente-deux jours il erra dans une forêt, et échappa. Il pense que le maréchal pouvait arrêter l'entreprise de Buonaparte.

M. le lieutenant-géréral comte Heudelet de Bière dépose que ses papiers ayant été cachés, il ne peut sans eux faire une déclaration complète. Au mois de mars, il n'était point sous le commandement du maréchal, il était à Lyon, mais les communications du maréchal étaient très-tardives.

M. le comte de Bourmont, lieutenant-général, commandant de la 11e division militaire, a été interrogé à Lille, en vertu d'une commission rogatoire, sur une série de trente-trois questions. Voici le résumé de ses réponses les plus importantes :

« L'esprit des chefs de corps et officiers supérieurs

ne m'a point paru douteux. Presque tous voulaient
franchement servir le Roi. La plupart des autres officiers montraient les mêmes sentimens. Quelques soldats tenaient de mauvais propos, particulièrement dans
les troupes à cheval. Mais on espérait qu'en faissant
un choix d'hommes pour l'avant-garde, et commençant avec eux le combat, presque tous les autres fe-
raient leur devoir.

» Le 14 mars, le maréchal Ney, chez lequel je me
trouvais avec le maréchal Lecourbe, avait ordonné
de faire prendre les armes aux troupes. Après avoir
parlé de l'impossibilité qu'il trouvait à ce que le Roi
continuât de regner, il déclara que tout était fini, que
le Roi devait avoir quitté Paris, qu'il allait lire aux
troupes une proclamation qu'il nous montra.

» Le maréchal ne demanda pas mon avis; mais
j'observai que rien ne pouvait forcer à marcher contre
le Roi; que, s'il avait lieu de croire que le gouvernement ne pouvait se soutenir, il ne fallait pas entraîner
la France dans un mouvement qui la perdrait, et qui
le ferait peut-être tuer lui-même le premier. Le général Lecourbe fut de mon avis, et dit qu'il ne fallait
pas lire la proclamation. Le maréchal ne nous écouta
pas.

» Lorsque la proclamation eut été lue, les trois
quarts de l'infanterie et les sous-officiers de cavalerie
qui avaient mis pied à terre, crièrent *vive l'Empereur!*
Je crois que les troupes seraient restées fidèles, si on
les avait menées au combat en prenant les précautions que j'avais proposées, et que le maréchal ap-
prouva : c'était de marcher les premiers à l'ennemi,
de tirer les premiers coups de fusil, et de mêler des
volontaires aux hommes choisis dans les bataillons
pour former l'avant-garde.

» L'exemple du maréchal Ney, l'assurance qu'il
donnait que tout était fini, qu'il n'y avait pas un coup
de fusil à tirer, et que le Roi devait avoir quitté Paris
pour retourner en Angleterre, entraîna tous les corps.
Le plus grand nombre des officiers abandonna la

cause du Roi, la supposant abandonnée par lui-même.

» Après la proclamation, les soldats, à qui on avait distribué du vin, se répandirent dans les rues, pillèrent le café Bourbon, et insultèrent quelques officiers. »

M. le maréchal Lecourbe, interrogé à Béfort, dans un moment ou il était dangereusement atteint de la maladie qui l'a conduit au tombeau, a dit :

« Je ne puis assurer si le maréchal Ney, avec ses troupes, eût pu arrêter le torrent; je crois qu'il n'était plus tems. J'ignore s'il y a eu des agens de Buonaparte pour débaucher les troupes. Dans ce cas, ils auraient obtenu une influence bien pernicieuse.

« Le 13 mars (et non pas le 14) le maréchal Ney communiqua au général Bourmont et à moi la proclamation qu'il devait lire aux troupes. Nous fîmes des observations. Le maréchal chercha à nous persuader, en disant que c'était une affaire arrangée, que rien ne pouvait empêcher Buonaparte d'aller à Paris.

» La proclamation fit beaucoup d'effet sur les troupes qui étaient déjà mal disposées. Le 5e régiment de dragons fut le régiment qui se prononça avec le plus d'énergie, et entraîna les plus incertains, s'il y en avait.

» Beaucoup d'officiers gardèrent un morne silence; quelques-uns donnèrent leur démission, et se retirèrent. Le maréchal a employé toute sa persuation pour nous entraîner avec lui.

M. le maréchal-de-camp de Gay, déclare que se trouvant à Lons-le-Saulnier à demi-solde, il alla faire visite au maréchal Ney; que celui-ci l'engagea à rester fidèle au Roi; le témoin ne sait que par oui-dire, les mesures qui ont été prises pour la défense du pays; il était à déjeûner chez le général Jarry lorsque le maréchal lut sa proclamation, après laquelle on cria : *Vive l'Empereur!*

On lit une déclaration de feu M. le Lieutenant-général Lecourbe, prise à Béfort par le juge-instructeur; il était dans sa terre de Ruffey, lorsque, le

5 mars, il apprit le débarquement de Buonaparte; il se rendit auprès du maréchal Ney, à Lons-le-Saulnier; le maréchal lui donna le commandement de l'une des deux divisions qu'il forma, les officiers étaient excellens; le 13, le maréchal fit assembler ses généraux, et leur dit qu'il n'y avait plus à balancer, qu'il fallait se réunir à Buonaparte; ils ne tinrent aucun compte des observations de M. de Bourmont et du déclarant, et il leur lut sa proclamation; le témoin était auprès du maréchal quand ce dernier lut sa proclamation aux troupes et eut les plus funestes effets; mais le témoin ajoute que dans ce moment on était trop près de Lyon pour contenir long-temps les soldats.

Le général Jarry, commandant le département du Jura, a vu tous les jours le maréchal Ney à Lons-le-Saulnier jusqu'au 14; il ne l'a quitté à cette époque que pour ne point obéir aux ordres que celui-ci donnait au nom de Buonaparte. Le déposant assure que le maréchal lui a donné sa parole d'honneur, que le retour de Buonaparte avait été concerté par un traité avec l'Autriche et l'Angleterre. Là dessus, M. le maréchal de camp Jarry donna sa démission et fut compris dans une liste de proscrits.

Le chef d'escadron de gendarmerie, Beauregard, a déposé qu'au moment où le maréchal lut sa proclamation à la droite de l'armée, les soldats de la gauche, qui n'avaient pas entendu à cause de l'éloignement, se mirent à crier *vive le Roi!* Plusieurs officiers y coururent, et expliquèrent aux soldats que c'était *vive l'Empereur!* qu'il fallait crier.

Le maréchal parcourait tous les rangs comme un homme en délire : il embrassait tout le monde, jusqu'aux fifres et aux tambours. La contenance froide de M. de Beauregard le surprit : il lui demanda, avec un ton féroce, dit le témoin, s'il était Français?—Oui.— En ce cas, embrassons-nous, tout est fini, *vive l'Empereur!* Le témoin déclare avoir éludé cet embrassement, en se retirant de quelques pas en arrière.

M. le préfet de la Creuse dépose qu'il avait témoigné à M. le maréchal la ferme résolution de rester fidèle au Roi ; et que le maréchal lui répondit : vous faites une bétise, en ajoutant contre les princes des expressions et des outrages que le respect ne permet pas de répéter ; et que le maréchal termina cette entrevue par ces mots prononcés d'une voix forte, *il nous faut notre dynastie.*

M. le baron de Préchamp, chef de l'état major, declare qu'il lui à paru qu'il aurait été impossible de tirer aucun parti des troupes pour le service du Roi.

M. le baron Capelle, préfet du département, déclare que le 13 mars le maréchal Ney lui parut n'avoir plus confiance dans ses troupes, et dit : Je ne puis arrêter l'eau de la mer avec ma main. Le général de Bourmont avait plus de sécurité, d'après la manière dont les sous officiers avaient prêté individuellement, la veille, le serment de fidélité au Roi.

Le témoin demanda au comte de Bourmont si l'on povuait compter sur la fidélité du maréchal Ney ?

Le général Bourmont répondit : Je puis ne pas croire à son dévouement ; mais je compte sur sa fidélité. Le témoin ne se sentait pas découragé par la marche de Buonaparte sur Paris : il proposait de filer par Lyon sur ses derrières, et de donner la main au maréchal Masséna, qu'il croyait être en marche avec les troupes de Provence.

Le même témoin rend compte, à-peu-près en ces termes, d'une conversation qui lui fut rapportée par les généraux Bourmont et Lecourbe, et enfin par le maréchal lui-même :

Le maréchal, ayant appelé chez lui les généraux Bourmont et Lecourbe, leur dit que la cause des Bourbons était perdue, que ce qui se passait actuellement était le résultat d'un projet arrêté entre lui, plusieurs maréchaux et le ministre de la guerre ; que les troupes avaient été disposées par le ministre, de manière à se trouver sur le passage de Buonaparté, et à se livrer à lui : il ajouta que, déterminés à changer la dynastie, ils avaient d'abord songé à couronner le duc d'Orléans mais qu'ils avaient acquis la certitude qu'il ne s'y prêterait pas ; que dans l'intervalle, Madame Hortense avait proposé le retour de Buonaparte en France ; que la force et l'urgence des événemens les avaient contraints à se joindre malgré eux à cette conjuration. Des personnes attachées au conseil du Roi, n'y étaient pas, dit il, étrangères.

M. le marquis de Vaulchier, préfet du département de ***, à fait une déposition à peu-près semblable sur les prétendus plans concertés entre les cabinets étrangers, le ministre de la guerre et d'autres Français.

M. de Champneuf dépose qu'il soumit au maréchal un plan qui obtint son approbation. Il s'agissait de faire marcher en avant un certain nombre de gentilshommes travestis en soldats de troupes de ligne, et qui auraient engagé les premiers coup de fusil. Le colonel Daubanel (l'un de ceux qui sont restés fidèles au Roi), convint que cette mesure serait mise à exécution dans le corps qu'il commandait ; mais les événemens se précipitèrent, et ne permirent pas de recourir à cet expédient.

Au reste, le témoin dépose que le maréchal Ney est demeuré fidèle serviteur du Roi jusqu'au dernier moment, c'est à dire jusqu'au moment où il lut la proclamation.

La séance a été levé à cinq heures et demie, et ajournée à demain dix heures pour continuer la lectures des pièces.

La séance a été reprise, aujourd'hui 10, à dix heures.

M. le rapporteur a continué la lecture des pièces. Il a annoncé que celles qu'il allait lire au tribunal ne devaient pas être considérées comme pièces au procès, mais comme de simples renseignemens communiqués par diverses autorités et divers particuliers.

Plusieurs de ces notes signées, l'une par M. de Walter, lieutenant au 63e de ligne, une autre par M. Tural fils, lieutenant ; une autre par M. de Faul-

trier de Beauregard , etc. , ont rapport à des propos
que M. le maréchal Ney aurait tenus à Metz, en avril
dernier, lorsqu'il y fut envoyé en qualité de commissaire extraordinaire du Gouvernement. L'un de ces
propos le plus généralement affirmé est celui-ci : « La
conversion qui s'opère s'est faite par la tête de la colonne. »

M. le rapporteur annonce une pièce adressée à M.
le garde des sceaux, par un membre de l'ordre judiciaire de Dijon , et non signée.

M. le maréchal Mortier pense que le tribunal ne doit
pas prendre connaissance d'une priéce privée de
signature.

M. le rapporteur observe que ses fonctions lui
imposent l'obligation de donner communication au
tribunal de toutes les pièces et renseignemens ayant
rapport au procès, et que, d'ailleurs, la pièce en
question est remise par M. le garde des sceaux.

M. le président invite M. le baron de Joinville ,
commissaire du Roi , à donner ses conclusions , après
lesquelles le tribunal ayant délibéré, décide que la
pièce non signée ne sera pas lue.

On lit successivement des lettres et notes provenant
de MM. Bousquet, libraire, Alexis de Bellenet, Casse,
capitaine, etc.

Une lettre de M. Capelle de Béthune , qui rapporte
des propos du maréchal Ney, desquels il résulterait
que le maréchal avait dit qu'en partant pour l'armée,
il avait des proclamations de Buonaparte dans sa voiture.

M. le rapporteur communique un entretien de
M. Favre, ancien chef des vivres, avec le maréchal
Ney, qui eut lieu au palais des Tuileries deux jours
après le départ du Roi, et qui se termine par ces
mots de M. le maréchal : Vous aimez donc bien le
Roi, mon brave homme ? eh bien ! revenez dans quelques jours, si je puis vous être utile ; je le ferai de
tout mon cœur.

On lit le troisième interrogatoire subi par M. le

maréchal le 7 octobre, par devant M. Grundler, rapporteur. En voici le résumé :

D. Donnâtes vous l'ordre à Besançon de désarmer la place ?

R. Non.

D. Vous rappelez-vous avoir fait demander 15,000 fr. au préfet de Besançon ?

R. Non.

D. De qui le général Gauthier, à Bourg, reçut-il l'ordre de faire retirer en arrière les troupes ?

R. Du général de Bourmont.

D. Quelles étaient vos forces en infanterie, cavalerie et artillerie à Lons-le-Saulnier le 13 mars ?

R. Trois régimens de ligne, deux de cavalerie; les attelages de l'artillerie n'étaient pas en état.

D. De qui se composaient vos approvisionnemens de guerre le 13 mars à Lons-le-Saulnier ?

R. Quelques soldats avaient 50 cartouches; d'autres n'en avaient pas. Le plomb manquait.

D. Pourriez-vous montrer la lettre que le général Bertrand vous a adressée dans la nuit du 13 au 14 ?

R. Elle doit être dans mes papiers.

D. Pourriez-vous montrer l'original de la proclamation qui vous a, dites-vous, été envoyée par le général Bertrand ?

R. Elle doit être également dans mes papiers.

D. N'avez-vous pas dit que le retour de Buonaparte était arrangé depuis trois mois ?

R. Non.

Le maréchal ajouta : Je réitère la demande que j'ai faite que la copie de toutes les pièces me soit remise ; de plus, je vous remets une requête adressée au Roi, par ma femme, tendante à ce que mon jugement soit renvoyé pardevant la chambre des pairs.

M. le rapporteur, après avoir donné au tribunal lecture de cette pièce, continue celle du procès-verbal de l'interrogatoire, duquel il résulte qu'il présenta au maréchal copie de l'ordre de son arrestation, copie des pièces qu'il reconnut être celles saisie chez lui lors de cette arrestation, le 3 août, et l'extrait du *Moniteur* où se trouve la proclamation commençant par ces mots : « La cause des Bourbons est à jamais perdue, etc.

M. le maréchal, après en avoir pris lecture, nia cette pièce, dit qu'elle portait une fausse date et une autre signature que la sienne, ayant coutume de mettre son nom après ses titres, nom qu'on ne trouve pas dans cette proclamation.

M. le rapporteur lit le quatrième et dernier interrogatoire. (Nous omettrons ce qui ferait une répétition des interrogatoires précédens.)

D. On a trouvé dans vos papiers un passe-port pour Lausanne ; vouliez-vous y aller ?

R. Oui ; au reste ce passeport parait avoir été antidaté.

D. Pourquoi un passeport sous le nom de Michel-Théodore Neubourg se trouve-t-il dans vos papiers ?

R. C'était une chose convenue avec le ministre de la police, qui me l'a donné. C'était pour conserver l'incognito.

D. Voici un autre passeport trouvé dans vos papiers, délivré par M. de Cazes, préfet de police, et sous le nom de ... ; le reconnaissez-vous ?

R. Oui.

D. Reconnaissez-vous cette feuille de route, délivrée au nom de Michel-Théodore Resey, et trouvée dans vos papiers ?

R. Oui : elle m'a été délivrée par M. Teste, commissaire de police de Lyon, qui se trouvait avec moi aux eaux de. . . .

D. Reconnaissez-vous ces letrres écrites au maréchal Suchet ?

R. Oui.

D. Reconnaissez-vous cet ordre de route, pour les troupes de votre commandement allant à Mâcon ?

R. On a pu donner cet ordre. Je voudrais en avoir l'original sous les yeux pour rectifier mes idées à cet égard; les troupes, d'ailleurs, ont tenu une autre route.

D. Reconnaissez vous cet ordre à M. Quairol?

R. Oui.

D. Reconnaissez-vous cette proclamation pour être celle que vous avez lue aux troupes le 14 mars?

R. Non. Je réitère à cet égard les observations que j'ai déjà faites. Tous les actes privés et politiques de ma vie que j'ai signés, l'ont été de mon nom, Ney.

D. Avez-vous dit au maire de Dôle que depuis trois mois les maréchaux préparaient le retour de Buonaparte, et que tout était arrêté depuis un mois?

R. Cela est faux. Je crois me rappeler avoir vu le maire de Dôle, mais les discours qu'il m'attribue sont faux : ce qu'il a dit au sujet de ma femme et au sujet de la princesse Hortense est également de toute fausseté. Depuis un très-long-temps je n'avais vu la princesse Hortense.

D. Avez-vous pu vous procurer la lettre de Bertrand?

R. Je l'ai fait demander à ma femme. Mais dans un moment d'inquiétude elle a fait brûler tous ceux de mes papiers qui se trouvaient dans mon château; cette lettre et l'original de la proclamation s'y trouvaient.

D. Connaissez vous MM de Walter, Turel, Feutrier, Bousquet, de Bellenet, Saint-Gérard, Casse?

R. Je ne connais aucun de ces messieurs.

D. Je vais vous donner lecture de ce que vous êtes prévenu d'avoir dit à Condé, Metz, etc., etc.....

R. Je suis parti le 23 mars pour Lille, par ordre de Buonaparte. J'y reçus de lui une très-longue lettre. Il me chargeait de visiter une ligne très étendue, les places, les hôpitaux, en qualité de commissaire extraordinaire du gouvernement ; j'avais pouvoir de changer les fonctionnaires. On sait que j'ai usé trèsmodérément de ce pouvoir. Les autorités me visitaient ; je devais leur parler du nouveau gouvernement; mais je n'ai jamais tenu contre la famille royale aucun des propos que l'on m'attribue. J'avais reçu l'ordre formel de ne retenir aucun membre de

4

la famille des Bourbons, même de favoriser leur départ. Je devais rendre compte de ma mission à Buonaparte lui-même et chaque jour..... Je nie formellement l'assertion de M. de Vaulchier. Je n'ai jamais
dit avoir correspondu avec l'île d'Elbe. Je n'ai appris
le retour de Buonaparte que chez M. Bastardy. Je
n'ai jamais éu de conférence avec aucun maréchal
sur le retour de Buonaparte..... Toutes les mesures
que j'ai prises jusqu'au 14 mars, l'ont été dans l'intérêt du Roi...... Si j'avais eu des munitions, et si j'a-
vais pu compter sur l'esprit des troupes, malgré l'in-
fériorité de leur nombre, j'aurais attaqué. L'esprit des
campagnes empirait chaque jour. Si j'ai failli dans ces
circonstances, j'ai voulu sauver ma patrie avant tout ;
je n'ai jamais voulu trahir le Roi.

Il est à ma connaissance que Bourmont a reçu du général Bertrand une lettre pour la direction des troupes
sous son commandement ; je demande que cette pièce
soit insérée au procès.

M. le rapporteur ayant fait observer qu'on n'a pas
eu le temps depuis cette demande de se procurer la
pièce, ajoute que celle-ci étant dans l'intérêt de l'accusé, c'est à lui ou à son défenseur à se la procurer.

Il est midi, la lecture des pièces est terminée.

M. le maréchal Jourdan prend la parole et dit :

« Que l'auditoire ne perde pas de vue qu'il est défendu de donner ici aucune marque d'approbation ni
d'improbation. Je donne l'ordre au commandant de
la force armée de faire sortir sur-le-champ toute personne qui ne se conduirait pas avec le respect qu'on
doit au tribunal et au malheur. »

Il ordonne qu'on fasse venir le maréchal Ney.

Le maréchal est introduit, accompagné de deux officiers de gendarmerie ; il était vêtu d'un frac bleu sans
broderie, avec les épaulettes de son grade et la plaque
de la Légion d'honneur.

Il s'avance, salue le conseil, et prononce le discours
écrit que nous transcrivons textuellement.

« Par déférence pour MM. les maréchaux de France

et lieutenans généraux, j'ai consenti à répondre aux questions qui m'ont été adressées en leur nom par M. le maréchal de camp Grundler, n'ayant pas voulu entraver la marche de la procédure intentée contre moi.

» Mais introduit devant un tribunal, je crois maintenant devoir m'abstenir de répondre à toutes les questions qui tendraient à engager l'instruction de mon procès. Je déclare donc, sans m'écarter du respect que je dois à MM. les maréchaux de France et lieutenans généraux, que je décline la compétence de tout tribunal militaire pour me juger, et je demande formellement à être traduit devant les juges qui me sont assignés par la Charte constitutionnelle.

» Étranger aux matières de jurisprudence, je demande la permission au tribunal de développer mes moyens par l'organe de mon défenseur. »

M. le maréchal Jourdan donne acte au maréchal Ney de la déclaration déclinatoire qu'il vient de faire ; il lui fait observer que, pour constater l'identité, il est essentiel cependant qu'il réponde à l'interpellation qui va lui être faite, de dire quels sont ses noms, prénoms et qualités, les Ordres dont il est décoré, mais que cette réponse ne l'engage pas.

Le maréchal a répondu aux questions qui lui ont été adressées :

« Je me nomme Michel Ney, né à Sarre-Louis, le.... février 1769, maréchal de France, duc d'Elchingen, prince de la Moskowa, chevalier de Saint-Louis, grand-cordon de la Légion d'honneur, chevalier de la couronne de fer, grand'croix de l'ordre du Christ.

Discours de M. l'avocat Berryer.

M. BERRYER. Quel sentiment j'éprouve en prenant la parole dans cette enceinte ! Mes yeux se fixent avec respect et admiration sur cette réunion des premiers personnages de l'État, dont les noms, si chers à la patrie, appartiennent déjà à l'avenir.

Oubliant à leur aspect et les temps et les lieux, je

4.

me demande pourquoi sont réunis en aréopage ces
sénateurs des camps ; je me crois transporté dans les
armées, et je me demande quelle magistrature nouvelle ils viennent exercer en ces lieux.

En reportant mes regards sur celui que je défends
maintenant, quels souvenirs glorieux s'offrent à ma
pensée ! quelles réflexions douloureuses viennent se
mêler à ces souvenirs ! Eh quoi ! le bouclier qui fut
impénétrable aux coups de l'ennemi n'aurait-il pas pu
garantir le maréchal Ney des coups de la fatalité ?

O monument inoui des vicissitudes humaines !
celui qui fit la gloire de la patrie et marcha le premier
dans le chemin de l'honneur, est accusé maintenant
d'avoir trahi la patrie et l'honneur. Je prouverai plus
tard que les torts du maréchal ont été les torts de son
jugement. L'univers apprendra que, général sans
armée et sans instruction, ébranlé par l'affreux tableau d'une défection qui entraînait tout autour de
lui, par les récits alarmans qui lui parvenaient de tous
côtés, et par les progrès de l'usurpateur, le maréchal
céda au torrent ; que dans l'état désespéré où il voyait
les choses, il craignait d'attirer sur sa patrie, par une
résistance inutile, le fléau de la guerre civile ; qu'il
fut trompé, mais ne fut pas trompeur.

Le temps n'est pas encore venu de faire le tableau
de la position difficile où s'est trouvé M. le maréchal ;
il s'agit maintenant de savoir par quelle autorité, par
quelle magistrature ses actions peuvent être jugées.

Le maréchal, sans doute, ne peut pas espérer des
juges plus intègres et meilleurs appréciateurs de sa
conduite ; mais il s'agit dans cette affaire des priviléges de la pairie et de la consolidation de nos lois
fondamentales ; et je dois, dans ce procès trop fa-
meux, faire entrer en première ligne les formes pro-
tectrices de toute liberté.

De quoi le maréchal est-il accusé ? du crime de
haute trahison contre la France, contre le Roi : d là
résulte l'incompétence de tout conseil de guerre.

Pour établir l'incompétence , l'orateur pose plusieurs propositions qu'il discute successivement.

Première proposition. La connaissance d'un crime d'Etat présumé ne peut être attribuée à un conseil de guerre. L'orateur cite Montesquieu, qui signale dans son *Esprit des Lois* les dangers auxquels la chose publique serait exposée si le souverain rendait lui-même la justice. Il invoque ensuite l'article 33 de la charte, qui attribue à la chambre des pairs la connaissance des crimes de haute trahison.

Les articles 62 et 63, qui s'opposent à ce qu'aucun justiciable puisse être distrait de ses juges naturels , et un autre article par lequel le Roi a renoncé au pouvoir d'établir des tribunaux extraordinaires.

Il combat l'argument tiré de ce que, dans l'ordonnance du 24 juillet, le Roi a déclaré qu'il dérogeait à la charte. Le Roi, dit-il, s'est obligé lui-même à l'exécution de la charte. Il n'a pu vouloir y déroger sans l'intervention des chambres. Cette ordonnance du 24 juillet émane de la partie plaignante, de la partie intéressée. Elle peut être regardée comme une plainte , comme un ordre de mise en jugement, mais non comme un jugement de compétence. S. M., dans son ordonnance du 6 septembre, n'a-t-elle pas reconnu qu'elle n'avait pas voulu préjudicier aux droits des prévenus, puisqu'elle a renvoyé devant les tribunaux ordinaires M. Lavalette, compris, comme le maréchal, dans l'ordonnance du 24 juillet?

Seconde proposition. Le maréchal, en raison de ses dignités, ne peut être jugé par un conseil de guerre.

1° Il était pair de France avant le 14 mars. Ici l'orateur fait l'histoire de l'établissement de la pairie, et remarque que le premier privilége des pairs consista toujours en ce qu'un pair ne pouvait être jugé que par les pairs. Il rappelle les nombreux exemples contenus dans l'histoire, par lesquels ce privilége a été maintenu. Il invoque l'article 34 de la charte, qui l'a de même consacré. Il combat d'avance l'objection qui pourra être tirée de ce que le maréchal a été destitué de la pairie.

Il dit à cet égard que le maréchal n'aurait pu être privé de la pairie que par un jugement; qu'en tous cas, il était pair à l'époque où il est présumé s'être rendu coupable. Il relève une autre objection qui pourra lui être faite, et qu'on fondera sur ce que le maréchal est accusé comme général et non comme pair. Il la détruit en observant que le maréchal n'avait pas cessé d'être pair en acceptant le commandement d'une armée, et que l'article de la charte ne fait point de distinction.

2° L'accusé est maréchal de France. L'orateur en tire une nouvelle preuve qu'il ne peut être justiciable d'un conseil de guerre. Il commence par citer l'art. 69 de la charte, qui conserve aux militaires leurs droits et priviléges. Il rapporte ensuite les articles 49 et 101 du sénatus-consulte de l'an 12, qui mettaient la connaissance des attentats commis par des généraux, dans les attributions d'une haute cour. Cette haute cour, ajoute l'orateur, n'existe plus; mais le principe d'une juridiction privilégiée pour les généraux et les maréchaux subsiste toujours. Où trouvera-t-on cette juridiction privilégiée? Elle n'est point dans cette enceinte.

Troisième proposition. Le conseil de guerre devant lequel le maréchal est traduit n'a pas été régulièrement composé; il n'est pas constitué en *conseil permanent* de la division militaire. Ce conseil, dit l'orateur, a été composé d'après les règles tracées par les lois de brumaire et de fructidor an 5; mais ces lois ne sauraient être applicables à un membre du corps des maréchaux, dont la création est de l'an 12. Ces lois d'ailleurs voulaient que le conseil de guerre fût convoqué par le président, et il n'en a point été ainsi pour le conseil actuel.

Vous avez, Messieurs, pour vous fixer sur le déclinatoire qui vous est proposé, le livre saint de nos libertés, la charte, par laquelle le prince a consacré ses droits et les nôtres. Prononcez.

Discours de M. le rapporteur, comte de Grundler.

M. le général, comte de Grundler, rapporteur, prend la parole à son tour et dit :

La patrie en deuil voit entrer aujourd'hui avec douleur dans le temple de la justice, et se placer sur le banc des prévenus, un de ses défenseurs naguère bien glorieusement distingué. Funestes résultats de nos dissentions domestiques ! Fatale erreur qui livre au glaive des lois celui qui devait en être le plus ferme appui !

Dans les temps de révolution, les crimes ou les fautes qu'elles font commettre ne sont pas toujours punis avec impartialité et justice. Vous donnerez, Messieurs, ce bel exemple d'un tribunal militaire délibérant avec calme au milieu de l'effervescence de de toutes les passions sur le sort d'un illustre prévenu.

La France, l'Europe entière nous observent. Nous n'avons cédé à aucune influence étrangère à nos devoirs ; nous sortirons de cette enceinte avec le sentiment d'une conscience irréprochable, et sans redouter leur jugement ni celui de la postérité.

Lorsque S. Excellence M. le maréchal Jourdan, président du conseil de guerre, nous désigna pour remplir les fonctions de rapporteur, nous ne nous attendions point à être chargé d'éclairer la religion du conseil sur une question d'état aussi importante et aussi compliquée que celle de la compétence. Mais le déclinatoire de M. le maréchal Ney, la requête présentée au Roi par madame la maréchale ; la consultation de M. Lacroix-Frainville, qui nous ont été officiellement communiqués, et les devoirs qui nous sont imposés comme rapporteur, nous ayant obligés de nous occuper de ce travail, nous allons chercher à jeter quelque lumière sur cette question de juridiction.

Jusqu'à présent, la question de compétence du conseil de guerre devant lequel M. le maréchal Ney est traduit, n'a été traitée qu'en ce qui concerne la pairie et son titre de maréchal de France. Nous donnerons plus d'extension à l'examen de cette question. Nous traiterons d'abord de la pairie et des droits que M. le maréchal Ney peut avoir à être jugé par la chambre des pairs, ensuite du titre de maréchal de France, considéré comme grand officier de la couronne et comme général, et des prérogatives qui y ont été attachées, tant par les Rois de France que par le gouvernement qui l'a rétabli pendant la révolution.

Après avoir examiné si on a pu former un conseil de guerre par analogie, nous déduirons des ordonnances des 6 mars, 24 juillet et 2 août dernier tout ce qui peut établir la compétence pour juger M. le maréchal Ney.

Nous discuterons deux autres questions qui n'ont point encore été traitées : celle de la rédaction du jugement à intervenir dans cette affaire suivant les formalités prescrites, et celle de la révision.

Enfin, résumant les différens points de la discussion, nous ferons connaître au conseil ce qui peut motiver la compétence ou l'incompétence.

Vous avez vu, Messieurs, par la lecture des pièces, que M. le maréchal Ney a décliné la compétence de tout conseil de guerre pour le juger, et que ce n'est que par égard pour MM. les maréchaux et MM. les lieutenans généraux qui composent le conseil, qu'il a consenti à nous répondre comme rapporteur.

Vous avez également remarqué que madame la princesse de la Moskowa a présenté au Roi une requête pour revendiquer le titre de pair du maréchal, et le privilége qu'il avait d'être jugé, en cette qualité, par la chambre des pairs, conformément à l'article 34 de la charte constitutionnelle.

Les conseils de M. le maréchal Ney ont invoqué en outre l'article 33 de la charte, pour lui assurer le droit d'être jugé également par la chambre des pairs, attendu qu'aux termes de cet article il n'appartient qu'à elle de connaître des crimes de haute trahison et des attentats à la sûreté de l'état.

Le déclinatoire de M. le maréchal vient d'être réitéré en séance par son défenseur, et nous oblige de suspendre les débats pour traiter la question de compétence.

Examinons si ces questions sont fondées.

Les historiens et les publicistes nous montrent l'institution de la pairie presque aussi ancienne que la monarchie, et sa juridiction certaine et déterminée avant et après l'établissement des parlemens. Ce fut plus particulièrement sous Charles-le-Chauve, que la pairie devint héréditaire. Les troubles qui suivirent la mort de ce prince achevèrent la révolution, qui en rendirent les offices héréditaires et patrimoniaux.

Sous Hugues Capet, le nombre des pairs était fixé a douze, six laïcs et six prélats; ils étaient égaux en fonctions et en dignité, et juges les uns des autres sur le fondement de l'égalité qui régnait entre eux.

Voyons maintenant depuis quand, en quelle forme et dans quelle matière ils ont établi leur juridiction de pairie.

Sous Philippe Ier, la cour des pairs formait, sous la présidence du Roi, une cour seule compétente pour connaître les causes féodales tant réelles que personnelles d'un pair de France.

En 1217, Manassès, évêque d'Orléans, ayant parlé en termes peu respectueux d'un jugement rendu par la cour des pairs à l'égard de la femme d'Erald de Brêne, qui se prétendait héritière du comte de Champagne, Philippe-Auguste prévint le pape Honoré III, que ce prélat serait puni de sa témérité, et lui ferait réparation; que la juridiction des pairs de France était un point de droit public de ce royaume.

Philippe V fit expédier en 1317 des lettres-patentes portant qu'un pair de France ne connaissait que le Roi et les pairs pour juges compétens de son état et honneur; ce qui déterminait la forme en laquelle une accusation devait être produite pour être reçue contre un pair de France.

Nous pourrions citer ici plusieurs actes qui prouvent que la cour des pairs de France a été long-temps distincte du parlement. Par un édit de Louis XI, du mois de septembre 1460, les pairs de France furent créés officiers de la cour du parlement et partie intégrante de ce corps, quoique depuis Philippe-de-Valois ils jouissent déjà du droit d'y avoir entrée, séance et voix délibérante comme conseillers nés du Roi en tous ses conseils, et non comme appartenant primitivement à ce corps.

Dans plusieurs circonstances très-importantes, et notamment à la reprise du procès contre le comte de Monfort, relatif au duché de Bretagne, et lors du procès du Roi de Navarre, pair de France, comme duc de Nemours, qui s'était rendu coupable du crime de lèse-majesté, les pairs de France ont défendu, avec le plus grand succès leur juridiction.

Les six anciennes pairies laïques s'étant successivement éteintes par l'extinction des mâles, les rois en ont créé de nouvelles pour les remplacer.

Philippe-le-Bel en créa trois en 1297, et quelques années après érigea la baronnie de Bourbon en duché-pairie, en faveur de son oncle Louis de Bourbon.

Philippe-de-Valois fit la troisième création de pairie, en 1344, et la quatrième fut faite par le roi Jean en 1360 : à cete époque, le nombre des pairs était encore fixé à douze, tant laïcs qu'ecclésiastiques.

Par la suite, les rois en augmentèrent le nombre indéfiniment. De tous exemples que l'on peut tirer de l'Histoire de France, et qui ont quelque rapport à la question que nous disculons en ce moment, il nous semble que le procès du maréchal de Biron, duc et pair de France, accusé en 1602 du crime de lèse-majesté et de haute trahison est celui qui a le plus d'analogie.

Parmi les pièces de ce procès célèbre, nous avons remarqué :

1°. Une commission donnée par le Roi au parlement de Paris, le 17 juin 1602, pour faire le procès à ce maréchal ;

2°. Une commission du Roi, du 18 juin suivant, à M. le premier président de Harlay, au président Potlier, au sieur de Fleury et de Thurin, conseillers en la cour, pour instruire et mettre en état de juger le procès criminel du maréchal de Biron.

3°. Enfin, une lettre patente du Roi au parlement de Paris, du 3 juillet, de la même année, tendante à ce que, au jugement du maréchal de Biron, pair de France, les formalités requises aux procès des pairs soient strictement observées.

Nous transcrirons ici ces lettres patentes en entier.

HENRI, PAR LA GRACE DE DIEU, ROI DE FRANCE ET DE NAVARRE.

A nos amés et féaux conseillers, les gens tenant notre cour du parlement de Paris, nous vous avons ci-devant ordonné de faire et parfaire le procès extraordinaire au duc de Biron, pair de France, sur les conspirations entreprises dont il est prévenu, et d'autant que par la qualité de pair dont l'avons honoré, jugeons être convenable que les pairs de France qui, commodément pourront se trouver en ce jugement, y assistent, vous mandons et ordonnons de suivre à ce regard l'ordre qui, de tout temps et de toute ancienneté, a été observé ; mandons aussi et enjoignons à notre procureur général de faire en cela toutes les poursuites et réquisitions nécessaires. Si, n'y faites faute, car tel est notre plaisir, etc.

A Fontainebleau, le 3 juillet 1602.

Par un édit de 1711, les pairs modernes ont été déclarés représentans des anciens pairs.

Les pairs de France forment dans l'état une classe séparée ; donc ils doivent être jugés dans une forme différente du reste des citoyens ; la loi d'ailleurs le veut ainsi.

La pairie rend les pairs égaux entre eux dans l'ordre politique ; elle leur prescrit des fonctions égales à remplir, des services égaux à rendre à l'état et au souverain, et leur impose des devoirs réciproques ; c'est pour cela qu'elle les établit juges les uns des autres. Ici l'ordre judiciaire est une conséquence immédiate et nécessaire de l'ordre politique ; l'idée d'une pairie emporte nécessairement celle de l'existence d'une juridiction ; donc le Roi, en rétablissant la pairie héréditaire dans l'ordre politique, a dû rétablir en même temps, dans l'ordre judiciaire, la juridiction des pairs, qui dès leur origine fut toujours essentiellement distincte des cours ordinaires de justice ; juridiction qui a été consacrée de nouveau par l'article 34 de la charte constitutionnelle.

Après avoir établi, d'après l'autorité de l'histoire, et les actes de nos Rois, la juridiction de la cour des pairs, sur chacun de ses membres, voyons jusqu'à quel point M. le maréchal Ney peut être fondé à le réclamer pour lui.

On a prétendu qu'un prévenu devait être jugé dans le grade, ou suivant la qualité qu'il avait au moment de son arrestation, et on en conclut que M. le maréchal Ney, ayant cessé d'être pair de France par le fait seul de l'acceptation de la pairie de Buonaparte, n'a plus aucun droit à être jugé par la chambre des pairs. Cette opinion nous paraît hasardée, car la loi déterminant toujours les tribunaux devant lesquels les simples citoyens ou les grands dignitaires de l'état doivent être traduits, on ne peut raisonnablement supposer qu'un prévenu perde les avantages qui lui sont assurés par la loi au moment où il se rend coupable d'un délit.

Tout le temps qui s'écoule entre le délit et le compte que la justice en demande à celui qui l'a commis, disparaît aux yeux des juges, et le prévenu est replacé, par l'accusation même, au point où il était quand il l'a provoquée.

Oui, M. le maréchal Ney a cessé d'être pair de

France le jour où il a accepté une distinction illégale,
incompatible avec la dignité constitutionnelle dont son
Roi l'avait investi ; mais le 14 mars, il n'était point
encore question d'une nouvelle chambre des pairs ; le
14 mars, le maréchal jouissait donc, dans toute sa
plénitude, de son titre de pair de France et des prérogatives qui y sont attachées par la constitution ;
qu'a-t-il pu être depuis le 14 mars jusqu'au 2 juin,
époque de la nomination des pairs par Buonaparte,
si ce n'est ce qu'il était à la veille du jour où il a manqué à ce qu'il devait au Roi.

M. le rapporteur cite le procès de Fouquet, et
prouve qu'on ne peut comparer une charge que le ti-
tulaire pouvait vendre avec une dignité acquise par
de grands services.

Il rappelle ensuite ce grand principe que la loi ne
dispose que pour l'avenir et ne peut avoir d'effet ré-
troactif.

Messieurs, dit-il, s'il restait encore des doutes sur
la rigoureuse application de l'article 34 de la charte
constitutionnelle à M. le maréchal Ney, nous n'aurions plus qu'à vous citer l'opinion émise il y a quelques jours, dans la chambre des pairs, sur la juridiction des tribunaux, par ce magistrat courageux qui,
après avoir honoré sa vie par la défense de son Roi,
répand tous les jours la lumière dans les discussions
du premier corps de l'état.

« Un abus conduit à un autre, disait M. Desèze ;
c'est le premier surtout qu'il faut prévenir. Une de nos
plus précieuses maximes, celle qui tient le plus à nos
libertés, celle qui protége le plus nos droits, c'est que
l'ordre des juridictions ne puisse pas être interverti.
Le Roi lui-même a renouvelé cette maxime fondamentale, il l'a consacrée dans sa charte : elle forme
la disposition de l'article 62. Il faut donc s'y tenir sé-
vèrement, et ne jamais souffrir qu'on y porte la moindre atteinte ; car votre facilité à cet égard deviendrait
exemple, et votre exemple serait bientôt devenu la
règle. »

Fidèle à la distribution méthodique et lumineuse qu'il s'est tracée, M. le général rapporteur examine le maréchal Ney dans ses diverses positions, il discute les droits qu'elles peuvent lui donner, et recourt à de nombreuses comparaisons qu'il puise dans l'histoire.

Nous regrettons de ne pouvoir le suivre dans ces développemens intéressans qui prouvent que M. le rapporteur joint à une grande érudition, le courage et l'assiduité qu'exigent des recherches laborieuses. Maître de son sujet, il l'a envisagé sur toutes ses faces ; mais malgré l'impartialité dont il s'est fait un devoir, il n'est pas difficile de reconnaître quelles sont les considérations qui l'ont le plus vivement frappé.

Il insiste sur l'impossibilité de trouver, de créer même un tribunal militaire qui pût reviser le jugement qui interviendrait dans cette cause ; car il suppose qu'il faudrait que le conseil réviseur fût composé d'officiers d'un grade plus élevé que celui qui a rendu la première décision.

Sans doute, a-t-il dit en terminant son rapport, le conseil n'attend pas de nous des conclusions sur la question de compétence que nous venons de traiter. Quand les hommes d'état les plus éclairés et les plus célèbres jurisconsultes varient d'opinions à ce sujet, ce n'est point à un militaire peu versé dans la connaissance du droit, et qui a passé la plus grande partie de sa vie dans le tumulte des camps, à émettre une opinion qui pourrait entraîner la décision du tribunal.

Pour oser donner des conclusions sur une pareille question, il faudrait avoir acquis, par des études approfondies sur cette matière, le droit d'être cru sur parole ou faire autorité dans le barreau.

Les faits historiques et les citations que nous avons rapportés, prouveront que nous avons cherché de bonne foi à répandre sur la discussion les lumières qui peuvent servir à éclairer la religion du conseil.

Nous espérons qu'on nous rendra cette justice, que nous avons cherché à concilier ce que nous devions à la dignité du tribunal devant lequel nous parlons, et aux pénibles et solennelles fonctions qui nous sont imposées, avec ce que nous devons à l'accusé et à nous-mêmes. Il ne nous reste plus qu'à nous en rapporter aux lumières et à l'impartialité du conseil chargé de juger une question de droit qui n'a point d'exemple dans les fastes de notre histoire.

Le rapport de M. le général Grundler a été entendu avec le plus vif intérêt. Il se distingue par l'ordre, la clarté, la disposition des matières, et par une grande pureté de style : c'est le genre de mérite qu'on avait le moins droit d'attendre d'un guerrier. La surprise n'en a été que plus agréable pour l'auditoire et plus flatteuse pour M. le rapporteur, dont le débit noble et facile n'a pas ajouté un médiocre prix à son discours.

M. le commissaire-ordonnateur de Joinville, chargé des fonctions de procureur du Roi, a rempli avec plus de zèle et de talent que de succès, la mission de veiller au maintien des formes et à l'exécution précise de la loi.

Il a fait cinq divisions des motifs allégués en faveur de l'incompétence : 1° l'accusé est pair de France ; 2° militaire d'un grade très-élevé; 3° revêtu d'une grande dignité dans l'état ; 4° comment créer un conseil de révision ? 5° quelle formule adopter pour la rédaction du jugement ?

M. de Joinville établit d'abord ce principe, qu'à l'époque où le maréchal Ney s'est rendu coupable, les pairs du royaume n'avaient pas encore ce caractère d'inamovibilité que le Roi leur a conféré depuis. Le maréchal n'est pas plus autorisé à réclamer les priviléges de la pairie que tous ceux qui, par leur conduite, ont mérité d'être exclus de la nouvelle chambre des pairs. La manifestation de la volonté royale a précédé l'arrestation et la mise en jugement du maréchal Ney.

En sa qualité de maréchal peut-il réclamer les antiques priviléges des maréchaux de France ? Non. Le sénatus-consulte qui a rétabli cette dignité n'a rendu à ceux qui en étaient investis aucune des anciennes prérogatives attachées à ce titre , pas même la juridiction des affaires militaires. Ils n'avaient que le droit d'être jugés par une haute cour qui n'a jamais été organisée. La charte n'a maintenu que les tribunaux ordinaires existans , et la haute cour n'a jamais existé. Les maréchaux ne sont pas compris par la charte, dans le nombre de ceux à qui elle donne le droit de n'être jugés que par la chambre des pairs. Les préfets aussi étaient , par le sénatus-consulte , justiciables de la haute cour. Serait-il écouté aujourd'hui le préfet accusé , qui déclinerait la juridiction des tribunaux ordinaires ? Les maréchaux en sont également devenus justiciables.

Le conseil de guerre devant lequel paraît M. le maréchal Ney , est donc son tribunal naturel. Il est composé d'après le hiérarchie militaire, et de manière à ce que l'accusé ne soit jugé que par ses pairs : car un maréchal de France n'est plus considéré que comme un général en chef permanent, justiciable d'un conseil permanent à la juridiction duquel aucun général d'armée ne pourrait se soustraire. Moreau , lui-même, le guerrier vraiment français, qui n'a vaincu que pour son pays, et qui est mort en cherchant à le délivrer d'un oppresseur , n'eût pu pour un délit commis en qualité de général, se soustraire au ressort du tribunal que décline le maréchal Ney.

En soutenant que les articles 33 et 34 de la charte ne sont pas applicables au maréchal Ney , M. le procureur du Roi invoque l'article 14 de cette même charte, qui investit le Roi du droit de prendre toutes les mesures, de rendre toutes les ordonnances qu'il croira utiles à la sûreté publique et au salut de la patrie. Quelle occasion plus pressante pouvait rencontrer le Roi d'exercer cette dictature salutaire que l'événement qui lui dicta l'ordonnance du 6 mars 1815 ? Il déclara traîtres et rebelles Buonaparte et ses adhérens. Il prescrivit de les traduire devant des tribunaux militaires. Aucune voix ne s'éleva contre cette ordouhance, si nécessaire et si mal exécutée. Le peuple et les chambres y applaudirent. M. le maréchal Ney la connaissait ; il y était soumis comme tous les Français, et plus directement peut-être qu'aucun autre, en raison de son grade et de sa dignité. Elle ne pouvait être effacée de sa mémoire quand, peu de jours après, ils s'exposa *sciemment* à toute sa rigueur, en se rendant coupable des crimes qu'elle avait prévus et spécifiés. Il s'est donc volontairement placé hors de la constitution.

On a parlé de l'impossibilité de trouver un tribunal qui pût reviser le jugement qui émanerait d'un conseil de guerre composé d'officiers revêtus des plus hauts grades de l'armée. Mais le conseil de révision ne s'occupe que des formes, de l'application et de l'exécution de la loi. Sa composition doit donc être toujours la même. Ce qui le prouve, c'est que la création des conseils de révision est postérieure à celle des conseils de guerre pour juger les généraux en chef.

La rédaction du jugement, dont on a voulu faire une difficulté, n'exige d'autre caractère de l'égalité que l'observation des formules, et cette condition sera remplie quand on aura relaté les circonstances et les incidents qui auront eu lieu dans ce procès.

Enfin, le guide du juge militaire, cité par M. le procureur du Roi, décide que les crimes de rébellion contre l'autorité légitime sont du ressort des conseils de guerre, quand même l'exécution n'aurait pas eu lieu à main armée.

M. de Joinville conclut à ce que le conseil de guerre reconnaisse sa compétence et ordonne la continuation des débats.

M. le président a demandé à l'accusé s'il n'avait rien à ajouter aux moyens développés par son avocat ; sur sa réponse négative, il lui a dit : M. le maréchal, vous pouvez vous retirer.

MM. les membres sont entrés dans la chambre des délibérations à 4 heures.

M. le président a prononcé : Le conseil, après avoir

délibéré sur la question de savoir s'il était compétent pour juger M. le maréchal Ney, a déclaré, *à la majorité de cinq contre deux*, qu'il n'était pas compétent.

Le conseil charge M. le général comte Grundler, rapporteur, de donner connaissance du présent jugement à M. le maréchal Ney.

Bulletin de la séance du 11 novembre.

La chambre se réunit à deux heures, sous la présidence de M. le chancelier ; elle entend la lecture et approuve la rédaction du procès-verbal de la séance du 9.

Le ministre de l'intérieur présente ensuite à la chambre un projet de loi sur les compagnies départementales, adopté par la chambre des députés. Il expose les motifs de ce projet. L'impression et la distribution en sont ordonnés.

Il est ensuite procédé au renouvellement des bureaux.

A cinq heures, les ministres du Roi, accompagnés du procureur général près la cour royale de Paris, apportent à la chambre une ordonnance du Roi, en date de ce jour, qui charge la chambre des pairs de procéder sans délai au jugement du maréchal Ney, accusé de haute trahison.

M. le duc de Richelieu, président du conseil des ministres, s'exprime en ces termes :

« Messieurs,

« Le conseil de guerre extraordinaire établi pour juger le maréchal Ney s'est déclaré incompétent. Nous ne vous dirons pas toutes les raisons sur lesquelles il s'est fondé : il suffit de savoir que l'un des motifs est que ce maréchal est accusé de haute trahison.

» Aux termes de la charte, c'est à vous qu'il appartient de juger ces sortes de crimes. Il n'est pas nécessaire, pour exercer cette haute juridiction, que la chambre soit organisée comme un tribunal ordinaire. Les formes que vous suivez dans les propositions de lois, et pour juger en quelque sorte celles qui vous sont présentées, sont sans doute assez solennelles et assez rassurantes pour juger un homme, quelle qu'ait été sa dignité, quel que soit son grade.

» La chambre est donc suffisamment constituée pour juger le crime de haute trahison dont le maréchal Ney est depuis si long-temps accusé.

» Personne ne peut vouloir que le jugement soit retardé par le motif qu'il n'existe pas auprès de la chambre des pairs un magistrat qui exerce l'office de procureur général. La charte n'en a pas établi : elle n'a pas voulu en établir ; peut-être ne l'a-t-elle pas dû. Pour certains crimes de haute trahison l'accusateur s'élèvera de la chambre des députés ; pour d'autres, c'est le gouvernement lui-même qui doit l'être. Les ministres sont les organes naturels de l'accusation, et nous croyons bien plutôt remplir un devoir qu'exercer un droit en nous acquittant devant vous du ministère public.

» Ce n'est pas seulement, Messieurs, au nom du Roi que nous remplissons cet office, c'est au nom de la France, depuis long-temps indignée, et maintenant stupéfaite. C'est même au nom de l'Europe que nous venons vous conjurer et vous requérir à la fois de juger le maréchal Ney. Il est inutile, Messieurs, de suivre la méthode des magistrats, qui accusent en énumérant avec détail toutes les charges qui s'élèvent contre l'accusé ; elles jaillissent de la procédure qui sera mise sous vos yeux. Cette procédure subsiste dans son intrégrité, malgré l'incompétence et à cause même de l'incompétence prononcée. La lecture des pièces, que nous faisons déposer dans vos bureaux, vous fera

connaître les charges. Il n'est donc pas besoin de définir les différens crimes dont le maréchal Ney est accusé ; ils se confondent tous dans les mots tracés par
cette charte, qui, après l'ébranlement de la société
en France, en est devenue la base la plus sûre.

» Nous accusons devant vous le maréchal Ney de
haute trahison et d'attentat contre la sûreté de l'état.

» Nous osons dire que la chambre des pairs doit
au monde une éclatante réparation : elle doit être
prompte, car il importe de retenir l'indignation qui
de toutes parts se soulève. Vous ne souffrirez pas
qu'une plus longue impunité engendre de nouveaux
fléaux, plus grands peut-être que ceux auxquels nous
essayons d'échapper. Les ministres du Roi sont obligés de vous dire que cette décision du conseil de
guerre devient un triomphe pour les factieux. Il importe que leur joie soit courte, pour qu'elle ne leur
soit pas funeste.

» Nous vous conjurons donc, et au nom du Roi
nous vous requérons de procéder immédiatement au
jugement du maréchal Ney, en suivant, pour cette
procédure, les formes que vous observez pour la délibération des lois, sauf les modifications portées par
l'ordonnance de S. M., dont il va vous être donné
lecture.

» D'après cette ordonnance, vos fonctions judi-
ciaires commencent dès cet instant. Vous vous devez
à vous-mêmes, Messieurs, de ne faire entendre aucun
discours qui puisse découvrir votre sentiment pour ou
contre l'accusé. Il comparaîtra devant vous au jour et
heure que la chambre fixera. »

Le procureur général, commissaire du Roi, donne
ensuite lecture, à la chambre, 1° du jugement par
lequel le conseil de guerre permanent de la 1re division militaire s'est déclaré incompétent pour juger le

maréchal Ney ; 2° de l'ordonnance du Roi, dont les motifs viennent d'être exposés.

Cette ordonnance est conçue en ces termes :

Louis, par la grâce de Dieu, roi de France et de Navarre,

A tous présens et à venir, salut :

Vu l'article 33 de la charte constitutionnelle,

Nos ministres entendus,

Nous avons ordonné et ordonnons ce qui suit :

La chambre des pairs procédera sans délai au jugement du maréchal Ney, accusé de haute trahison et d'attentat contre la sûreté de l'état. Elle conservera pour ce jugement les mêmes formes que pour les propositions de lois, sans néanmoins se diviser en bureaux.

Le président de la chambre interrogera l'accusé, entendra les témoins et dirigera les débats. Les opinions seront prises suivant les formes usitées dans les tribunaux.

La présente ordonnance sera portée à la chambre des pairs par nos ministres secrétaires d'état, et par notre procureur général près notre cour royale de Paris, que nous chargeons de soutenir l'accusation et la discussion.

Donné en notre château des Tuileries, le onzième jour du mois de novembre de l'an de grâce 1815, de notre règne le vingt-unième.

Signé LOUIS.

Par le Roi,

Le ministre secrétaire-d'état au département des affaires étrangères, président du conseil,

RICHELIEU.

Après avoir entendu cette lecture, l'assemblée, sur les propositions d'un de ses membres, déclare qu'elle reçoit avec respect la communication qui vient de lui être faite au nom du Roi par les ministres de S. M. ; qu'elle reconnaît les attributions qui lui ont été données par l'art. 33 de la charte constitutionnelle, et qu'elle est prête à remplir ses devoirs en se conformant à l'ordonnance du Roi.

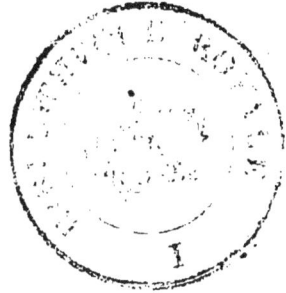

DE L'IMPRIMERIE DE Mᵐᵉ Vᵉ JEUNEHOMME

RUE HAUTEFEUILLE, N°. 20.

Michel Ney,

Maréchal de France, né à Sarre-louis le 10 J.ᵉʳ 1769.
Mort à Paris le 7 Décembre 1815.

PROCÈS

DU

MARÉCHAL NEY,

DUC D'ELCHINGEN, PRINCE DE LA MOSKWA, GRAND CORDON
DE LA LÉGION D'HONNEUR, CHEVALIER DE L'ORDRE
ROYAL ET MILITAIRE DE SAINT-LOUIS, COMMANDEUR DE
L'ORDRE DU CHRIST, etc.

CONTENANT

*Le Précis historique de sa vie politique, militaire et
civile; l'Analyse de la première instruction subie devant le Conseil de guerre; la Procédure devant la
Cour des Pairs; sa Condamnation; le Récit de ses
derniers momens.*

PAR M. DELANOE.

SECONDE ÉDITION, CORRIGÉE ET AUGMENTÉE.

IIᵉ CAHIER ET DERNIER.

PARIS,

PLANCHER, ÉDITEUR, RUE SERPENTE, Nº 14;
CHEZ EYMERY, LIBRAIRE, RUE MAZARINE, Nº 30;
DELAUNAY, LIBRAIRE, AU PALAIS ROYAL.

1815.

DE L'IMPRIMERIE DE Mme Ve JEUNEHOMME,

RUE HAUTEFEUILLE, N° 20.

INTRODUCTION.

En donnant une suite au premier cahier que nous avons publié sur le maréchal Ney, nous avons voulu réparer pour nos lecteurs l'omission de quelques détails et de quelques pièces que l'extrême célérité du premier travail ne nous avait pas permis d'y insérer. L'impatience du public ne compose point avec la lenteur nécessaire d'un exposé à la fois analytique, raisonné, renfermant tous les détails essentiels, et formant un ouvrage complet; il faut profiter, pour le faire, de circonstances plus favorables que celles où nous étions placés lors de la première livraison de cette importante histoire, et nous avons cru les rencontrer dans l'intervalle qui s'est écoulé entre le premier et le deuxième procès que l'illustre accusé vient de subir.

L'esprit public s'est pour ainsi dire reposé entré ces deux époques; il a eu le temps de jeter un coup d'œil en arrière, de réfléchir sur les faits qui ont précédé la culpabilité d'un grand

IIe partie

général, et d'interroger, dans le passé, tous les détails de sa vie qui peuvent le recommander à la curiosité, à l'intérêt, à l'examen sévère de ses concitoyens.

Pour le faire avec satisfaction, et surtout avec impartialité, cet examen, le public avait-il tous les documens qu'il eût fallu parcourir et peser? était-il, par les différentes sources où il a puisé la connaissance de la vie et des actions du maréchal, en état de se former un jugement sain et définitif? Nous ne le croyons pas; et c'est pour subvenir à ce manque de matériaux officiels, pour mettre un miroir fidèle sous les yeux de l'écrivain qui devra transmettre à l'avenir le récit de ses exploits, l'analyse de son caractère, le tableau de ses malheurs, que nous avons essayé de rassembler dans un même cadre tout ce qui peut contribuer à éclairer la conscience des contemporains sur la sévérité judiciaire que le gouvernement a sollicitée contre lui.

Quels que soient les erreurs ou les crimes d'un citoyen, à quelque sort que le puisse conduire l'enchaînement des circonstances, ou la

justice qui frappe un coupable, peut-il être
indifférent à sa patrie, à l'Europe entière qu'il
occupa, qu'il ait passé trente ans d'une vie
utile dans une carrière dont il fut l'un des
premiers ornemens, ou qu'il ait végété sans illustration personnelle, sans profit pour le pays
qui l'avait vu naître? Peut-on se dissimuler qu'il
existe entre les criminels d'Etat et les criminels
ordinaires cette différence imprescriptible, que
les premiers conservent encore, aux yeux même
de leurs plus mortels adversaires, les droits de
la probité, de l'honneur privé, des vertus domestiques, et qu'il sera toujours digne de la
méditation des hommes de marquer la ligne où
s'arrête la reconnaissance nationale pour laisser
place aux ressentimens et à la vindicte publique?
L'arrêt qui frappe un coupable ne défend pas
de jeter un regard de regret où l'admiration se
mêle au courroux et à la pitié sur le membre de
l'Etat qui a encouru sa vengeance; un monarque
puissant, en punissant un sujet, ne veut point
anéantir une gloire antérieure au délit qu'il condamne, et qui restera le patrimoine de tous; la

patrie, en sévissant contre un de ses enfans, n'a jamais voulu que la victime fût déparée de ses lauriers.

Ces considérations nous ont amenés à rapprocher dans un même ouvrage tous les motifs, tous les monumens historiques qui recommandent la première partie de l'existence politique du maréchal Ney, et qui inculpent sa conduite dans la dernière période de sa vie.

Pour la clarté méthodique et l'intelligence facile de toutes les classes de lecteurs, nous avons divisé les événemens qui composent l'ensemble de cette esquisse biographique en *trois époques*.

La première époque contiendra un précis historique de la vie politique, civile et militaire du maréchal Ney, jusqu'à l'evénement de la capitulation de Paris.

La deuxième époque, les détails de sa conduite au-delà de la Loire, de son arrestation, et de son procès devant le conseil de guerre.

La troisième époque, les débats ouverts à la cour des pairs, et l'issue du procès qu'il y a subi.

PRÉCIS HISTORIQUE
DE LA VIE
POLITIQUE, MILITAIRE ET CIVILE
DU MARÉCHAL NEY,

PRINCE DE LA MOSKWA.

On aime à connaître les hommes qui sont parvenus à la célébrité par d'éminentes vertus et par de grands talens.

L'intérêt qu'ils inspirent est porté au plus haut degré, lorsque ces hommes justement admirés, mais soumis, comme les autres, aux vicissitudes humaines, se trouvent près de succomber sous le poids d'une grande infortune.

Tel est le sentiment que fait naître la position actuelle du maréchal Ney.

Il est né à Sarrelouis, sur les bords de la Moselle, le 10 janvier 1769.

Il paraît que la nature l'avait formé pour la carrière militaire, et il ne trompa point la nature.

Il entra de bonne heure dans nos bataillons:

IIᵉ partie.   1

sa place y fut presque toujours marquée aux
avant-gardes, et il se conduisit avec une telle
distinction dans tous les grades qu'il parcourut
successivement, qu'il eut bientôt un nom dans
l'armée, celui de *l'infatigable*.

En l'an 5 (1795), étant adjudant-général, la
cavalerie de la division du général Colhaud lui
fut confiée : c'était le moment où l'armée de
Sambre et Meuse se portait sur la Lanh. Ses
services furent si utiles et si multipliés, que le
brevet de général de brigade lui fut décerné.
Aussi modeste que vaillant, il crut ne l'avoir pas
encore mérité, il le refusa.

En l'an 4 (1796), au passage de la Sieg, à
la tête de la cavalerie, il neutralisa les efforts de
la cavalerie autrichienne, bien supérieure en
nombre.

Après la bataille d'Altenkirchen où il se distingua, il prit Dierdorff et Montaubaur, fit des
prisonniers, et s'empara d'approvisionnemens
considérables. Vainement la garnison d'Erein-
brestein fit-elle une sortie pour sauver les magasins de ces places, elle fut attaquée, forcée à
la retraite, et le nombre des prisonniers s'accrut.

Le passage de la Lanh ayant été effectué,
toute la cavalerie ennemie, commandée par le
général Krai, était en avant de Nidermel. Il
fallait vaincre cet obstacle. Ce succès fut confié
à notre adjudant-général, dont la cavalerie était
bien inférieure. Il se surpassa dans cette occasion. A combien de charges brillantes il donna
le mouvement! Le village d'Obermel fut repris
quatre fois par l'ennemi, qui fut enfin forcé de
l'abandonner après un combat que la nuit seule
put faire cesser.

L'issue de ce combat fut la prise de Wurts-

bourg. Cette place était gardée par deux mille
hommes d'infanterie et trois cents cavaliers. Ney
s'avança avec cent hommes de cavalerie. Ses manœuvres, aussi audacieuses que savantes, effrayè-
rent la garnison. Le gouverneur fut sommé de
se rendre sur-le-champ. Sur-le-champ il capitula,
et Wurtsbourg fut ouvert aux Français.

Près de Zaill, Ney, accompagné seulement de
quatre cents hommes, rencontra huit cents cavaliers ennemis. Emporté par sa bravoure, il ordonna la charge, culbuta l'ennemi, et lui fit des
prisonniers.

On marchait sur Forckeim : l'ennemi était en
force sur les hauteurs, et dans la plaine; il était
commandé par le général Wartensleben en personne. Quinze pièces d'artillerie assaillirent l'avant-
garde, commandée par Ney, qui ne pouvait en
opposer que deux : cette inégalité même en-
flamma son courage. Il pressa l'ennemi, lui enleva ses positions et le contraignit à rentrer dans
la place. Arrivé à la portée du canon, il somma
le commandant ennemi d'ouvrir les portes; celui-
ci capitula : soixante-dix bouches à feu et diverses munitions furent le prix de cette heureuse
journée.

Dans ces périlleuses actions où Ney avait eu
deux chevaux tués sous lui, il avait montré tant
d'intrépidité et de talens, que le général Kléber
lui décerna, sur le champ de bataille, le grade de
général de brigade. Cette disposition fut confirmée par le gouvernement, et Ney, que ses nouveaux succès avaient rendu non moins modeste,
mais plus confiant en ses forces, ne se déroba
plus à cette distinction.

Il honora bientôt et dans la même campagne
ce nouveau grade. Il s'agissait de pénétrer à Salz-

bach, en traversant un grand bois et six lieues
de défilés. Malgré le feu terrible qui partait du
front et des flancs de l'ennemi, il ordonna que le
bois fût emporté à la baïonnette, et le bois fut
emporté. L'ennemi se retira en toute hâte. Dans
cette action, caractérisée par la plus rare intrépidité, Ney eut un cheval tué sous lui.

La campagne suivante (1797) fit remarquer
le général de brigade Ney par de nouveaux succès. Le combat de Dierdoff montra sa valeur dans
tout son jour. Il contint, pendant plus de quatre
heures, avec cinq cents hommes, tous les efforts
d'une réserve de six mille autrichiens qui n'avait
pas encore donné.

Il ne se distingua pas moins au combat de Gies-
sen. L'ennemi occupait en forces ce poste important que Ney attaqua avec la seule cavalerie
de l'avant-garde. Il fit plier l'ennemi, qui prit la
fuite jusqu'à la position de Steinberg, où il essaya
de se rallier. On y combattit jusqu'à la fin du
jour. Ce fut là que Ney fut fait prisonnier, son
cheval s'étant abattu dans un large fossé.

Il fut réclamé par le gouvernement et rendu à
ses frères d'armes. Le premier acte de sa liberté
fut de sommer, en ventôse an 7 (1799), la ville
de Manheim de recevoir garnison française.

Il fut alors nommé général de division. On eut
encore à combattre sa modestie. Il opposa des
refus. La reconnaissance du gouvernement pour
ses services lui fit un devoir de le maintenir dans
cette élévation.

Dans le mois de prairial suivant, ayant sous lui
la cavalerie de l'armée d'Helvétie, il contribua
puissamment au succès du général Masséna, qui
battit l'ennemi et le força à la retraite.

L'ennemi reprit l'offensive bientôt après. Un

renfort de douze mille hommes avait porté à trente mille l'armée du prince Charles sur la ligne du Rhin. La pointe du jour vit commencer un combat dont la nuit avancée fut encore témoin. L'attaque et la défense ne furent jamais plus opiniâtres. Ney s'y surpassa lui-même; il eut deux chevaux tués sous lui; et deux blessures qu'il reçut attestèrent sa bravoure et les périls qu'il avait bravés.

Au commencement de l'automne de la même année, il prit le commandement de l'armée du Rhin, en l'absence du général en chef Lecourbe. Il ordonna plusieurs attaques depuis Selz jusqu'à Mayence, qui toutes furent signalées par le succès le plus complet. On dut à ces attaques la prise de Sandhoffen, celle de Francfort, celle de Hochstett, le passage de la Nidda et du Mein.

A la tête d'une division de l'aile gauche de l'armée du général Lecourbe, Ney fut chargé de s'emparer de Manheim et de rétablir le pont sur le Rhin. Son activité eut bientôt consommé cette double opération. Il s'avança ensuite en Souabe et fit replier devant lui l'armée du prince de Schwartzemberg.

Cependant, près de Lauffen, l'avant-garde de sa division, attaquée par des forces supérieures, et trop avancée pour être secourue, eut à se mesurer avec un gros corps de troupes conduit par le prince Charles au siége de Philisbourg. La valeur du chef la maintint jusqu'au moment où elle fut dégagée par la 27e demi-brigade et par le 1er régiment de chasseurs, et put ainsi se replier sur la division. La constance des efforts du général Ney se signala de nouveau. Son sang en scella le témoignage, et une blessure grave le mit hors de combat, lorsqu'il entrait à Stutgard.

A peine convalescent, il présida à la journée de Moërskirch. Il attaqua l'ennemi, lui fit prendre la fuite, et lui enleva dix-huit cents prisonniers.

Au printemps de l'année suivante (1800), c'est en grande partie à sa division que l'on dut la victoire remportée à la bataille de l'Iller.

En débouchant par le pont de Kilmentz, il se réunit au général Sahuc, et poussa l'ennemi jusqu'à Dietenheim. Là, une forte colonne ennemie débouchant par Kirberg, s'opposa à sa marche. Mais, par une manœuvre incidente, le général Ney attaqua ce village avec vigueur. Il fit gravir le plateau à sa colonne l'arme au bras, et culbuta l'ennemi, qui abandonna douze cents prisonniers, son artillerie et ses caissons.

Huit jours après, le général Ney remporta de nouveaux avantages au-dessus de Ganershauffen, et poussa l'ennemi en déroute jusqu'à Wesseinhorn.

On sait combien il contribua à la glorieuse journée de Hohenlinden. Secondé par les généraux Richepanse et Grouchy, il dissipa entièrement tout ce qui avait cru trouver quelque abri dans les bois.

Dans la journée du 10 brumaire an 9, il força huit bataillons ennemis à se replier, les repoussa bien loin du point d'attaque, leur fit des prisonniers et leur enleva des caissons et de l'artillerie.

Une paix de bien courte durée vint alors donner quelque repos aux guerriers français. Ce repos fut noblement employé par le général Ney. Nommé inspecteur général de la cavalerie, il remplit ces fonctions en administrateur éclairé. Envoyé peu après en Suisse, en qualité de ministre plénipotentiaire, il s'acquitta de cette délicate mission en homme d'état. Il parvint à faire cesser les troubles qui agitaient l'Helvétie, et prépara les actes de l'association de ce peuple avec les Français.

La paix interrompue, il fallut armer contre l'Angleterre. Le général Ney, dont la réputation était toujours croissante, fut nommé commandant du camp de Montreuil-sur-Mer.

Mais personne n'ignore que ces apprêts de guerre maritime ne furent que des démonstrations pour tenir en haleine l'ennemi et lui inspirer des craintes jusque dans ses foyers.

Bientôt le gouvernement sembla prendre une assiette plus solide; il se concentra, et l'empire fut créé.

Il fallut entourer le trône de grands dignitaires qui lui fissent un appui; il fallut surtout honorer l'armée dans ses principaux chefs : les maréchaux français naquirent, et le général Ney prit place parmi eux.

C'est ici qu'il faut placer le mémorable fait d'armes qui attacha à son nom celui de duc d'Elchingen. Ce mont retranché était couvert de trente mille hommes d'élite ennemis. Suivi seulement de dix mille braves, il force cette redoutable position, ce qui ne peut s'expliquer que par la bravoure et la supériorité du génie de celui qui obtint un pareil succès, que suivit de bien près la prise de Guntzbourg.

Dans le même temps la ville d'Ulm lui ouvrit ses portes, et trente mille prisonniers défilèrent devant lui.

Maître ensuite de Salzbourg, la province entière du Tyrol fut soumise à ses armes.

Les défilés de cette province pouvaient encore offrir des ressources à l'ennemi; le maréchal sut s'en assurer par la prise d'Inspruck, de Kustein et de la forteresse de Schænitz.

En 1805, il contribua aux triomphes remportés à Iéna, en faisant capituler Erfurt.

En 1806, il continua de commander le 6e corps de l'armée.

Magdebourg est une des clefs de la Prusse, et la plus forte des places qui assurent le cours de l'Elbe. Le maréchal Ney fut chargé d'en faire le siége. On se souvient que dans la guerre de trente ans cette ville opposa pendant plusieurs mois la plus vive résistance au génie d'un général estimé. Peu de jours suffirent au maréchal pour la forcer à capituler, et nous ouvrir ainsi le chemin de la Pologne. Seize mille hommes furent faits prisonniers; des munitions immenses et huit cents bouches à feu passèrent dans nos camps. Cette action eut lieu le 8 novembre 1806.

Le 6 décembre suivant, après un engagement dans lequel il battit les Prussiens, le maréchal Ney entra dans la ville de Thorn.

On le vit ensuite, dans les combats de Gustalds, sur la Panarge, lutter pendant quatre mois contre tous les besoins et contre un ennemi dont les forces étaient quadruples.

C'est dans le même temps qu'avec quatorze mille hommes il contint les efforts multipliés de soixante-dix mille russes, jusqu'au moment où ayant reçu des renforts il reprit l'offensive, battit l'ennemi, et prépara le succès de la bataille de Friedland, succès dont personne ne lui conteste la plus grande part.

On le vit en effet dans cette immortelle journée, tour à tour à la tête des corps d'infanterie et de cavalerie, exécuter tout ce que peuvent inspirer l'expérience consommée, l'imperturbable sang froid et la valeur la plus intrépide.

On lui avait décerné le nom de l'*Infatigable*; on lui décerna celui de *Brave des braves*.

La paix de Tilsitt suivit de près nos triomphes.

En 1808, il se vit forcé de conduire en Espagne le 6ᵉ corps de l'armée. Maître d'abord de la Galice, la province des Asturies allait devenir sa conquête, lorsque l'armée française se retirant en Portugal le contraignit lui-même à faire retraite.

Cette retraite ennoblit encore les travaux du maréchal Ney; elle attesta son habileté dans l'une des manœuvres militaires, peut-être la plus difficile, et le général Moreau n'eût pas désavoué son émule.

En 1810, le maréchal Ney se couvrit de gloire au siége de Ciudad-Rodrigo. Il en eut pour témoin le maréchal Masséna, sous lequel il l'entreprit et l'acheva.

En 1811, ce fut à lui que fut confiée la fameuse retraite de l'armée de Portugal. Pombal, Rédinna, Soz de Arouza, furent témoins des échecs nombreux qu'éprouva l'armée anglaise qui tentait de s'opposer aux pas rétrogrades des phalanges qui avaient porté la victoire jusqu'aux murs de Lisbonne.

Nous touchons à la malheureuse campagne de Moskow; c'est là surtout que parut la grande ame du maréchal. Son courage ne l'abandonna point, et il sut le rendre à l'armée.

Au milieu des désastres inouis qui enveloppaient nos guerriers, l'effroi était général ; on n'avait pour perspective qu'une perte aussi certaine que prompte, et chacun cherchait le maréchal pour recevoir ses ordres. On le trouva

couché sur la neige, une carte à la main, cal-
culant dans quelle direction la retraite pouvait
s'opérer le plus favorablement. Qu'on juge de la
confiance qui dut renaître dans le cœur du soldat, quand il vit dans son chef un tel calme au
milieu des plus pressans dangers!

On le vit ensuite, pendant trois jours, parcourir un pays inconnu, réunir les efforts du
talent et de la bravoure, et repousser avec succès
une nuée de cosaques fondant sur lui pour en
arracher une capitulation.

Le militaire qui conservera le souvenir, inef-
façable sans doute, du passage de la Bérézina,
oubliera-t-il jamais les soins constans du maréchal
pour sauver une armée que poursuivaient à la
fois la haine d'un ennemi si souvent vaincu, et
les élémens bien plus à craindre que lui?

Si ces voix de bénédiction pouvaient se faire
entendre, avec quel éclat elles couvriraient les
cris, les reproches, les récriminations!

Dans la campagne qui suivit celle de Moscow,
on vit déployer au *Brave des braves* les mêmes
talens, la même prudence, la même intrépidité
à Lutzen, à Dresde, à Leipsick. Sa brillante
étoile ne s'éclipsa jamais sur les champs de bataille.

Nous avons vu par combien de titres le maréchal Ney a mérité sa glorieuse réputation.
Nous l'avons admiré comme administrateur,
comme négociateur, comme l'un de nos plus
grands généraux. Jetons maintenant un coup
d'œil rapide sur sa vie civile.

Il se montra constamment bon parent, ami
sûr, excellent père, accompagnant ainsi sa gloire
militaire et ses vertus publiques de l'éclat plus
modeste, mais non moins vif, des vertus privées.

Il sut s'associer une épouse qui partagea sa noble bienfaisance.

Lorsqu'on forma la maison des orphelines, rue des Saints-Pères, madame la maréchale Ney fut la première, après un prince, premier dignitaire de l'Etat, qui s'empressa de se charger des souscriptions qui n'avaient pas encore été remplies. Son époux avait sauvé des soldats, elle sauvait des orphelines.

Nous arrivons à une époque dès long-temps pressentie. Les destinées de la France allaient éprouver un changement inévitable. Son gouvernement, fondé sur la force et sur l'ambition, avait effrayé l'Europe entière. L'Europe entière conjura contre lui.

On connaît la lutte terrible dont nous fûmes les témoins et les victimes. Les armées alliées inondèrent la France. Elles entrèrent à Paris, d'après une capitulation, le 31 mars 1814.

Un gouvernement provisoire s'établit dans les premiers jours d'avril. Le 11 de ce mois, l'homme qui gouvernait l'Europe abdiqua son pouvoir sur les Français, et consentit lui-même à se renfermer dans les rochers de l'île d'Elbe.

Dans les premiers jours de mai, le frère de Louis xvi vint prendre les rênes de l'état sous le nom de Louis xviii.

Un traité de paix suivit de près son avénement; et le 23 juin, ce prince octroya à la nation française une charte constitutionnelle, sous le titre d'*ordonnance de réformation*.

Après tant d'orages, la France sembla respirer. Sa gloire lui restait, et dans son repos elle pouvait se flatter de quelque bonheur.

Mais toutes les positions étaient changées. Les Français, qui, pendant l'absence de Louis xviii, s'étaient acquis une considération méritée dans les divers emplois auxquels ils avaient été appelés, se flattaient de la conserver. Les Français compagnons des longues infortunes d'un monarque prétendaient aussi avoir des droits à défendre, et déjà la nation gémissait de ces fâcheuses mésintelligences.

Deux partis se combattaient également dans le ministère; l'un voulait suivre la ligne constitutionnelle; l'autre tendait à s'en affranchir.

Cependant, au milieu de ces luttes, la France s'organisait et semblait jouir de quelque tranquillité; chacun cherchait à s'accoutumer à sa situation nouvelle, et à préparer les moyens de rendre plus supportable un froissement général qui, dans l'origine, eût pu être adouci.

Le maréchal Ney et ses illustres rivaux s'étaient sincèrement liés aux destinées du prince, et lui avaient voué leurs talens et leurs services.

Mais le prisonnier d'Elbe n'avait pas toujours sommeillé dans son île. Il paraît qu'il s'était fait soigneusement instruire des fermens d'agitation dont la France était travaillée, et qu'avaient développés des intérêts opposés toujours croissans.

C'est sur cette division qu'il fonde ses calculs, et conçoit l'audacieux projet de ressaisir son ancienne puissance qui ne fut qu'une longue tyrannie.

Il s'embarque avec onze cents quarante hommes, entre dans le golfe Juan le 1er mars 1815, traverse Cannes et Grasse le lendemain; le 3, couche à Barême; le 4, à Digne; le 5, à Gap; le 6, à Corp, et le 7 à Grenoble, environné dans toute sa route d'une immense population émue d'une apparition aussi extraordinaire, et se faisant précéder par des proclamations à l'armée et au peuple français.

Le 10, il est reçu dans les murs de Lyon, et y parle en maître.

Monsieur, accompagné du duc d'Orléans et de plusieurs généraux, et suivi du maréchal Macdonald, avait vainement devancé à Lyon l'empereur ressuscité. Il n'avait été que le témoin de la défection des corps armés, et avait dû presser son retour dans la capitale.

Plus le conquérant poursuit sa marche, plus il s'assure les moyens de triompher de tous les obstacles.

C'est ici que reparaît le maréchal Ney. Le 9 mars, il avait reçu l'ordre de commander l'armée qui se réunissait à Lons-le-Saunier. Il y arrive le 12, assemble son état-major, et s'efforce de lui communiquer son dévouement pour la cause qu'il doit défendre. Des ames froides lui répondent avec une sorte d'indifférence qui présage une défection méditée, et ne laissent dans son cœur indigné que la consternation et le désespoir.

Dans la nuit du 12 au 13, des émissaires se succèdent autour de lui; ils lui font entendre, en lui présentant des lettres du général Bertrand, que toute résistance se trouve hors de saison; que l'entreprise de Napoléon a été concertée avec la cour d'Autriche; que l'Angleterre la favorise; que Murat triomphant va bientôt donner la main à son beau-frère; que le peuple entier, que l'armée entière ramènent Napoléon, et qu'ainsi tous ses efforts pour entretenir une opposition éphémère ne peuvent aboutir qu'à livrer la France aux déchiremens et aux horreurs d'une guerre civile.

Ces discours insidieux, ces artificieux mensonges, l'aspect effrayant du fanatisme des soldats, l'agitation toujours plus ardente de la multitude, la stupeur des hommes les plus clairvoyans, le continuel récit des incroyables succès de Bonaparte dans Lyon, de la rapidite et de la sécurité de sa marche triomphante, firent une telle impression sur le maréchal Ney, qu'il n'eut plus la liberté de son jugement, qu'il ne fut plus frappé que d'une seule pensée, celle d'éviter la guerre civile ; qu'il n'eut plus qu'un sentiment, celui d'être encore utile à la patrie, en lui faisant le douloureux sacrifice d'une inaction invinciblement sollicitée par tant de circonstances accumulées.

On lui fait parvenir une proclamation aux troupes qui sont sous ses ordres. Il la publie, et joint Napoléon à Auxerre, après lui avoir écrit la lettre suivante, où se développe si bien son amour pour la patrie.

« Je ne suis pas venu vous joindre par consi-
» dération ni par attachement pour votre per-
» sonne. Vous avez été le tyran de ma patrie ;
» vous avez porté le deuil dans toutes les familles
» et le désespoir dans plusieurs ; vous avez trou-
» blé la paix du monde entier. Jurez-moi, puis-
» que le sort vous ramène, que vous ne vous
» occuperez plus à l'avenir qu'à réparer les maux
» que vous avez causés à la France ; jurez-moi
» que vous ferez le bonheur du peuple. Je vous
» somme de ne plus prendre les armes que pour
» maintenir nos limites, de ne plus les dépasser
» pour aller au loin tenter d'inutiles conquêtes.
» A ces conditions, je me rends pour préserver
» mon pays des déchiremens dont il est menacé. »

Il paraît résulter clairement des expressions de cette lettre hardie, que le maréchal Ney considérait la patrie avant tout, et que s'il commit une erreur, elle eut pour fondement le sentiment le plus irréprochable.

Louis xviii lui-même crut devoir céder à l'orage insurrecteur; et pour éviter l'effusion du sang français, il quitta Paris le 20 mars, avant l'apparution du jour.

Arrivé à Paris, le maréchal Ney y reçut de Napoléon, le 23 du même mois, la mission de parcourir les frontières du Nord et de l'Est, depuis Lille jusqu'à Landau; de faire la revue des troupes; de visiter les places et les hôpitaux militaires. Ses instructions contenaient l'ordre exprès d'annoncer partout que la guerre ne serait plus portée au-delà de nos frontières, d'après les arrangemens convenus entre l'Angleterre et l'Autriche; que Marie-Louise et son fils devaient rester à Vienne, en ôtage, jusqu'à l'exécution du traité et l'organisation libérale de la France, époque où les ôtages lui seraient rendus.

Ces instructions portaient encore de ne point inquiéter dans sa marche Louis xviii et sa famille et de protéger leur libre retraite hors du territoire français.

Bientôt le bruit répandu par Napoléon de son prétendu concert avec les puissances anglaise et autrichienne fut pleinement démenti. Ces puissances, secondées de leurs alliés, se préparèrent à une invasion nouvelle avec la plus incroyable activité.

Non moins actif, Napoléon hâta ses dispositions pour se défendre.

Le 15 juin 1815, l'armée française entra dans la Belgique en culbutant l'ennemi.

Le 16, l'armée ennemie était en position près de Fleurus. Sa droite était en avant de Mollet, son centre à Saint-Amand, sa gauche à Sombref, couverte par la rivière de Lygni et occupant le village de ce nom.

L'armée française déboucha dans la plaine par trois issues. Le centre en était commandé par Napoléon, la droite par le général Gérard, la gauche par le maréchal Ney. S'agissait-il de défendre la patrie ou un homme ?

Le succès de cette journée fut complet ; après avoir été battus, les généraux Blücher et Wellington se retirèrent, le premier sur Namur, le second sur Bruxelles.

Le 18, se donna cette célèbre bataille du Mont-Saint-Jean qui semble avoir fixé les destinées de la France.

L'histoire expliquera comment l'armée française fut mise dans une déroute déplorable.

Le maréchal Ney fut chargé du soin de la retraite, et se trouva, le 23 juin, à la séance des pairs, où il annonça qu'il n'y avait d'autre moyen de salut public que celui d'ouvrir des négociations avec l'ennemi.

Dès la veille, Napoléon avait abdiqué pour la seconde fois, et avait proclamé son fils, sous le nom de *Napoléon II*, chef du gouvernement français.

Le 24 juin, il paraît que le maréchal Ney fut dénoncé, par la malveillance, dans une société reconnue depuis quelques jours sous le nom de *Fédération Parisienne;* et cependant il est certain que si les désastres du Mont-Saint-Jean avaient pu être prévenus par la conduite brillante et habile de quelque général, c'eût été par celle du maréchal Ney.

On sait en effet que, parti de Paris le 13 juin, il se porta sur le champ de bataille avec rapidité pour assister aux premiers chocs ; qu'à la journée

du 16, commandant l'aile gauche, il eut pour adversaires les Anglais, auxquels il prit un drapeau et
trois pièces de canon ; que dans la journée du 18,
on le vit constamment au point le plus périlleux
de l'action, dans laquelle il eut sous lui quatre
chevaux tués et trois blessés; qu'à la fin de cette
journée, on le remarqua, combattant à pied, exécuter, avec le courage et le sang froid qui l'ont
toujours distingué, tous les ordres qui lui furent
transmis, mener à la charge les derniers bataillons, et ne céder à la fortune que lorsque la résistance devint impossible.

Jamais vie militaire ne fut composée d'aussi
glorieux exploits. Il a pu avoir des égaux; on
peut douter s'il a eu des supérieurs

On aurait pu relever tant d'actions brillantes,
tant de faits mémorables par des couleurs ambi-
tieuses. Mais ces faits, ces actions ont eu assez
d'éclat pour n'avoir pas besoin du faux ornement
d'un récit exagéré.

Cependant, ce guerrier héroïque, qui ne res-
pira que pour la patrie, qui, cent fois lui prodi-
gua une vie qu'il ne put perdre à la bataille de
Mont-Saint-Jean, en butte aux reproches de tous
les partis, accusé sourdement par toutes les voix
de la Renommée, se vit contraint d'entreprendre
sa justification; il l'adressa au duc d'Otrante dans
une lettre écrite, en ces termes, le 26 juin :

M. LE DUC,

Les bruits les plus diffamans et les plus mensongers
se répandent, depuis quelques jours, dans le public, sur
la conduite que j'ai tenue dans cette courte et malheureuse campagne. Après avoir combattu pendant vingt-cinq
ans, et versé mon sang pour la gloire et l'indépendance
de ma patrie, c'est moi que l'on ose accuser de trahison ;

IIᵉ partie   2

c'est moi que l'on signale au peuple, à l'armée même, comme l'auteur du désastre qu'elle vient d'essuyer !

» Le 11 juin, je reçus l'ordre du ministre de la guerre de me rendre au quartier-général : je n'avais aucun commandement, ni aucunes données sur la composition de la force de l'armée ; l'empereur ni le ministre ne m'avaient jamais rien dit précédemment qui pût même me faire pressentir que je dusse être employé dans cette campagne; j'étais conséquemment pris au dépourvu, sans chevaux, sans équipages, sans argent, et je fus obligé d'en emprunter pour me rendre à ma destination. Je me rendis, le 15 à Charleroi, accompagné de mon premier aide-de-camp, le seul officier que j'eusse auprès de moi ; j'y arrivai au moment où l'ennemi, attaqué par nos troupes légères, se repliait sur Fleurus et Grosselies.

» L'empereur m'ordonna aussitôt d'aller me mettre à la tête des 1er et 2e corps d'infanterie, commandés par les lieutenans-généraux d'Erlon et Reille, de la division de cavalerie légère du lieutenant-général Piré, d'une division de cavalerie de la garde, sous les ordres des lieutenans-généraux Lefebvre-Desnouettes et Colbert, et de deux divisions de cavalerie du comte de Valmy; ce qui formait huit divisions d'infanterie et quatre de cavalerie. Avec ces troupes, dont cependant je n'avais encore qu'une partie sous la main, je poussai l'ennemi et l'obligeai d'évacuer Grosselies, Frasnes, Mellet et Heppignies.

» Le 16, je reçus l'ordre d'attaquer les Anglais dans leur position; nous marchâmes à l'ennemi avec un enthousiasme difficile à dépeindre ; rien ne résistait à notre impétuosité; la bataille devenait générale, et la victoire n'était pas douteuse, lorsqu'au moment où j'allais faire avancer le 1er corps d'infanterie, qui jusque-là avait été laissé, par moi, en réserve à Frasnes, j'appris que l'empereur en avait disposé sans m'en prévenir, ainsi que de la division Girard du 2e corps, pour le diriger sur Saint-Amand, et appuyer son aile gauche qui était fortement engagée contre les Prussiens : le coup que me porta cette nouvelle fut terrible; n'ayant plus sous mes ordres que trois divisions au lieu de huit sur lesquelles je comptais, je fus obligé de laisser échapper la victoire, et malgré tous mes efforts, malgré la bravoure et le dévouement de mes troupes, je ne pus parvenir dès-lors qu'à me maintenir dans ma position jusqu'à la fin de la journée. Vers neuf heures du soir, le 1ᵉʳ corps me fut renvoyé par l'empereur, auquel il n'avait été d'aucune utilité : ainsi, vingt-cinq à trente mille hommes ont été pour ainsi dire paralysés, et se sont promenés pendant toute la bataille, l'arme au bras, de la gauche à la droite, et de la droite à la gauche, sans tirer un seul coup de fusil.

» Par quelle fatalité, par exemple, l'empereur, au lieu de porter toutes ses forces contre Wellington, qui aurait été attaqué à l'improviste et ne se trouvait point en mesure, a-t-il regardé cette attaque comme secondaire ? Comment l'empereur, après le passage de la Sambre, a-t-il pu concevoir la possibilité de donner deux batailles le même jour ? C'est cependant ce qui vient de se passer contre des forces doubles des nôtres, et c'est ce que les militaires qui l'ont vu ont encore peine à comprendre.

» L'opinion générale en France, et surtout dans l'armée, était que l'empereur ne voulait s'attacher qu'à détruire l'armée anglaise, et les circonstances étaient bien favorables pour cela ; mais les destins en ont ordonné autrement.

» Le 17, l'armée marcha dans la direction de Mont-Saint-Jean.

» Le 18, la bataille commença vers une heure : et quoique le bulletin qui en donne le récit ne fasse aucune mention de moi, je n'ai pas besoin d'affirmer que j'y étais présent.

» Vers sept heures du soir, après le plus affreux carnage que j'aie jamais vu, le général Labédoyère vint me dire, de la part de l'empereur, que M. le maréchal Grouchy arrivait à notre droite et attaquait la gauche des Anglais et Prussiens réunis ; cet officier-général, en parcourant la ligne, répandit cette nouvelle parmi les soldats, dont le courage et le dévouement étaient toujours les mêmes, et qui en donnèrent de nouvelles preuves en ce moment, malgré la fatigue dont ils étaient exténués ; cependant quel fut mon étonnement, je dois dire mon indignation, quand j'appris, quelques instans après, que non seulement M. le maréchal Grouchy n'était point arrivé à notre appui, comme on venait de l'assurer à toute l'armée, mais que quarante à cinquante mille Prussiens attaquaient notre extrême droite, et la forçaient de se replier !

» Le général Friant a été frappé d'une balle à côté

de moi; moi-même, j'ai eu mon cheval tué, et j'ai
été renversé sous lui. Les braves qui reviendront de
cette terrible affaire me rendront, j'espère, la justice
de dire qu'ils m'ont vu à pied, l'épée à la main, pendant
toute la soirée, et que je n'ai quitté cette scène de carnage
que l'un des derniers, et au moment où la retraite a été
forcée.

» Il nous restait encore quatre carrés de la vieille
garde, placés avantageusement pour protéger la retraite :
ces braves grenadiers, l'élite de l'armée, forcés de se
replier successivement, n'ont cédé le terrain que pied à
pied, jusqu'à ce qu'enfin, accablé par le nombre, ils ont
été presqu'entièrement détruits.

» Pour moi, constamment à l'arrière-garde, que
je suivis à pied, ayant eu tous mes chevaux tués, ex-
ténué de fatigue, couvert de contusions, et ne me
sentant plus la force de marcher, je dois la vie à un
caporal de la garde, qui me soutint dans ma marche et
ne m'abandonna point pendant cette retraite. Vers onze
heures du soir, je trouvai le lieutenant-général Lefebvre-
Desnouettes; et l'un de ses officiers, le major Schmidt,
eut la générosité de me donner le seul cheval qui lui
restât. C'est ainsi que j'arrivai à Marchienne-au-Pont, à
quatre heures du matin, seul, sans officiers, ignorant ce
qu'était devenu l'empereur, que, quelque temps avant la
fin de la bataille, j'avais entièrement perdu de vue, et
que je pouvais croire pris ou tué.

» Dans cet état de choses, n'ayant de nouvelles ni de
lui, ni du major-général, je pris la détermination
de me rendre sur-le-champ à Paris, par Saint-Quentin,
pour faire connaître le plus promptement possible au
ministre de la guerre la véritable situation des affaires,
afin qu'il pût au moins envoyer au-devant de l'armée
quelques troupes nouvelles, et prendre rapidement les
mesures que nécessitaient les circonstances.

» Voilà, monsieur le duc, le récit exact de cette funeste campagne.

» Je le demande à ceux qui ont survécu à cette
belle et nombreuse armée, de quelle manière pour-
rait-on m'accuser du désastre dont elle vient d'être victime, et dont nos fastes militaires n'offrent point d'exemple? J'ai, dit-on, trahi la patrie, moi qui, pour la servir,
ai toujours montré un zèle que peut-être j'ai poussé trop
loin, et qui a *pu m'égarer*. »

DEUXIÈME ÉPOQUE.

PARIS capitula le 5 juillet : les troupes anglaises et prussiennes, après avoir successivement occupé nos positions avancées, les hauteurs fortifiées de Montmartre et de Saint-Chaumont, puis toutes les barrières de la capitale, firent leur entrée dans ses murs le 7 du même mois, précédées d'une artillerie formidable, et toutes les mèches allumées.

S. M. Louis xviii fit son entrée le 8.

Aux termes de la convention militaire, l'armée française opéra sa retraite derrière la Loire, et avec elle se retirèrent les officiers et les citoyens qui avaient encouru la disgrâce du prince légitime.

Le maréchal Ney avait quitté Paris dès le 6. Résolu de se rendre en Suisse, il avait demandé, obtenu des passeports et un congé illimité du ministre de la guerre. Arrivé à Lyon, il apprit que les troupes autrichiennes gardaient toutes les routes, occupaient tous les défilés de la Suisse, et il se rendit aux eaux minérales de Saint-Alban, près Roanne. Une personne dévouée à madame la maréchale vint le rejoindre, et le détermina à aller résider au château de Bessonis, département du Lot. Ce fut là que le maréchal eut connaissance de l'ordonnance royale du 24 juillet, qui plaçait son nom, sans désignation de titres ni de qualités, à la tête des officiers qui, ayant attaqué le gouvernement royal à main armée, devaient être arrêtés et traduits devant les conseils ciergerie pour comparaître devant ses premiers juges.

Ce fut le 8 novembre, jour anniversaire de la prise de Magdebourg par le maréchal Ney, que s'ouvrit le conseil de guerre qui devait le juger. Il avait été créé par une ordonnance du 2 août, et composé des membres suivans :

M. le maréchal comte Jourdan, *président.*

M. le maréchal Masséna, prince d'Essling.

M. le maréchal Mortier, duc de Trévise.

M. le maréchal Augereau, duc de Castiglione.

M. le lieutenant-général comte Gazan.

M. le lieutenant-général comte Claparède.

M. le lieutenant-général Villate.

M. le commissaire-ordonnateur Joinville, faisant fonctions de *commissaire du Roi.*

M. le maréchal de camp Grundler, *rapporteur.*

M. Boudin, *greffier.*

L'instruction commencée, les interrogatoires subis dans la forme que nous avons rapportée dans notre premier cahier publié sur ce procès (1), M. Berryer, défenseur du maréchal Ney, plaida l'incompétence du conseil de guerre, et il intervint un jugement en ces termes :

JUGEMENT.

« Sur le rapport de M. le maréchal de camp comte GRUNDLER, et après avoir entendu le ré-

_____

(1) A Paris, chez PLANCHER, libraire, rue Serpente, n° 14; et DELAUNAY, libraire, au Palais Royal. *Prix,* 1 fr. 50 c.

quisitoire de M. le commissaire ordonnateur *Joinville*, procureur du Roi,

» LE CONSEIL CONSIDÉRANT,

» 1° Que M. le maréchal Ney était pair de France à l'époque où il a commis le délit pour lequel il est mis en jugement, en conformité de l'ordonnance du Roi du 24 juillet dernier;

» 2° Qu'un prévenu doit toujours être jugé dans le grade, ou suivant la qualité qu'il avait au moment où il a commis le délit dont il est accusé;

» 3° Que les maréchaux de France n'ont jamais reconnu, sous nos rois, d'autre juridiction que celle du parlement de Paris; qu'à l'époque de la création de ceux existans, ils ont été déclarés justiciables d'une haute cour, et qu'assimilant M. le maréchal Ney à un général d'armée, pour lui appliquer les dispositions de la loi du 4 fructidor an 5, on n'a pas dû former par analogie un tribunal, dont l'existence n'est reconnue par aucune loi;

» 4° Que M. le maréchal Ney est accusé d'un crime de haute trahison et d'un attentat contre la sûreté de l'Etat, et qu'aux termes de l'article 33 de la charte constitutionnelle, la connaissance de ces crimes est attribuée à la chambre des pairs;

» 5° Que l'ordonnance du 24 juillet, qui prescrit l'arrestation, et la traduction devant les conseils de guerre compétens, de plusieurs généraux, officiers supérieurs, et autres individus; et que celle du 2 août, qui a renvoyé tous les prévenus dénommés dans celle du 24 juillet, pardevant le conseil de guerre permanent de la 1re division militaire, ne préjuge rien sur la compétence du conseil de guerre, tandis que celle du 6 septembre, qui a renvoyé M. de la Valette, dénommé dans celle du 24 juillet, pardevant ses juges naturels, aux termes des articles 62 et 63 de la charte constitutionnelle, donne lieu de penser que la dérogation aux lois et formes constitutionnelles, prononcée par l'article 4 de cette ordonnance, ne s'applique point à la compétence;

» Et nonobstant la réquisition de M. le procureur du Roi, déclare, à la majorité de cinq voix contre deux, qu'il est incompétent pour juger M. le maréchal Ney.

» Le conseil étant rentré en séance publique, M. le président a prononcé à haute voix le jugement d'incompétence rendu par le conseil de guerre.

» Le conseil enjoint à M. le rapporteur de lire de suite le présent jugement à M. le maréchal Ney, en présence de la garde rassemblée sous les armes, et de le prévenir que la loi lui accorde vingt-quatre heures pour se pourvoir en révision; et, au surplus, de faire exécuter le jugement dans tout son contenu. »

Signé par MM. les maréchaux : Jourdan, *président;* Masséna, prince d'Esling; Augereau, duc de Castiglione; Mortier, duc de Trévise; et par MM. les lieutenans-généraux des armées du Roi, Cazan, Villate et Claparède.

Dès le lendemain, 11 novembre, à cinq heures du soir, les ministres du Roi, accompagnés de M. Bellart, procureur-général près la cour royale de Paris, parurent à la chambre des pairs.

Ils apportèrent une ordonnance de S. M., en

daté du jour même, qui chargeait cette chambre de procéder sans délai au jugement du maréchal Ney (1).

Le lendemain 12, une autre ordonnance régularisa une partie des formes qui devaient être suivies, décida que les débats seraient publics; que l'un de MM. les pairs ferait fonctions de juge instructeur; que la procédure antérieure serait recommencée; que les pièces qui avaient servi au conseil de guerre ne seraient plus consultées que comme renseignemens. La chambre déclara qu'elle recevait avec respect les communications qui lui avaient été faites au nom de S. M.; qu'elle reconnaissait les attributions qui lui avaient été données par l'article 33 de la charte constitutionnelle, et qu'elle était prête à remplir ses devoirs. M. le baron Séguier fut nommé pour suivre la nouvelle instruction du procès et interroger de nouveau l'accusé. Avant de satisfaire au premier interrogatoire, M. le maréchal Ney fit une déclaration à peu près en ces termes :

« M. le baron Séguier, avant de répondre à aucune autre question, je vous prie d'insérer ici que je mets aux pieds du Roi l'hommage de ma respectueuse et vive reconnaissance pour la bonté que S. M. a eue d'accueillir mon déclinatoire, de me renvoyer devant mes juges naturels, et d'ordonner, le 12 de ce mois, que les formes constitutionnelles soient suivies dans mon procès. Ce nouvel acte de sa justice paternelle me fait regretter davantage que ma conduite du 14 mars dernier ait pu faire soupçonner que j'avais eu l'intention de le trahir. Je le répète dans toute l'effusion de mon ame, à vous, M. le baron, à

_____

(1) Voyez le premier cahier, page 70 et suivantes.

la France, à l'Europe, à Dieu qui m'entend, que jamais, lors de la fatale erreur que j'ai déjà tant expiée, je n'ai eu d'autre pensée que celle d'éviter à mon malheureux pays la guerre civile et tous les maux qui en découlent. J'ai préféré la patrie avant tout : si c'est un crime aujourd'hui, j'aime à croire que le Roi, qui porte ses peuples dans son cœur, oubliera cette funeste erreur; et que si je succombe, la loi n'aura puni qu'un sujet égaré, et non un traître!...... »

M. le maréchal Ney avait précédemment présenté à la chambre des pairs deux requêtes. Voici le texte de la seconde, présentée le jeudi 16 novembre :

Messieurs les pairs,

« En réclamant le droit qui m'était acquis d'être jugé par vous, mon intention n'a pas été de reculer l'époque de mon jugement; j'ai seulement voulu me placer sous l'égide de la charte constitutionnelle, et m'assurer les avantages qui doivent résulter, pour ma justification, d'une procédure instruite avec plus de solennité.

» Je me suis senti pénétré de reconnaissance pour le monarque qui, dans sa justice, a confirmé, par une ordonnance spéciale, la décision du conseil dont j'avais décliné la juridiction. Rendu à mes juges naturels, il ne me restait plus à désirer que de voir l'accusation, dont je suis l'objet, instruite et jugée dans les formes prescrites par nos lois.

» Mais il était facile de voir que l'ordonnance du 11 novembre ne traçait que très-imparfaite-

ment la marche à suivre pour cette instruction
et ce jugement; et comme le discours de MM. les
ministres était loin d'y suppléer d'une manière
rassurante pour moi, je crus nécessaire de présenter une requête à la chambre, pour appeler
son attention sur les lacunes de l'ordonnance et
sur les divers passages qui, dans le discours pré-
cité, m'avaient paru préjudicier à mes droits.

» Ces premières observations de ma part,
quoique rédigées avec précipitation, et présentées à la hâte, firent sans doute impression, puisque, par une seconde ordonnance, quelques-
unes de mes objections ont été levées conformément aux conclusions de ma requête.

» Ainsi, par exemple, j'ai obtenu que l'instruction serait recommencée, que les débats seraient publics, et que je serais assisté de mes
conseils.

» Mais si, en cela, la seconde ordonnance a
fait disparaître quelques-uns des griefs que me
fesait la première, elle en a laissé subsister d'autres que je ne puis encore m'empêcher de relever
ici.

» *La procédure est établie par les lois; donc
elle ne peut être changée ni modifiée que par les
lois.* S'il en était autrement, si une ordonnance
pouvait abroger une loi ou y déroger, la monarchie cesserait d'être constitutionnelle; le pouvoir législatif résiderait tout entier dans les mains
du gouvernement, et il ne serait plus possible de
dire, avec l'article 15 de la charte, que ce pouvoir *s'exerce collectivement par le Roi, la
chambre des pairs et la chambre des députés des
départemens.*

» Cependant il est de toute évidence que la
procédure indiquée par l'ordonnance est modi-

liée de telle manière qu'on ne peut plus dire que c'est une procédure réglée par la loi.

» 1º C'est la procédure des *cours spéciales;* mais si c'est celle des cours *spéciales,* ce n'est donc pas une procédure *générale* qu'on puisse étendre à d'autres cas, ni surtout au cas extraordinaire où je me trouve?

».2º Comment concevoir que cette procédure, établie *spécialement* pour les cours *spéciales,* puisse tout à coup, et comme de plein droit, devenir la procédure de *la chambre des pairs,* qui n'était pas encore créée à l'époque où cette procédure (entièrement *impériale*) a été instituée!

» 3º Ce qui prouve que cette procédure ne convient pas à la chambre des pairs, c'est qu'elle ne peut être pratiquée dans cette chambre qu'avec des modifications. On peut en donner pour exemple la disposition qui soumet la compétence des cours spéciales à la vérification préalable de la cour de cassation.

» 4º L'ordonnance du 12 novembre, dans son article 8, offre encore une disposition qui, par son opposition avec le texte de l'article 591 du Code d'instruction criminelle, prouve que la procédure indiquée à la chambre des pairs n'est qu'une procédure adaptée après coup à une cour pour laquelle elle n'a pas été établie, et devant laquelle, par conséquent, elle ne pourrait être suivie qu'autant qu'une loi formelle l'aurait ainsi ordonné.

» Or, point de loi qui ait dit que la procédure établie pour les cours spéciales serait observée et suivie devant la chambre des pairs; point de loi qui ait effacé les dispositions qui, dans cette

procédure, offrent des disparates avec le caractère de sublimité qui, entre toutes les cours, appartient exclusivement à la chambre des pairs;
enfin, point de loi qui ait consacré les modifications apportées à cette procédure par l'ordonnance du 12 novembre.

» Il y a donc inconstitutionnalité dans cette
ordonnance; et par suite, vice et nullité dans
tout ce qui a pu et pourrait être fait en vertu
d'icelle.

» Il y a encore une difficulté qui doit nécessairement être réglée par une loi; c'est la manière dont les juges donneront leurs suffrages.

» La forme du scrutin secret est la seule admise par la charte. A cette forme tutélaire en
substituer une autre, c'est porter atteinte à la loi
constitutionnelle, c'est priver les pairs de l'indépendance que ce mode leur assure, c'est me priver moi-même de tous les avantages que je puis
me promettre de cette indépendance.

» On ne peut pas m'objecter que l'ordonnance
du 11 novembre porte que « les opinions seront
» prises suivant les formes usitées dans les tri-
» bunaux. »

» Ce qui est possible dans un tribunal ou une
cour composée d'un nombre très-borné de magistrats, devient impraticable dans une chambre
dont les membres excèdent le nombre de *deux
cents*.

» Mais cette méthode serait facile à pratiquer,
qu'il n'en serait pas moins vrai que, pour substituer un tel mode à celui qui seul est autorisé par
la charte pour les délibérations de la chambre
des pairs, il faudrait une loi. Et comme l'ordonnance du 12 novembre a déjà modifié celle du
11 dans les points qui présentaient quelque in-

constitutionnalité, je dois espérer que le même
esprit de justice qui a fait consentir à cette première réforme ne permettra pas de fermer les
yeux sur les nouvelles observations que je soumets
à messieurs les pairs.

» Ils sentiront d'ailleurs à quel point il devient
important pour tous ceux qui participent aux
prérogatives de la pairie, de ne pas laisser ainsi
régler par les ministres la procédure, l'instruction et la forme d'opiner dans le jugement des
pairs. La loi seule peut statuer sur tout ce qui
tient à l'essence des formes, à la liberté des opinions, à la garantie des accusés. Tous les ministres réunis seraient impuissans pour changer
la procédure réglée en matière de *saisie-arrêt;*
comment donc pourraient-ils se croire autorisés
à décider, sans le concours des deux chambres,
que dans une accusation pour crime de haute
trahison on suivra telle procédure, qu'on obser-
vera tel article, qu'on négligera tel autre, et
qu'un troisième ne sera suivi qu'avec modifi-
cation ?

» L'intérêt qui s'attache à ces réflexions est
trop général, pour que messieurs les pairs ne
sentent pas toute l'importance qu'il y a à prévenir
un tel abus dans sa naissance, si l'on ne veut pas,
dans la suite, voir passer en règle la plus funeste
des traditions.

» Tout cela, j'en conviens, est de nature à ra-
lentir un peu l'ardeur des poursuites : mais peut-on
croire que je veuille perpétuer l'horreur de ma
situation ? Est-ce ma faute si l'on m'a d'abord
traduit devant des juges déclarés et reconnus in-
compétens ? Peut-on m'imputer l'erreur des ministres, qui, dans le premier mouvement de leur
zèle, ont excédé leurs pouvoirs, et violé la charte;

soit en me privant des droits qui m'étaient assurés par elle, soit en faisant subir à la législation existante des modifications qui devaient être préalablement soumises à la sanction des deux chambres ?

» Quoique tout me porte à croire que cette seconde requête sera aussi favorablement accueillie que la première, je dois encore faire part à messieurs les pairs d'une difficulté.

» Ils savent très bien qu'à une époque où l'on ne prévoyait pas que mon procès serait renvoyé devant la chambre, plusieurs membres, usant dans toute sa latitude, de la liberté d'émettre leur opinion, ont parlé ouvertement contre moi. Cela est si vrai que, dans son discours, M. le président du conseil des ministres a cru devoir avertir messieurs les pairs, *de ne* PLUS *faire entendre aucun discours qui pût découvrir leurs sentimens pour ou contre moi.* Mais si cet avertissement suffit pour mettre à l'abri de la récusation tous ceux d'entre messieurs les pairs qui n'auront rien dit contre moi, je n'en ai pas moins le droit de récuser tous ceux qui se seront d'avance ouverts de leur opinion ; à moins qu'ils ne jugent à propos de se récuser d'eux-mêmes.

» Le même droit m'est acquis contre tous ceux qui, pour les causes prévues par la loi, seraient dans le cas de la récusation. Je ne puis présentement que me réserver tous mes droits à cet égard, pour les exercer quand et ainsi qu'il appartiendra.

» J'ajoute, par déférence pour messieurs les pairs, qu'il me serait pénible de proposer des nullités, dans les *cinq jours* accordés par les articles 296 et 572 du Code d'instruction criminelle, et

IIe partie   3

qu'il n'y aurait plus d'ailleurs aucune parité dans l'application de l'article 582, etc. etc.

» PAR CES MOTIFS, et tous autres qu'il plaira à messieurs les pairs suppléer de droit et d'équité,

» JE CONCLUS à ce qu'il leur plaise n'autoriser, soit dans l'instruction, soit lors du jugement de l'accusation qui se poursuit présentement devant la chambre, aucune forme de procéder qui ne soit réglée par les lois; sauf au gouvernement, en cas d'insuffisance des lois existantes, à faire aux deux chambres, dans les formes voulues par la charte, telle proposition de loi qui conviendra; me donner acte, tant de mes précédentes réserves que de celles consignées en la présente requête, sans préjudice de tous autres droits, fins de non-recevoir, et exceptions que je me réserve de proposer et faire valoir au besoin, et ainsi que j'aviserai convenable. »

Signé *le maréchal, prince de la Moskwa, ex-pair de France,* N E Y.

Dans l'intervalle qui s'écoula entre le 11 et le 21 novembre, les défenseurs du maréchal Ney, formant son conseil (MM. Berryer et Dupin) firent plusieurs actes, madame la maréchale tenta plusieurs démarches importantes, il parut plusieurs écrits remarquables. Nous allons faire connaître successivement tous ces incidens dans l'ordre de leur date, et en ayant soin d'écarter ceux qui n'ont présenté qu'un intérêt secondaire dans cette haute procédure qui a occupé la France et l'Europe.

M. le maréchal Ney écrivit d'abord la lettre suivante aux ambassadeurs et ministres des quatre grandes puissances alliées :

Excellence ,

« C'est à la dernière extrémité, au moment
où les circonstances critiques où je me vois ré-
duit ne me laissent plus que de trop faibles
moyens d'éviter l'état et les terribles dangers
d'une accusation de crime de haute trahison,
que je prends la résolution de vous adresser un
recours légitime dont voici l'objet.

» Je suis traduit en la chambre des pairs en
vertu d'une ordonnance rendue par le Roi le 11
de ce mois , et à la suite d'un discours adressé
à cette chambre par M. le président des ministres
de Sa Majesté. Cette dénonciation imposante et
les considérations qui la motivent sont de nature
à me donner de justes craintes.

» Entre autres motifs de me faire mon procès,
j'ai lu avec étonnement dans ce discours « que
» c'était *même au nom de l'Europe* que les minis-
» tres venaient conjurer la chambre et la requérir
» de me juger. »

» Une telle déclaration , souffrez que je l'observe, est inconciliable avec ce qui s'est passé à ces
dernières époques de l'agitation de la France. Je
ne conçois pas comment on ferait intervenir les
augustes Alliés dans cette procédure criminelle ,
tandis que leur magnanimité s'est généreusement
occupée du soin de m'en garantir , et qu'une
convention formelle, sacrée, inviolable, existe à
ce sujet.

» Daignez vous le rappeler , par le traité de
Paris du 30 mai 1814, les hautes Parties contrac-
tantes avaient formé alliance avec Sa Majesté
Louis xviii. Apprenant à Vienne , le 13 mars
dernier, que la cause de la légitimité en France
était menacée par le retour de Buonaparte , elles
arrêtèrent le pacte solennel de ce jour 13 mars ,

avec les ministres au congrès de Sa Majesté très-
chrétienne. Dans ce pacte les Souverains alliés
déclarèrent « qu'ils étaient prêts à donner au
» Roi de France et à la nation française les se-
» cours nécessaires pour rétablir la tranquillité
» publique, et à faire cause commune contre ceux
» qui entreprendraient de la troubler. »

» Dans celui confirmatif, du 25 du même mois
de mars, les hautes Puissances s'engagèrent solennellement à réunir toutes leurs forces pour
maintenir dans toute leur intégrité *les conditions
du traité de Paris* contre les plans de Buonaparte,
*elles se promirent d'agir en commun. Elles ré-
glèrent les contingens qu'elles se proposaient de
faire agir contre l'ennemi commun.*

» Enfin Sa Majesté très-chrétienne fut *invitée à
donner son assentiment aux mesures ci-dessous*,
dans le cas où elle aurait besoin des *troupes auxiliaires* qui lui étaient promises, etc.

» Il résulte clairement de ces diverses stipula-
tions que toutes les armées de l'Europe indistinc-
tement ont été les auxiliaires du Roi de France,
qu'elles ont combattu dans son intérêt direct pour
la soumission de tous ses sujets.

» Bientôt la victoire s'est décidée en faveur des
armes anglaises et prussiennes, réunies aux champs
de Waterloo, et les a amenés sous les murs de
Paris.

» Là restait, pour s'opposer à leurs progrès ulté-
rieurs, un corps d'armée française qui pouvait
vendre chèrement sa vie. On négocia, et le 3 juillet fut signée, entre les deux parties, une convention dont l'article 12 porte :

» Seront pareillement respectées les personnes
» et les propriétés particulières ; les habitans, et
» en général tous les individus qui se trouvent dans

» la capitale continueront à jouir de leurs droits
» et liberté, sans pouvoir être inquiétés ni re-
» cherchés en rien relativement aux fonctions
» qu'ils occupent ou auront occupées, *à leur*
» *conduite et à leurs opinions politiques.* »

» Cette convention a été depuis ratifiée par
chacun des souverains alliés, comme étant l'ouvrage des deux puissances premières déléguées
par le fait. Elle a acquis ainsi toute la force que
le droit sacré des nations, le droit naturel et
des gens pouvait leur imprimer. Elle est devenue l'inaltérable sauvegarde de tous ceux des
Français que le malheur des troubles aurait pu
laisser exposés au ressentiment, même légitime,
de leur prince.

» Sa Majesté très-chrétienne y a positivement
accédé elle-même en entrant dans sa capitale :
plus d'une fois elle a invoqué l'imposante autorité
de ce contrat politique comme d'un acte indivisible dans toutes ses parties.

» Maintenant, Excellence, peut-il être douteux
que je ne sois fondé, comme l'un des particuliers
pour qui on a stipulé, à revendiquer le bénéfice
de l'article 12, et la religieuse exécution des ga-
ranties qui y sont exprimées?

» J'ose, en conséquence, requérir expressément de votre ministère et de la puissance auguste
au nom de laquelle vous l'exercez, que vous fas-
siez cesser, à mon égard, toute procédure criminelle pour raison de fonctions que j'ai remplies
au mois de mars 1815, *de ma conduite et de mes*
opinions politiques.

» Mon état d'isolement et d'abandon est une
raison de plus pour déterminer votre Excellence
à venir à mon secours, et à me faire jouir, par

sa puissante médiation , du droit qui m'est acquis.

» Si je ne m'étais pas aveuglément reposé sur la parole de tant de Souverains, j'aurais été en quelque terre inconnue me faire oublier. C'est cette parole auguste et sainte qui a causé ma sécurité : pourra-t-elle être trompée ? Je ne puis le croire, et j'attends avec confiance de votre loyauté que vous m'accorderez votre prompte intervention. »

Signé NEY.

Monsieur le duc de Wellington , dans une audience particulière accordée à madame la maréchale Ney , donna pour motif de la disposition où il était personnellement de n'intervenir en rien dans le procès du maréchal,

« Que Sa Majesté le roi de France n'avait pas » ratifié la convention du 5 juillet;

» Que la stipulation écrite en l'article 12 n'ex-» primait qu'une renonciation des hautes puis-» sances, pour leur compte, à rechercher qui » que ce fût en France pour raison de sa conduite » ou de ses opinions politiques;

» Qu'elles n'avaient donc à s'immiscer en rien » dans les actes du gouvernement du roi. »

Madame la maréchale Ney répliqua, dans une note imprimée, qu'elle ne pouvait pas croire que cette première opinion, manifestée sur l'article 12 de la convention du 5 juillet, définitivement maintenue dans la conférence de MM. les plénipotentiaires.

En effet, dans les attaques et invasions purement étrangères d'un conquérant, l'ennemi qui pénètre dans un pays ne s'inquiète nullement des troubles qui ont pu y éclater, et il ne tombe pas dans l'ordre des capitulations que ceux d'un certain parti ne pourront être recherchés; c'est donc parce que dans l'occurrence la guerre était spéciale, et pour la pacification de l'intérieur, que l'on a songé à stipuler en termes d'amnistie.

Le roi, dit-on, n'a pas ratifié; mais la ratification a été suffisante, puisque la prise de possession s'en est suivie. La condition des assiégés ne peut pas être changée tout à coup, à moins qu'on ne rétablisse les choses *in statu quo*.

Que son altesse n'avait pas assez considéré ce qui doit l'être essentiellement : que cet article 12 a fait la matière d'une discussion entre les commissaires des armées anglaise et prussienne et les commissaires de l'armée française, et qu'il a été bien entendu que cette stipulation avait lieu à cause du roi, et non à cause des armées alliées, qui n'avaient aucun intérêt positif pour agir contre tel ou tel parti;

Que l'article était consenti au nom et dans l'intérêt commun de toutes les puissances alliées, intérêt indivisible, et que les deux traités des 13 et 25 mars signalaient être principalement celui de S. M. le roi de France.

Que ce ne serait pas s'immiscer dans les actes du gouvernement du roi que de rappeler à S. M. des engagemens pris en son nom, engagemens que ses ministres oublient, que les individus recherchés revendiquent, et dont il est de la dignité des hautes puissances que l'effet ne soit pas nul.

Enfin, dans tous les cas, puisque son altesse accorde que les hautes Puissances se sont liées, du moins elles-mêmes, par une renonciation, que doivent-elles penser sur ce qu'on les a fait figurer comme conjurant et requérant le jugement du maréchal Ney ?

Que la première chose qu'elles devaient faire, dans une pareille conjoncture, était de dégager promptement de cet énorme poids la balance de la justice criminelle ?

Des duplicata de ces deux pièces furent envoyés au prince régent d'Angleterre et au premier ministre, et on attendit leur réponse.

L'instruction se poursuivit, les interrogatoires furent achevés par M. le baron Séguier, les commissions rogatoires successivement envoyées, et enfin le jour de l'ouverture de ce procès, que le public attendait avec des sentimens si divers, fut fixé au 21 novembre.

On publia encore plusieurs notes ou factums qui intéressèrent l'impatience générale ou piquèrent la curiosité. La plupart des journaux prirent l'initiative sur l'issue de l'événement, et parlèrent de l'accusé comme s'il était déjà condamné.

Parmi ces pièces on en remarque une intitulée : *Quelques Réflexions sur le procès du maréchal Ney.*

Les passages que nous allons en citer produisirent la plus vive impression.

« Un homme qui, depuis vingt-cinq ans, n'a cessé de combattre à la tête de nos armées, dont le nom se rattache à tous les faits d'armes qui ont illustré notre pays, dont l'Europe entière admire la valeur et le génie militaires ; qui, de simple soldat, sans intrigue et sans blesser l'envie, est arrivé de lui-même aux plus hautes dignités nationales ; l'élève, le camarade, l'émule des Kléber et des Moreau, père de quatre enfans, sur lesquels la patrie peut fonder de justes espérances, peut-il donc être regardé comme un accusé vulgaire ?

» A quelle époque le juge-t-on ?

» N'est-ce pas dans un moment où toutes les passions irritées tourmentent l'opinion publique ?

» Le cas où il se trouve a-t-il été prévu par aucune loi ?

« Et quand il aura été traité militairement, qu'en résultera-t-il ?

» Les amis du Roi seront-ils plus nombreux, les mécontens plus résignés ?

» Un exemple de cette nature fera-t-il changer la manière de voir la question actuelle ?

» Et s'il était possible que cet illustre guerrier fût condamné à terminer sa vie, aussitôt que ce front glorieux serait couvert des ombres de la mort ne s'élèverait-il pas des regrets universels ?

» Le souvenir seul des retraites immortelles de Gutstadt, où moins de vingt mille hommes arrêtèrent la marche inopinée de quatre-vingt mille russes ; de Portugal, où trois régimens d'infanterie déjouèrent pendant onze jours les talens de Wellington à la tête de toute l'armée anglo-portugaise ; de Moscow, où tant de Français durent la vie à cet homme unique sur le champ de bataille, ne parlera-t-il pas plus haut que les torts qu'on lui reproche en ce moment, que les clameurs de l'esprit de parti ?

« N'est-il pas prouvé par le témoignage unanime des hommes les plus dignes de foi, que la conduite du maréchal Ney jusqu'au 14 mars annonçait des intentions pures, un dévouement sincère à la cause du Roi ? Ses lettres aux maréchaux Suchet et Oudinot, au ministre de la guerre laissent-elles le moindre doute à cet égard?

» Arrivant à Lons-le-Saulnier au milieu de troupes dont la foi était ébranlée, entouré d'insurrections et de rapports alarmans, sans guide, sans conseil, sans nouvelles de la cour, se croyant placé tout à coup entre la patrie, qui est toujours la même, et des princes dont les droits furent disputés si long-temps, que pouvait-il entreprendre contre l'usurpateur, déjà plus avancé que lui du côté de Paris; cet usurpateur dont la marche n'avait été qu'une espèce de triomphe depuis Grenoble jusqu'à Châlons, dont l'approche seule excitait le même délire à Autun jusqu'à Dijon et dans toutes les campagnes environnantes; cet usurpateur enfin que les efforts des officiers les plus distingués, la voix de Macdonald, la présence même du frère du Roi n'avaient pas pu arrêter un seul instant dans sa course?

» Attaqué dans la nuit par des séductions, des mensonges, des raisonnemens adroits et imprévus, qu'il n'eut jamais l'art de combattre; pressé par tous les souvenirs de ses anciens rapports avec Napoléon; subjugué par l'ascendant de cet homme audacieux que les Souverains de la terre avaient déifié par leurs hommages; forcé de choisir sur-le-champ entre les malheurs d'une guerre civile que tous veulent éviter, et la cause du Souverain que personne ne réussit à défendre; victime enfin d'une irrésistible fatalité, le malheureux Ney n'a-t-il pas succombé sous le poids d'une situation sans exemple?

» Ne s'est-il pas jeté dans le torrent, entraîné comme toute la France, ébloui par un météore funeste levé tout à coup sur l'horizon?

» A-t il pu tenter lui seul une résistance inutile, à laquelle tout avait renoncé autour de lui?

» Vous qui parlez aujourd'hui de votre zèle ardent, de votre fidélité sans tache, royalistes du Midi, de la Bourgogne, de la Franche-Comté, de Paris, qu'avez-vous fait dans cette circonstance critique?

» L'explosion de vos sentimens tenait-elle uniquement à la conduite d'un seul homme?

» Serait-il généreux de faire peser sur un seul individu la responsabilité d'un événement que chacun de vous pouvait entreprendre de détourner?

» Qui a tiré un seul coup de fusil avant ou après la prétendue défection du maréchal Ney?

» Tous les actes d'adhésion prodigués successivement à Bonaparte ne comptent-ils pour rien dans la balance politique?

» Le Roi lui-même, entouré de sa maison militaire et de ses serviteurs les plus empressés, maître de la capitale et des ressources du gouvernement, n'a-t-il pas choisi le parti de la retraite pour sauver son peuple des fureurs de la guerre civile?

» Était-ce le moment de commencer la guerre civile le 14 mars à Lons-le-Saulnier avec quatre régimens, plutôt qu'à Melun avec une armée de volontaires royaux et de troupes choisies?

» Quel prix a donc reçu le maréchal Ney pour cette conduite qu'on dit avoir été si utile à l'usurpateur, et qu'on flétrit des noms les plus odieux?

» La défaveur, l'exil, n'ont-ils pas été sa récompense? n'a-t-il pas été uniquement rappelé aux champs de la mort dans les plaines de la Belgique ?

» Qu'a-t-il dit à la chambre des pairs dans sa lettre au ministre de la police générale pour défendre la cause de Bonaparte, à l'entreprise duquel on voudrait l'associer ?

» N'est-ce pas toujours le même homme qui ne sait que combattre, qui n'aime que son pays, qui veut toujours en prévenir le déchirement ?

» Combien a-t-on vu de maréchaux de France livrés au glaive des lois ? En est-il un seul qui eut à s'excuser sur tant de variations dans les formes du gouvernement, sur ce qu'avait de récent le retour de la légitimité ? N'est-ce pas un accident unique dans les exemples que fournit notre histoire depuis dix siècles ?

» Le tort du maréchal Ney n'est-il pas une erreur involontaire ? n'a-t-il pas été étourdi par un concours fatal de combinaisons extraordinaires ?

» Quelle méditation a précédé le moment où il a cessé d'être fidèle à ses devoirs envers le Roi ?

» Sa conduite postérieure ne démontre-t-elle pas l'innocence de sa pensée ?

» Et toute la France, soumise à l'irrésistible influence des mêmes causes, n'a-t-elle pas justifié, par son approbation et par son silence, l'audace de l'usurpateur ?

» Si les adresses des autorités civiles et militaires, si la députation du Champ-de-Mai ne représentent que le vœu d'une minorité, de quoi peut-on se plaindre au nom d'une majorité apathique qui ne s'est montrée qu'après la bataille de Waterloo ?

» Serait-il juste de juger la moralité de l'ac-

tion d'un homme par les événemens postérieurs
à cette action , événemens qui ont changé tout
à fait la position où chacun s'est trouvé au moment de l'orage?

» Serait-il sage de s'armer en temps de paix
d'une rigueur dont on pourrait regretter les effets
en cas de guerre ?

» La postérité, qui est toujours équitable ,
parce qu'elle est sans passion, ne s'élèverait-elle
pas contre un arrêt trop sévère? Et si le maréchal Ney succombait, la Muse de l'histoire ne
graverait-elle pas sur sa tombe cette épitaphe
réparatrice : *Ci-gissent vingt-cinq ans de gloire
et un jour d'erreur.* »

TROISIÈME ÉPOQUE.

CEPENDANT le 21 novembre arriva : le maréchal avait été transféré de la Conciergerie à la chambre des pairs, dans la nuit du 20 au 21, vers deux heures du matin; dix-huit cents hommes de troupes, gendarmerie, grenadiers royaux, vétérans, garde nationale, occupaient, depuis vingt-quatre heures, les postes et toutes les avenues du Luxembourg. On les avait disposés par échelons sur la route que devait parcourir le maréchal ; la voiture destinée à le conduire était dans les cours intérieures de la prison depuis la veille ; M. *de Grésinois*, officier de garde nationale à cheval, se plaça sur le siége à côté de lui, et on a remarqué que le trajet ne dura que cinq minutes. Le maréchal avait été déposé dans une salle transformé en prison, donnant du côté du jardin.

Dès le matin, avant huit heures, les personnes qui avaient obtenu des cartes d'entrée pour l'intérieur de l'enceinte et la faveur, singulièrement recherchée, d'assister aux débats publics, assiégeaient la porte principale du palais. Il avait été décidé, par un avis de M. le grand référendaire, imprimé dans tous les journaux, que, passé neuf heures, les pairs et les ministres auraient seuls le droit de circuler.

La séance s'ouvrit à dix heures et demie; un assez grand nombre de personnages de distinction, étrangers ou nationaux, au nombre desquels se trouvaient le prince royal de Wurtemberg; le prince de Metternich; le comte de Goltz, ambassadeur prussien ; le comte de Grisein, général russe et ancien gouverneur de Miltau, se faisaient remarquer dans les tribunes, ainsi que plusieurs membres de la chambre des députés, revêtus de leur costume. Le public, avant même que la séance fût commencée, était dans un profond recueillement, observait l'imposant appareil des dispositions faites pour changer la salle en tribunal de haute justice, et tous les yeux successivement sur une inscription légendaire placée en face du président, au milieu des ornemens supérieurs de la salle, et portant ces trois mots : *Sagesse*, *Tolérance*, *Modération*.

M. le chancelier de France présidait l'assemblée : MM. les comtes Pastoret, de Choiseul, M. de Seze, M. de Châteaubriand, occupaient les places de secrétaires. M. le comte de Vaublanc, M. du Bouchage, M. le garde des sceaux, étaient au banc des ministres. M. Bellart, procureur-général à la cour royale de Paris, commissaire du Roi, au nom des autres commissaires, occupait un bureau au-dessous et à la droite du président; M. Cauchy, archiviste, faisant fonction de greffier de la chambre, était assis à la gauche.

M. le président. Messieurs, le maréchal Ney, accusé de haute trahison et d'attentat contre la sûreté de l'état, va être amené devant la chambre des pairs : je fais observer au public, pour la première fois témoin de nos séances, qu'il ne doit se permettre aucun signe d'approbation ou d'improbation. Les témoins doivent être écoutés, les réponses de l'accusé religieusement entendues. J'ordonne à la force publique d'arrêter quiconque violerait le silence qui doit être observé dans cette enceinte, quiconque s'écarterait du respect dû à

cette auguste assemblée, et des égards que réclame le malheur.

Les deux avocats du maréchal Ney, MM. Berryer et Dupin, sont placés au bureau qui leur est
préparé.

L'accusé entre; il est onze heures juste; il est
escorté par quatre grenadiers royaux, vêtu d'un
simple habit sans broderie, portant les épaulettes
de maréchal, le crachat de la légion d'honneur
et le simple ruban de la croix de Saint-Louis.
Après avoir salué respectueusement l'assemblée,
il prend la main d'un de ses avocats, M. Dupin,
et s'assied entre ses deux défenseurs.

M. le président. Il va être fait un appel nominal
pour constater l'absence de ceux de messieurs les
pairs que leurs fonctions ou des exceptions particulières empêchent de siéger dans cette cour.

M. le greffier commence l'appel nominal.

M. de Brissac. Vous m'avez oublié; je suis
présent.

Les pairs absens sont :

MM. le duc de Brancas; le duc de Broglie; le
comte Destut de Tracy; le comte de Vaubois; le
comte Jules de Polignac; le duc de Mortemart.

M. le président. Accusé, quels sont vos noms,
prénoms, âge, lieu de naissance, domicile, qualités ?

Le maréchal Ney (d'une voix calme et assu-
rée) : Je me nomme Michel Ney, né à Sarre-
Louis, le 10 janvier 1769; mes qualités sont : maréchal de France, duc d'Elchingen, prince de
la Moskwa, pair de France; les titres de mes
ordres : chevalier de Saint-Louis, grand-cordon
de la Légion d'Honneur, officier de la couronne
de Fer, grand'croix de l'ordre du Christ.

M. le président. Accusé, prêtez, à ce qui va

vous être lu, la plus grande attention. Je recommande à votre conseil d'observer la plus stricte modération dans les débats qui vont s'ouvrir ; je l'invite à ne parler ni contre sa conscience ni contre l'honneur, et à se renfermer dans tout le respect qui est dû aux lois.

Le greffier commence la lecture des pièces par la première ordonnance du roi, du 11 novembre, qui statue que la chambre des pairs procédera sans délai au jugement du maréchal Ney. Il lit ensuite la seconde ordonnance du 12, qui règle une partie des formes dans lesquelles l'instruction devra avoir lieu. Il donne enfin lecture de l'acte d'accusation en ces termes :

Acte d'accusation contre le maréchal Ney, duc d'Elchingen, prince de la Moskwa, ex-pair de France.

«Les commissaires du Roi chargés, par ordonnances de sa majesté des 11 et 12 de ce mois, de soutenir devant la chambre des pairs l'accusation de haute trahison et d'attentat contre la sûreté de l'état, intentée au maréchal Ney, et sa discussion,

»Déclarent que des pièces et de l'instruction qui leur ont été communiquées par suite de l'ordonnance qu'a rendue, en date du 15 du présent, M. le baron Séguier, pair de France, conseiller d'état, premier président de la cour royale de Paris, commissaire délégué par M. le chancelier, président de la chambre, pour faire ladite instruction, résultent les faits suivans :

» En apprenant le débarquement effectué à Cannes, le 1er mars dernier, par Bonaparte, à la tête d'une bande de brigands de plusieurs nations, il paraît que le maréchal Soult, alors mi-

nistre de la guerre, envoya, par un de ses aides-
de-camp, au maréchal Ney, qui était dans sa terre
des Coudreaux, près Châteaudun, l'ordre de se
rendre dans son gouvernement de Besançon, où
il trouverait des instructions.

» Le maréchal Ney vint à Paris le 6 ou le 7 (car
le jour est resté incertain, et au surplus cette circonstance est peu importante), au lieu de se rendre directement dans son gouvernement.

» La raison qu'il en a donnée, est qu'il n'avait
pas ses uniformes.

» Elle est plausible.

» Ce qui l'est moins, c'est que, suivant le maréchal, il ignorait, lorsqu'il est arrivé à Paris, et
l'événement du débarquement de Bonaparte à
Cannes, et la vraie cause de l'ordre qu'on lui
donnait de se rendre dans son gouvernement de
Besançon. Il est bien invraisemblable que l'aide-
-de-camp du ministre de la guerre ait fait au maréchal, à qui il portait l'ordre de partir subite-
ment, un secret si bizarre de cette nouvelle,
devenue l'objet de l'attention et des conversations
générales, secret dont on peut même soupçonner
le motif, comme il ne l'est pas moins que le maréchal ait manqué de curiosité sur les causes qui
lui faisaient ordonner de partir soudain pour son
gouvernement, et n'ait pas interrogé l'aide-de-
camp, qui n'eût pu alors se défendre de répondre.

» Le maréchal veut pourtant qu'on admette cette
supposition; et il soutient qu'il n'a appris cette
grande nouvelle qu'à Paris, par hasard, et chez
son notaire Batardi.

» Le maréchal a-t-il cru qu'en affectant cette
ignorance prolongée du débarquement de Bonaparte, il ferait plus facilement croire qu'il n'é-

tait pour rien dans les mesures qui l'ont préparé, puisqu'en effet il n'eût pas dû rester indifférent à ce point sur le résultat du complot? On n'en sait rien. Ce qu'on sait, c'est que cette ignorance n'est pas naturelle, et qu'elle est plus propre à accroître qu'à dissiper les soupçons sur la possibilité que le maréchal ait trempé dans les manœuvres dont ce débarquement a été le funeste résultat.

» Ces soupçons sur la participation que le maréchal a pu prendre à ces manœuvres se sont considérablement augmentés par les dépositions d'un assez grand nombre de témoins, qui ont rapporté divers propos attribués au maréchal, dont la conséquence serait que le maréchal était prévenu de cette arrivée.

» C'est ainsi que le sieur Beausire dépose que, peu de temps après sa défection, le maréchal lui disait que, quand lui Beausire avait traité d'une fourniture avec le gouvernement du Roi, il avait dû prévoir qu'il traitait pour le souverain légitime (Bonaparte).

» Le comte de La Genetière dépose, qu'après avoir fait lecture de la proclamation dont il va bientôt être question, le maréchal dit aux personnes qui l'entouraient, *que le retour de Bonaparte était arrangé depuis trois mois.*

» Le comte de Faverney assure aussi, qu'au dire du général Lecourbe, le maréchal lui avait dit qu'il avait pris toutes les mesures pour rendre plus nécessaire et plus inévitable la défection de ses troupes, qu'il sut ensuite déterminer par la lecture de la proclamation.

» D'autres témoins encore, comme les sieurs Magin, Perrache et Pantin, affirment qu'on leur a dit que le maréchal avait positivement déclaré dans une auberge de Montereau, que le retour de Bonaparte avait été concerté dès long-temps. A ces témoignages on en eût pu ajouter plusieurs encore, comme ceux du baron Capelle, du marquis de Vaulchier, du sieur Beauregard et du sieur Garnier, maire de Dôle, qui ont été entendus, sur commissions rogatoires, dans la procédure tenue devant le conseil de guerre, où fut d'abord traduit le maréchal Ney. Mais, ces témoins n'étant plus sur les lieux, on a cru pouvoir négliger de les faire entendre de nouveau. Leurs dépositions, déjà recueillies par des officiers publics, restent du moins comme renseignemens.

» La justice toutefois exige que l'on dise que plusieurs autres témoins, qui ont vu agir le maréchal dans les jours qui ont précédé la lecture de la proclamation, paraissent croire que jusque-là il fut de bonne foi, et déposent des faits qui annonceraient, qu'à moins d'une profonde dissimulation, le maréchal était alors dans la disposition d'être fidèle au Roi.

» Quoi qu'il en soit au reste de cette disposition réelle ou feinte, et, si elle fut réelle, de sa durée, le maréchal, avant de quitter Paris, eut l'honneur de voir le Roi, qui lui parla avec la bonté la plus touchante, comme avec la plus grande confiance. Le maréchal parut pénétré de l'opinion que son souverain conservait de sa loyauté, et, dans un transport vrai ou simulé, il protesta de ramener Bonaparte dans une cage de fer, et scella ses protestations de dévouement en baisant la main que le Roi lui tendit. Le maréchal avait d'abord voulu nier et cette expression de l'enthousiasme apparent de son zèle, et la liberté que le Roi lui avait permis de prendre. Il a fini par en convenir.

» C'est le 8 ou le 9 que le maréchal partit de Paris. Il n'a pas su fixer le jour avec exactitude.

» Il trouva à Besançon les instructions du ministre de la guerre. Ces ordres portaient en substance: « Qu'il réunirait le plus de forces disponibles, afin de pouvoir seconder efficacement les opérations de S. A. R. Monsieur, et de manœuvrer de manière à inquiéter ou détruire l'ennemi. »

» On a vu que, d'après les récits opposés de certains témoins, dont les uns rapportent des discours du maréchal qui sembleraient supposer qu'il savait dès long-temps ce que méditait l'ennemi de la France, et dont les autres assurent n'avoir remarqué dans ses mesures et dans ses discours que de la droiture, il est au moins permis de conserver beaucoup de doute à cet égard.

» Mais ce sur quoi toutes les opinions se réunissent, c'est sur la conduite que le maréchal tint à Lons-le-Saulnier le 14 mars.

» Le maréchal avait dirigé sur cette ville toutes les forces qui étaient éparses dans son commandement.

» Quelques officiers, bons observateurs, et même des administrateurs locaux, qui avaient conçu de justes inquiétudes sur les dispositions de plusieurs militaires de divers grades, et sur les insinuations perfides faites aux soldats, avaient indiqué au maréchal, comme un moyen probable d'affaiblir ces mauvaises inspirations, le mélange qu'il pourrait faire des bons et fidèles serviteurs du Roi qu'on choisirait dans les gardes nationales, avec la troupe que, par leur exemple et leurs conseils, ils maintiendraient dans le devoir. Le maréchal, de premier mouvement, rejeta ces propositions, même avec une sorte dédain, en disant *qu'il ne voulait ni pleurnicheurs, ni pleurnicheuses;* et quoiqu'il fléchît un peu ensuite sur cette idée, ce fut avec tant de lenteur et de répugnance, que la mesure ne put malheureusement ni être réalisée, ni empêcher le mal que le maréchal semblait prévoir sans beaucoup d'inquiétude.

»Cet aveuglement ou cette mauvaise disposition secrète du maréchal eut bientôt les graves conséquences qu'avec d'autres intentions le maréchal eût dû redouter.

» Quelques témoins pensent que, jusqu'au 13 mars au soir, le maréchal fut fidèle.

»En admettant leur favorable opinion, l'effort n'était pas considérable. Le maréchal était parti de Paris le 8 ou le 9. C'était le 8 ou le 9 qu'il avait juré au roi une fidélité à toute épreuve, et un dévouement tel qu'il lui ramènerait, selon son expression, dans une cage, son ancien compagnon de guerre. Depuis lors, quatre ou cinq jours seulement s'étaient écoulés. Quatre à cinq jours suffisaient-ils à éteindre ce grand enthousiasme? Quatre à cinq jours durant lesquels le maréchal n'avait encore ni rencontré d'obstacle, ni vu l'ennemi, n'avaient pas dû consommer, à ce qu'il semble, l'oubli de sa foi.

» Il est triste, pour la loyauté humaine d'être obligé de dire qu'il en fut autrement.

» Cinq jours seulement après de telles promesses faites à son maître, qui l'avait comblé d'affection et de confiance, et qu'il avait trompé par l'expression démesurée peut-être d'un sentiment dont le monarque ne lui demandait pas l'espèce de preuves qu'il en offrait, le maréchal Ney trahit sa gloire passée, non moins que son Roi, sa

patrie et l'Europe, par la désertion la plus criminelle, si l'on songe au gouffre de maux dans
lequel elle a plongé la France, dont le maréchal,
autant qu'il était en lui, risquait de consommer
la perte, en même temps que, sans nulle incertitude, il consommait celle de sa propre gloire.
Ajoutons même qu'il trahit sa propre armée res-
tée fidèle jusque-là; sa propre armée, dans laquelle le gros des soldats savait résister encore
aux brouillons et aux mauvais esprits, s'il en
était qui cherchassent à l'agiter; sa propre
armée, qu'il est apparent qu'on aurait vue persis-
ter dans cette loyale conduite, si elle eût été assez
heureuse pour s'y voir confirmée par l'exemple
d'un chef dont le nom et les faits militaires com-
mandaient la confiance aux soldats; sa propre
armée enfin, qu'il contraignit en quelque sorte
par les provocations dont il va être rendu compte,
à quitter de meilleures résolutions pour suivre
son chef dans la route du parjure où il l'entraînerait après lui.

» On vient de dire que le maréchal Ney n'avait
pas vu l'ennemi.

» On s'est trompé. Il ne l'avait vu que trop; non
pas, il est vrai, comme il convient aux braves,
en plein jour et au champ d'honneur, pour le
combattre et le détruire, mais, comme c'est le
propre des traîtres, au fond de sa maison, et
dans le secret de la nuit, pour contracter avec
lui une alliance honteuse, et pour lui livrer son
Roi, sa patrie, et jusqu'à son honneur.

» Un emissaire de cet artisan des maux de l'Europe, encore plus habile à tramer des fraudes
ou des intrigues qu'à remporter des victoires,
était parvenu jusqu'au maréchal, dans la nuit
du 13 au 14 mars dernier. Il lui apportait une

lettre de Bertrand, écrite au nom de son maître ;
dans laquelle celui-ci appelait le maréchal *le
Brave des braves*, et lui demandait de revenir
à lui.

» S'il est vrai que le maréchal jusque-là ne fût
encore entré dans nul complot, il n'en fallut pas
davantage du moins pour qu'il consentît à trahir
ses sermens. Sa vanité fut flattée. Son ambition se
réveilla. Le crime fut accepté ; et ce ne fut pas
plus tard qu'au lendemain matin qu'en fut ren-
voyée l'exécution.

. » Le lendemain matin, 14 mars 1815, il révéla
cette disposition, nouvelle en apparence ou en
réalité, aux généraux de Bourmont et Lecourbe.

» Ceux-ci ont affirmé qu'ils firent leurs efforts
pour lui donner de l'horreur d'une telle résolution ; tout ce qu'ils purent lui dire pour l'en pénétrer fut inutile.

» Il les entraîna sur le terrain où il avait ordonné
à ses troupes de se former en carré, et là il lut
lui-même aux soldats la proclamation suivante :

ORDRE DU JOUR.

*Le maréchal prince de la Moskwa aux troupes
de son gouvernement.*

« Officiers, sous-officiers et soldats,

» La cause des Bourbons est à jamais perdue !
La dynastie légitime que la nation française a
adoptée va remonter sur le trône : c'est à l'empereur Napoléon, notre souverain, qu'il appartient
seul de régner sur notre beau pays ! Que la noblesse des Bourbons prenne le parti de s'expatrier encore, ou qu'elle consente à vivre au milieu
de nous, que nous importe ? La cause sacrée de

la liberté et de notre indépendance ne souffrira
plus de leur funeste influence. Ils ont voulu avilir
notre gloire militaire ; mais ils se sont trompés :
cette gloire est le fruit de trop nobles travaux pour
que nous puissions jamais en perdre le souvenir.

» Soldats, les temps ne sont plus où l'on gouvernait les peuples en étouffant leurs droits : la
liberté triomphe enfin, et Napoléon, notre auguste empereur, va l'affermir à jamais. Que désormais cette cause si belle soit la nôtre et celle
de tous les Français ! Que tous les braves que j'ai
l'honneur de commander se pénètrent de cette
grande vérité.

» Soldats, je vous ai souvent menés à la victoire : maintenant je veux vous conduire à cette
phalange immortelle que l'empereur Napoléon
conduit à Paris, et qui y sera sous peu de jours;
et, là, notre espérance et notre bonheur seront à
jamais réalisés. *Vive l'empereur!* »

Lons-le-Saulnier, le 13 mars 1815.

Le maréchal d'empire,

Signé prince DE LA MOSKWA.

« On peut juger de l'effet que durent produire
sur la masse des soldats cette conduite et ces
ordres d'un chef révéré.

»La surprise d'ailleurs eût pu opérer les mauvais
effets qu'il est hors de doute qu'on avait déjà préparés par d'autres moyens. Ces moyens toutefois
avaient si peu obtenu un plein succès, et les
troupes auraient été si faciles à maintenir dans le
devoir, qu'en effet le cœur des Français n'est
pas fait pour trahir quand la perfidie ne cherche
pas à les égarer, qu'au dire d'un témoin, entendu
dans la procédure du conseil de guerre (le chef

d'escadron Beauregard) , tandis que les soldats qui étaient plus près de leur général, entraînés par les séductions de l'obéissance, répétaient le cri de rebellion qu'il avait jeté, *vive l'empereur!* les soldats plus éloignés, fidèles au mouvement de leur cœur et à l'honneur français, et qui étaient loin de supposer l'exécrable action du maréchal Ney, criaient *vive le Roi!*

» L'égarement même, dans ces premiers momens, fut si loin d'être universel, que, selon le même témoin, beaucoup d'officiers et de soldats indignés sortirent des rangs.

» Pendant que la consternation, selon que l'ont attesté aussi trois autres témoins, les comtes de Bourmont, de La Genetière, et de Grivel, était dans l'ame des généraux et d'un grand nombre d'officiers et soldats, on s'empressa, pour acheter l'erreur des troupes, de leur offrir l'appât le plus séduisant pour les hommes privés d'éducation, celui de la licence, du pillage et de l'ivresse. Sous prétexte de détruire les signes de la royauté, dont le maréchal Ney venait de proclamer l'anéantissement, on leur permit de se répandre dans la ville, et de s'y livrer aux excès qui devaient achever de perdre leur raison et de les fixer dans leurs torts, par la mauvaise honte d'en revenir après s'y être trop enfoncés.

» Cette mauvaise honte, malgré l'influence d'un tel chef, ne retint pas pourtant quelques ames élevées et quelques cœurs droits : tant il est permis de croire que, si le maréchal eût été fidèle lui-même, une armée dans laquelle tout le pouvoir de son exemple trouvait pourtant de si grandes résistances, fût elle-même, sans ses perfides provocations, devenue, par son dévouement au Roi, l'honneur de la France ; en sorte que toute la honte de sa conduite retombe véritablement sur le chef parjure qui fourvoyait la raison et la loyauté instinctive de ses soldats!

» Un grand nombre d'officiers, stupéfaits de n'avoir plus de chef, se retirèrent, comme le lieutenant-général Delort, le général Jarry, le colonel Duballin, etc. MM. de Bourmont et de La Genelière se séparèrent avec une sorte de désespoir d'un général qui ne jouait plus, auprès de ses subordonnés, que le rôle d'un corrupteur. Le comte de La Genetière lui écrivit même avec amertume la lettre suivante, qu'il faut recueillir comme une circonstance propre à diminuer l'espèce de flétrissure imprimée sur les troupes par une défection dont il est facile de juger que la surprise ne fut pas une des causes les moins agissantes :

« Ne sachant pas transiger avec l'honneur, et ne me croyant pas dégagé des promesses solennelles que j'ai faites au Roi, entre les mains de S. A. R. Monsieur, lorsqu'il me reçut chevalier de Saint-Louis; ne pouvant, d'après mes principes, continuer plus long-temps des fonctions préjudiciables à l'intérêt de mon prince, je quitte l'état-major, et me rends à Besançon. J'ai eu long-temps l'honneur de servir sous vos ordres, M. le maréchal; aujourd'hui je n'ai qu'un regret, c'est celui de les avoir exécutés pendant vingt-quatre heures. Mon existence pût-elle être compromise, je la sacrifie à mon devoir. »

» Voilà le cri de l'honneur français !

» Voilà la conduite qui console, et des erreurs d'autres officiers, ou même des erreurs commises par ceux-là même qui savent les réparer si noblement et si vite !

» Voilà aussi les sentimens qui révèlent les intentions qu'au milieu de nos aberrations politiques conservèrent les braves dont le courage ne vit que la patrie dans les guerres où ils furent engagés, et dont la gloire en effet, lorsqu'elle fut accompagnée d'une telle droiture, dut être adoptée par le monarque, quoiqu'elle ne fût pas toujours acquise en défendant sa cause !

» Sur-le-champ M. de La Genetière passa sous les ordres de M. Gaëtan de La Rochefoucauld, dont il suffit de prononcer le nom pour réveiller le souvenir de son dévouement.

» D'autres officiers sortirent aussi de sous les ordres du maréchal. MM. de Bourmont et Lecourbe revinrent à Paris.

» Le baron Clouet, son propre aide-de-camp, lui demanda de le quitter, et le quitta en effet.

» Leçons bien amères données au chef par ses inférieurs, et dont il eût dû profiter pour réparer ses fautes par un prompt retour aux conseils de l'honneur !

» C'est ce que ne fit pas le maréchal Ney. Il s'enfonça de plus en plus dans la trahison.

» Le jour même où il lut sa proclamation à ses troupes, il donna l'ordre écrit de faire marcher toutes celles qui se trouvèrent sous ses ordres pour les réunir à celles de Bonaparte.

» La nuit qui suivit, il envoya M. Passinges, baron de Préchamp, à Bonaparte, pour lui apprendre ce qu'il avait fait.

» Le jour d'après, pour achever de séduire M. de La Genetière, il lui montra la lettre de Bertrand, qu'il lui disait contenir l'assurance que tout était convenu avec le cabinet de Vienne.

» Le même jour, il fit imprimer et mettre à l'ordre de l'armée la proclamation qu'il avait lue la veille, pour que le poison pût s'en propager avec plus de facilité, et qu'il arrivât jusqu'à ceux qui avaient été assez heureux pour ne pas en entendre la lecture.

» Dès le 14, le maréchal avait voulu séduire le marquis de Vaulchier, préfet du Jura, et l'engager à gouverner pour Bonaparte. Sur l'horreur que ce magistrat fidèle lui manifesta, il lui dit même que cette horreur *était une bêtise.* Dans la nuit du 14 au 15, il lui en donna l'ordre écrit, que ce préfet montra même à M. de Grivel.

» Les jours suivans, il s'occupa d'insurger les pays où il passait, et d'y faire imprimer sa proclamation : il y en eut une édition à Dôle.

» Le 19 mars, il décerna un ordre d'arrestation contre ceux des officiers-généraux et magistrats dont la résistance avait été la plus marquante, et à qui il ne pardonnait pas, soit de l'avoir abandonné, soit d'avoir résisté à ses ordres ; savoir :

» MM. de Bourmont, Lecourbe, Delort, Jarry, La Genetière, Durand, Duballin, son propre aide-de-camp Clouet, le comte de Scey, et le commandant d'Auxonne.

» Il écrivit au duc de Bassano, par ordre de Bonaparte, de suspendre toutes mesures à Paris ; ce qui s'entend sans doute de quelques mesures qui avaient été méditées par cet usurpateur, s'il eût éprouvé quelque résistance.

» Il osa même bien écrire aux maréchaux ducs de Reggio et d'Albuféra, pour leur transmettre des ordres de Bertrand.

» Il donna l'ordre au commandant d'Auxonne de rendre sa ville aux troupes de Bonaparte ; et ce fut même pour punir l'indocilité honorable de cet officier, que peu de jours après il inscrivit son nom sur la liste de ceux qu'il ordonnait de priver de leur liberté.

» Il faut s'arrêter ici.

» Toute la France, toute l'Europe a su que, depuis, le maréchal Ney a persisté avec éclat dans sa rébellion; mais tous les faits qui se rattachaient à sa conduite ultérieure, n'étant que la conséquence de sa première trahison, méritent à peine d'être remarqués auprès de ce grand acte d'infidélité, l'une des sources des malheurs qu'une fatale usurpation attira sur la France.

» Ces malheurs aussi ne doivent pas être retracés, tout propre que serait le tableau fidèle que l'on en pourrait faire à soulever l'indignation universelle contre l'un des hommes qui en furent les principaux artisans.

» Il faut en détourner la vue, parce que le spectacle en est intolérable; il faut en détourner la vue, sans pouvoir comprimer pourtant la cruelle réflexion que tous les maux dont la patrie est désolée sont dus à une poignée d'hommes qui, parce qu'ils se distinguèrent par quelques beaux faits militaires, ont cru qu'ils avaient le droit de se mettre au-dessus des lois, de se jouer des sentimens les plus sacrés, de la fidélité elle-même à leur Roi et à leur pays, et d'y faire impunément toutes les révolutions dont peut s'aviser leur ambition souvent irréfléchie; persuadés qu'ils sont que, parce qu'ils furent de braves militaires, il leur est permis d'être, à la face de la nation et de l'Europe, des sujets déloyaux et de mauvais citoyens : doctrine déplorable, qui n'est heureusement que la doctrine exclusive de cette poignée d'ambitieux pervers; doctrine désavouée par le véritable honneur militaire et par cette foule de braves dont les yeux enfin dessillés ne peuvent plus reconnaître la gloire dans ceux que jadis ils virent aux champs de l'honneur, s'ils ne les retrouvent pas dans les routes de la fidélité à leur Roi et à leur patrie, et s'ils ne les voient pas se montrer à la fois grands citoyens autant que grands capitaines, et hommes de bien non moins que guerriers pleins de valeur.

» En conséquence de tous ces différens faits, Michel Ney, maréchal de France, duc d'Elchingen, prince de la Moskwa, ex-pair de France, est accusé devant la chambre des pairs de France par les ministres du Roi et par le procureur-général près la cour royale de Paris, commissaires de sa Majesté :

» D'avoir entretenu avec Bonaparte des intelligences à l'effet de faciliter à lui et à ses bandes leur entrée sur le territoire français, et de lui livrer des villes, forteresses, magasins et arsenaux, de lui fournir des secours en soldats et en hommes, et de seconder le progrès de ses armes sur les possessions françaises, notamment en ébranlant la fidélité des officiers et des soldats;

» De s'être mis à la tête de bandes et troupes armées, d'y avoir exercé un commandement pour envahir des villes dans l'intérêt de Bonaparte, et pour faire résistance à la force publique agissant contre lui;

» D'avoir passé à l'ennemi avec une partie des troupes sous ses ordres;

« D'avoir, par discours tenus en lieux publics, placards affichés, et écrits imprimés, excité directement les citoyens à s'armer les uns contre les autres;

» D'avoir excité ses camarades à passer à l'ennemi;

» Enfin, d'avoir commis une trahison envers le Roi et l'état, et d'avoir pris part à un complot dont le but était de détruire et changer le gouvernement et l'ordre de successibilité au trône ; comme aussi d'exciter la guerre civile, en armant ou portant les citoyens et habitans à s'armer les uns contre les autres ;

» Tous crimes prévus par les articles 77, 87, 88, 89, 91, 92, 93, 94, 96 et 102 du Code pénal, et par les articles 1er et 5 du titre Ier, et par l'article 1er du titre III de la loi du 21 brumaire an 5.

» Fait et arrêté en notre cabinet, au palais de la chambre des Pairs, le 16 novembre 1815, à midi.

Signé RICHELIEU, BARBÉ-MARBOIS, le comte DU BOUCHAGE, le duc DE FELTRE, VAUBLANC, CORVETTO, DE CAZES, BELLART. »

M. le président. M. le maréchal, vous venez d'entendre la totalité des charges qui vous accusent, et les hautes inculpations qui s'élèvent contre vous; vous êtes prévenu d'avoir eu des intelligences avec l'ennemi; d'avoir excité, provoqué, ordonné la défection; d'avoir lu vous-même à l'armée une proclamation séditieuse; enfin, d'avoir donné l'ordre d'arrêter les officiers qui n'ont point partagé la trahison. Bien que le seul exposé de ces faits révolte les esprits; que tous les bons Français détestent ce crime, ce n'est point devant la chambre des pairs que vous devez craindre d'être précédé d'une prévention funeste, poursuivi par la malveillance ou la partialité; elle a bien plutôt à se défendre d'anciens souvenirs et de l'intérêt que lui inspire un guerrier long-temps la gloire de son pays, et qu'elle aimait à compter au nombre de ses membres. Vous pouvez parler sans crainte; je dois vous demander si, avant que l'instruction ne commence, vous n'avez point à présenter quelques moyens préjudiciels.

M. le maréchal Ney se lève, et lit sa déclaration formelle de faire valoir ses moyens préjudiciels avant de passer outre sur aucune instruction quelconque.

M. le président. Votre défenseur a la parole.

Me Berryer, dans un plaidoyer sage, ferme, mais dépourvu d'intérêt et d'éloquence, sollicita près de la chambre l'obtention d'une loi spéciale pour régler les formes dans lesquelles il convenait de procéder à l'instruction du procès ; il s'étonna que les ministres du Roi, en dénonçant l'accusé devant la pairie, eussent voulu lui disputer son titre et ses prérogatives de pair. Il reprocha le ton d'alarme et la défaveur déversée sur le maréchal dans le discours de M. de Richelieu. « C'est le langage de l'attaque, dit-il, c'est le ton qu'on prend avec un condamné, et la plainte contre le prévenu n'était encore ni rendue ni acceptée! On ne peut être accusateur et législateur ; les ministres, en se plaignant au nom du Roi d'une offense qui lui a été faite, n'ont pas le droit de régler seuls le mode de jugement, et ne peuvent être à la fois partie intéressée et régulateurs exclusifs de l'action de la justice. On dira que ce tribunal fut transitoire et momentané ; il présente l'image d'une commission. Les membres du premier corps de l'Etat ne formeront-ils qu'un tribunal spécial composé de commissaires! Et quel bénéfice aurait acquis le maréchal en obtenant ses juges naturels, s'il n'avait échappé à l'action terrible d'un pouvoir militaire que pour se ranger sous le glaive d'une cour *prévôtale ?* »

Il établit que l'intérêt de la pairie en général

IIe partie   5.

réclame une loi promise par l'article 4 de la charte constitutionnelle.

« *Personne ne peut être poursuivi ni arrêté que dans les cas prévus par la loi, et DANS LA FORME QU'ELLE PRESCRIT.* »

Il demande donc qu'on fasse une loi ; il se plaint qu'on marche arbitrairement et sans boussole, et finit par dire que si, contre son attente, on la lui refusait, il a des moyens de nullité à produire. Il demande le temps de faire assigner des témoins à décharge, et celui de préparer sa défense ; car la signification n'a été faite que le 10, et le temps lui a manqué pour méditer les intérêts de son client. Fidèle ami du Roi, ajoute-t-il, je me trouve placé dans une position difficile ; mais je crois combattre dans ses intérêts en soutenant les principes. Je n'oublie point que je parle devant les législateurs eux-mêmes ; je me tais, Messieurs : c'est avec confiance que j'attends votre jugement.

M. Bellart. Les défenseurs de l'accusé annoncent qu'ils sont loin d'avoir terminé l'exposé de leurs moyens ; je demande qu'ils les présentent cumulativement. Je ne veux pas penser que les lenteurs, où ils se rattachent, aient pour but de vouloir échapper à la justice ; mais enfin, devant un tribunal en dernier ressort, tous les moyens doivent être produits. Il n'est plus temps de chercher la justification du maréchal Ney dans une sorte d'affectation à éluder tous les tribunaux et tous les juges. Plus de divagation : le péril de ce procès doit avoir enfin des bornes ; il n'est plus temps de reculer un jugement qui devrait être terminé. Je crois, au nom des commissaires du Roi, devoir insister pour que les défenseurs ne soient admis à émettre leurs moyens préjudiciels qu'en les présentant collectivement. S'il est quelque nullité qu'ils prétendent alléguer, je me réserve de les combattre.

M. Dupin. Ce qui est préjudiciel doit, avant tout, être décidé par un jugement ; si l'on nous refusait la loi demandée, encore faudrait-il nous accorder les délais nécessaires pour produire une défense. En nous retranchant pied à pied dans nos demandes, on nous réduirait à l'impossible, auquel nul n'est tenu. Elle serait arrivée cette loi que nous sollicitons, si, au lieu de suivre une marche tortueuse, le ministère eût procédé légalement et suivi la ligne directe de la constitution. Combien faut-il de temps pour obtenir une loi ? Celui qui a suffi pour rédiger les deux ordonnances. Nous avons, avant tout, espéré qu'il serait décidé si nous serions jugés avec ou sans une loi. Le 18 seulement, les pièces nous sont arrivées ; deux jours à peine ont été à notre disposition pour nous occuper de la question préjudicielle : nous ne demandons que le temps physique de répondre.

M. le président. La chambre va se retirer pour délibérer.

Il est une heure et demie.

Dans la conférence secrète, M. le comte Lanjuinais s'éleva fortement contre l'avis de passer outre aux réclamations de l'accusé. Plusieurs fois on voulut l'interrompre et étouffer sa voix. « Je suis ici *par votre ordre*, dit-il ; sans l'injonction expresse d'y venir, je me serais dispensé d'assister à ces séances ; j'ai le droit d'y parler ». Il vota seul en faveur de la demande du maréchal.

La chambre rentra en séance publique à trois heures.

M. le président. La chambre des pairs ordonne

que le commissaire du Roi s'expliquera sur le moyen élevé par le défenseur de l'accusé, sauf à elle ensuite à statuer, s'il y a lieu, sur les autres moyens préjudiciels qui seraient proposés par l'accusé.

M. Bellart, procureur-général, l'un des commissaires du Roi, prend la parole, et annonce qu'il ne s'occupera pas, pour le moment, de discuter la question de fond; qu'il ne cherchera point encore à découvrir la source des malheurs sans nombre qui ont pesé et qui pèsent toujours sur la France; il va se borner, quant à présent, à repousser les argumens des conseils de l'accusé en faveur du système qu'ils ont adopté sur les exceptions qu'ils cherchent à faire valoir, et les difficultés qu'ils voudraient offrir relativement à la question préjudicielle. En me renfermant dans les moyens de forme, dit-il, il me sera facile d'anéantir tout l'édifice qu'on a pris soin d'élever.

« M. le maréchal Ney, traduit d'abord devant un conseil de guerre, a déclaré l'incompétence d'un pareil tribunal; il a demandé à être jugé par la chambre des pairs; cette faveur lui a été accordée : il est traduit devant nous; et au moment où il ne devrait éprouver d'autre empressement que celui de se justifier du crime qui lui est imputé, il cherche au contraire à soulever de nouvelles difficultés, à éluder encore le jugement qui doit prononcer sur son sort. On attendait peut-être une autre conduite de M. le maréchal Ney.

» On s'est d'abord demandé si M. le maréchal avait pu être dépouillé de sa qualité de pair de France par une ordonnance royale. Les faits sont là pour répondre à cette objection : ce n'est point par une ordonnance du Roi que l'accusé a été dépouillé de la pairie; c'est par sa volonté person-

nelle qu'il a été exclu de cette auguste assemblée ;
c'est en siégeant dans la chambre des pairs de
l'usurpateur qu'il a perdu le titre qu'il possédait....
Je n'insisterai point sur cette question ; elle est
trop simple et trop facile à résoudre pour que je
m'y arrête plus long-temps.

» Pour seconde observation, on a semblé accuser le ministre du Roi d'une publicité périlleuse
dans l'exposé des motifs de l'ordonnance du 11
novembre. Est-ce bien sincèrement qu'on a fait
un pareil reproche ? A-t-on appris au public quelque chose qu'il ignorât en lui parlant de la fatale
défection du maréchal Ney ? Quelqu'un avait-il
encore des doutes sur les malheurs immenses
qu'elle a produits ? Hélas ! l'histoire les a consignés
pour long-temps dans nos annales : elle dira que
le maréchal a trahi à la fois l'honneur, sa patrie et
son prince.

» On a encore reproché aux accusateurs du
maréchal, de l'incertitude, des variations dans
leur conduite ; on a prétendu que l'ordonnance
du 12 avait détruit celle du 11 ; on a feint de ne
pas remarquer que l'une n'était que la conséquence de l'autre, et qu'elle lui servait de complément.

» On s'est trompé lorsqu'on a avancé que cette
seconde ordonnance du 12 avait été rendue à la
requête du maréchal Ney. Lorsque le Roi l'a
signée, il n'avait reçu ni pu recevoir aucune requête de l'accusé. C'est de son propre mouvement que S. M. a rendu l'ordonnance du 12 ; c'est
à la générosité, à la spontanéité du prince, si je
peux ainsi parler, qu'il faut l'attribuer.

» La deuxième ordonnance n'annule point la
première. Cédant à une bonté, qu'on trouvera
peut-être excessive, le monarque a rendu cette
ordonnance, destinée, d'ailleurs, à achever ce

que celle du 11 n'avait fait que commencer. On a fait simplement d'abord un premier pas, puis un second pas ensuite : il y a eu progression, et non pas variation.

» Je relèverai ici une inconvenance qui n'a sans doute pas échappé à l'assemblée; on a affecté d'attribuer aux ministres, afin sans doute de pouvoir les combattre plus à l'aise, les ordonnances de S. M. : ce ne sont point des actes des ministres, ce sont des ordonnances du Roi.

» Bientôt s'est élevée une grande discussion, sur laquelle on nous a donné beaucoup de détails; on a analysé des idées, établi des divisions et des subdivisions, et tout cela pour en venir à cette objection qu'il y a de votre part, pour juger le maréchal, défaut de pouvoir, attendu le défaut d'une loi. Pour atteindre le but désiré, on a entassé de petits raisonnemens, que je vais discuter et anéantir. Afin de révoquer en doute votre existence légale comme cour de justice, jusqu'à ce qu'une loi vienne régler les formes que vous devez suivre, on nous cite divers articles de la charte. Hé bien, ouvrons-la cette charte, et relisons l'article 34; il porte :

« Aucun pair ne peut être arrêté que de l'au-
» torité de la chambre, et jugé que par elle en
» matière criminelle. »

» N'est-ce pas là précisément le cas où se trouve le maréchal Ney ? N'est-ce pas par la chambre des pairs qu'il doit être jugé, ainsi que le prescrit la charte ?

» On ne nie point, il est vrai, le pouvoir foncier de la chambre : c'est seulement au sujet des formes à suivre qu'on élève des doutes; et l'on demande une loi organique à cet égard.

» L'article 56 de la charte, sur lequel on a aussi

fait des argumentations, veut que, lorsqu'il s'agit d'une accusation contre les ministres, des lois particulières spécifient le délit et en déterminent la poursuite. Mais ici il ne s'agit que d'une nature de crimes particuliers, qu'il faut désigner, et ce n'est point là l'espèce présente.

» Dans ce cas, d'ailleurs, il n'y aurait point d'inconvénient à attendre une loi, et il y en aurait beaucoup dans ce moment; car la justice ne doit jamais être interrompue : on ne la suspendit jamais en vain.

» Mais admettons pour un moment l'hypothèse bizarre où l'on voudrait que l'accusé se trouvât placé. Supposons qu'on soit fondé à réclamer la loi qu'on sollicite. Comment peut-elle exister cette loi ? Elle exige le concours des trois branches du pouvoir législatif; elle ne peut pas être rendue sans la volonté de la chambre. Hé bien! supposons que vous ou MM. les députés vous voulussiez user d'un droit constitutionnel qui vous est acquis, celui de ne pas adopter une loi projetée qui vous est présentée; si vous refusiez constamment votre approbation à cette loi qu'on demanderait, il en résulterait, d'après le système de l'accusé, qu'il ne pourrait jamais être jugé. Et, par une autre supposition, que je vous prie de me permettre, s'il arrivait que quelqu'un de MM. les pairs se rendît coupable d'un crime, il ne pourrait donc non plus jamais être jugé, puisqu'il n'y aurait pas de loi qui déterminât les formes dans lesquelles il devrait l'être? Ainsi, après avoir trahi son prince et son pays, un pair ne pourrait pas être atteint par la justice; il jouirait en paix de l'impunité; ou bien si vous admettiez seulement que la loi devrait être rendue avant de le mettre en jugement, il pourrait, profitant d'un intervalle indispensable, et à l'abri d'une indépendance que vous aurez toujours intérêt de maintenir, il pourrait emporter au dehors les fruits de ses forfaits.

» Certes, il serait superflu de pousser plus avant de pareils raisonnemens; leur absurdité me dispense d'en continuer la réfutation.

» Je soutiens que vous n'avez besoin d'aucune loi pour juger M. le maréchal Ney. Le Roi a déterminé par ses ordonnances le mode que vous devez suivre pour procéder. Vous avez déjà accueilli, adopté ce mode qui vous a été tracé, et (je ne fais ici qu'émettre une opinion qui m'est personnelle) peut-être aviez-vous le droit de modifier, de rejeter même ces formes qui vous ont été présentées. Mais, je le répète, vous avez déclaré que vous pouviez, que vous deviez vous y conformer. Ainsi vous avez déjà jugé la question.

» J'ajoute, au surplus, qu'en prescrivant les formes à suivre, S. M. n'a fait qu'user d'un droit bien constant que lui a donné la charte; elle porte, article 14, que « le Roi fait les règlemens » et ordonnances nécessaires pour l'exécution » des lois et la sûreté de l'État. »

» Ainsi donc, puisque la loi qu'on demande n'existe pas, puisque d'ailleurs elle ne serait qu'explicative d'une loi fondamentale, le Roi a pu et a dû y suppléer par ses ordonnances.

» Je ne m'arrête point aux autres exceptions qu'on prétend découvrir, au sujet d'officiers ministériels et de divers autres petits moyens de nullité qu'on a invoqués. Je n'abuserai pas plus long-temps de vos instans : je me résume, et je conclus, au nom des commissaires du Roi, à ce qu'il soit procédé incontinent au jugement du maréchal Ney, et qu'il soit enjoint par la chambre, à ses défenseurs, de présenter sans délai les

autres moyens qu'ils ont à faire valoir dans l'intérêt de l'accusé. »

M. Dupin se lève alors et réplique ainsi à M. le
commissaire du Roi :

« Au lieu de répondre aux argumens que nous
avions présentés en faveur de l'accusé, on les a
traités de minutieux, et l'on s'est borné à des observations générales.

» M. le maréchal Ney sait bien que nulle part
il ne pourrait trouver un tribunal plus auguste
que celui devant lequel il a été traduit ; mais ce
n'est point une raison pour qu'il renonce aux
droits sacrés et incontestables que lui donne la
charte constitutionnelle. Ce n'est pas une raison
non plus pour que ses juges se décident à prononcer sur son sort sans que les formes qu'ils
doivent suivre pour le juger soient établies d'une
manière fixe et précise, sans qu'une loi, car une
loi seule peut le faire, régularise le mode de procéder ; ce n'est pas une raison enfin pour que ces
mêmes juges rejettent des formes indispensables
destinées à mettre leur conscience à l'abri de
tous reproches.

» On voudrait faire croire que toutes nos objections n'ont d'autre but que d'éluder le jugement. C'est la charte à la main que nous argu-
menterons, ou plutôt, c'est la charte elle-même
qui veut, qui réclame, qui exige impérieusement
la loi que nous demandons.

» Dans une affaire criminelle surtout, il y a
une grande différence entre le fond et la forme,
et tous les raisonnemens qu'on vient de développer tendent évidemment à confondre ces deux
choses distinctes.

» La chambre existe comme juge du fond, en
vertu des articles 33 et 34 ; mais c'est aussi en

vertu de ces articles qu'elle ne peut prononcer sans une loi qui règle la forme, sans une loi qu'aucun autre acte quelconque ne saurait remplacer. L'article 33 est bien précis sur ce point : « La chambre des pairs connaît des crimes de » haute trahison et des attentats à la sûreté de » l'état, *qui seront définis par une loi* ». C'est donc une loi, et rien qu'une loi qu'il faut pour définir le crime dont le maréchal est accusé, et conséquemment pour établir les formes à suivre pour le jugement. Tous les raisonnemens possibles viennent se briser contre cet article si clair et si précis de la charte.

» On argumente de l'article 56, qui est relatif à des crimes particuliers ; mais il y a parité entre cet article et l'article 33, en ce sens que les crimes doivent être définis par une loi, et non par une ordonnance.

» Par suite d'une supposition, on a dit que si la chambre usait de son droit de rejeter le projet de loi qui lui serait présenté, il n'y aurait plus aucun moyen d'atteindre un pair criminel. Mais avant d'être pair on est citoyen ; la pairie ne détruit pas ce titre de citoyen ; elle ne fait que le rehausser, que lui donner de l'éclat : tout citoyen est passible, lorsqu'il a commis un crime, du Code criminel, et un pair criminel retomberait nécessairement sous l'empire du code qui est commun à tous les Français. C'est ici le fond de la chose, et non la forme. Encore un coup, il ne faut pas confondre ces deux choses si différentes.

» Au surplus, Messieurs, où l'on veut que vous soyez un tribunal spécial ordinaire, et alors il vous faut une loi qui établisse, qui régularise les formes que vous devrez suivre ; ou bien on prétend vous assimiler aux tribunaux spéciaux extraordinaires qui sont établis pour juger seulement les vagabonds, les criminels déjà condamnés à des peines infamantes.

» Et c'est un maréchal de France, un homme révêtu des premières dignités de l'état, un guerrier illustré dans cent combats, que vous prétendriez juger à l'égal d'un de ces êtres réprouvés, nourris dans le crime et la perversité !

» C'est, dit-on, au gouvernement qu'appartient le droit de faire des réglemens pour l'exécution des lois : la charte est là pour répondre à cette objection.

» C'est la première fois qu'il s'agit d'aussi grands intérêts liés à l'exécution de la charte; pour la première fois vous ne voudriez pas déroger à cette loi fondamentale qui assure et garantit les droits et la liberté de tous les citoyens.

» Messieurs, vous tenez entre vos mains la balance de la justice; si d'un côté on met l'influence et le poids que doivent avoir des paroles proférées au nom du gouvernement, de l'autre nous plaçons la charte constitutionnelle. »

M. le président annonce que la chambre va se retirer dans la salle du conseil pour délibérer.

A six heures moins un quart, la chambre rentre dans la salle d'audience.

M. le président prononce le jugement suivant :

« La chambre, faisant droit sur les conclusions
» du commissaire du Roi, sans s'arrêter ni avoir
» égard aux moyens présentés dans l'intérêt du
» prévenu, s'ajourne à jeudi prochain, 23 no-
» vembre, maintient les assignations des témoins,
» ordonne que l'accusé sera tenu de présenter
» cumulativement ses autres moyens de défense,
» s'il en a, sur la question préjudicielle, sinon

» elle passera outre pour continuer les débats sur
» la question de fond et rendre le jugement. »

M. le président ajoute en s'adressant aux huissiers : « Faites retirer l'accusé. »

M. Berryer. M. le président, j'ai l'honneur de
vous faire observer que d'ici à jeudi prochain il
sera impossible de faire donner des assignations
à tous les témoins à décharge.

M. le président. Vous avez entendu le jugement.—Les étrangers sont invités à se retirer.

Il est six heures. Le public se retire. MM. les
pairs restent en séance.

Ce fut ce jour même, 21 novembre, à minuit,
que la cour d'assises de Paris condamna à mort
M. le comte de Lavalette, comme coupable de
trahison envers l'état. La nouvelle en parvint peu
d'heures après jusqu'au maréchal, au fond de sa
prison. Il en conçut les plus sinistres pressen-
timens.

Séance du 23 novembre.

L'affluence du public dans les tribunes qui
lui étaient réservées était plus grande encore à
cette séance qu'à la première. Il semblait que
l'intérêt qu'inspirait une cause aussi importante,
aussi solennelle, crût avec les développemens de
son instruction, et qu'à mesure qu'elle avançait
vers l'événement qui en devait décider l'issue,
les sentimens qu'elle excitait devinssent plus pressans. Il était aisé, dans l'assemblée, de remarquer
sur toutes les physionomies attentives que l'émotion de la curiosité n'était pas l'unique expression
des spectateurs, et qu'ils étaient fortement do-

minés par des sentimens plus graves, plus im-
posans, plus religieux.

La cour est entrée en séance à onze heures;
la garde nationale faisait, comme à la séance du
21, le service exclusif de l'intérieur. M. le maréchal Oudinot, commandant en chef, était dans
l'enceinte long-temps avant que MM. les autres
pairs fussent rassemblés.

Les mêmes secrétaires étaient placés au bureau;
les mêmes dispositions étaient observées pour la
place de l'accusé, de ses défenseurs, de M. le
procureur-général; le nombre des témoins était
augmenté, de seize il était porté à vingt-huit;
plusieurs étaient assignés à décharge par M. le
maréchal Ney. On remarquait dans le nombre
une dame, la seule qui fût admise dans cette
enceinte.

M. le garde-des-sceaux, M. de Cazes, occupaient le banc des ministres.

Après l'appel nominal, qui a constaté l'absence
de quatre pairs, MM. les comtes Lanjuinais,
Boissy-d'Anglas, de Muy, Porcher de Richebourg, M. le président a dit à l'accusé : On vous
accorde la faculté de présenter vos moyens préjudiciels, autres que ceux qui ont été produits
dans la première séance; vous pouvez les exposer.

M. le maréchal s'est levé, en indiquant que son
défenseur allait prendre la parole.

Me BERRYER a dit : Monseigneur, nosseigneurs
les pairs,

« Mes conclusions tendent à ce qu'il plaise à la
cour :

« Déclarer la procédure tenue, à partir de
l'arrêt du 13 novembre dernier, nulle et de nul
effet; en conséquence, ordonner qu'elle sera recommencée en la forme voulue par la loi,

» Tous autres moyens réservés.

» Par votre arrêt du 21 novembre, deux dispositions sont prononcées : la première est d'écarter l'exception préjudicielle par laquelle nous avons demandé que l'instruction à suivre fût régularisée par une loi ; la seconde a été d'ordonner que nous proposerions cumulativement nos autres moyens d'exceptions et de nullités : ainsi, quand nous apportons des exceptions dans le droit commun, nous avons l'espérance de les voir accueillir.

» Le maréchal n'a imaginé aucun des moyens d'exception que nous faisons valoir devant vous ; il n'éprouve d'autre besoin, d'autre empressement que celui de se justifier ; mais nous, ses défenseurs, nous ne pouvons transiger avec aucun des moyens qui s'offrent à l'accusé : notre devoir nous en fait une loi. »

Il a présenté successivement cinq moyens de *nullité* basés sur ce que le premier arrêt de la chambre n'avait pas été revêtu de la signature de tous les membres ; sur ce qu'il n'y avait pas eu de prononcé de *mise en accusation ;* que l'acte d'accusation avait été dressé prématurément, c'est-à-dire qu'il portait une date antérieure à l'arrêt qui l'ordonnait ; que l'acte d'accusation n'avait pas été valablement signifié à l'accusé ; enfin, sur ce qu'on ne lui avait pas laissé le temps accordé par la loi pour faire valoir ses moyens préjudiciels et faire entendre ses témoins à décharge.

« Daignez pardonner, Messieurs, a-t-il dit en finissant, les détails minutieux que j'ai dû m'imposer. Lorsque le moment sera venu de traiter la question dont la solution décidera le sort du maréchal, j'aborderai franchement et avec confiance cette grande et importante discussion. J'espère vous démontrer que s'il eût un moment d'erreur, ce guerrier illustré par tant de hauts faits et tant de gloire, aura de justes droits à la noble commisération de la chambre, et qu'il est encore digne de l'estime publique. »

M. Bellart. Les commissaires du Roi voudraient que les paroles qui viennent de terminer cette discussion des formes exprimassent une espérance générale! Puissions-nous tous partager la confiance qui semble animer les défenseurs de l'accusé; compter qu'on nous prouvera son innocence, et croire que, de cette épreuve, sa vertu sortira brillante de justification! Hélas! nous serions tous soulagés d'une oppression pénible! Puissions-nous, en effet, apprendre qu'il ne s'est point rendu coupable de la défection la plus odieuse et la plus féconde en malheurs...... Nous attendrons.

« Nous allons d'abord examiner les moyens de nullité qu'on nous propose.

» L'esprit pourrait être révolté de cette affectation de disputes sur les formes, de cette petite guerre de postes, et de quelques chicanes misérables; nous sommes loin de partager cette fâcheuse prévention. Tout est respectable dans la défense d'un inculpé. Si toutes nullités alléguées pouvaient justifier l'innocence, il serait juste de venir ainsi à son secours; mais est-il vrai qu'on n'a point rempli à l'égard de cet illustre accusé toutes les formalités qu'on accorde au vulgaire des prévenus : j'établirai qu'on les a étendues en sa faveur plus qu'on n'a fait envers personne. »

M. Bellart a repris tous les moyens de nullité présentés, et a cherché à prouver qu'ils étaient mal fondés.

Que gagnerait l'accusé, ajoute-t-il, à faire déclarer que ces actes sont nuls? Veut-il qu'on les recommence et qu'on laisse planer sur sa tête une plus longue prévention? Il est évident que l'instruction écrite n'est pas faite pour l'accusé; au grand jour des débats, cette instruction ne doit plus reparaître; la déposition orale de l'accusé recommence.

Je me résume, messieurs: les moyens de nullité se puisent dans une législation qui n'est pas applicable à la chambre des pairs, devant un tribunal unique, suprême, et qui doit prononcer en dernier ressort. Reste à répondre à la privation des témoins à décharge. Les défenseurs veulent établir, si nous les avons compris, leur justification sur deux points. Marquer la différence de conscience qui a appartenu au maréchal Ney, avant et après le 14 mars. Ils veulent dire qu'ils feront excuser par la chambre la surprise d'un crime. Ils veulent écarter le soupçon révoltant, qu'en baisant la main d'un monarque généreux; il portait déjà la trahison dans son sein. Si les commissaires voulaient émettre une rigueur, étrangère au cœur du monarque, ils diraient que ce qu'on vient de dire est imaginaire; M. le maréchal Ney a subi déjà les chances d'un premier tribunal. Il a déjà vu, pour ainsi dire, l'heure suprême. Il ignorait le secret de ses juges. Si la compétence eût été écartée, il devait plaider devant eux, et ses moyens devaient être prêts.

Comment se fait-il qu'il ait besoin encore de préparations et de délais? Hé bien! oui; que le maréchal prouve qu'il ne fut si coupable qu'après l'époque fatale du 14 mars; il serait trop honteux qu'un homme, couvert de palmes, qui a reçu des marques si positives d'une bienveillance qui s'est manifestée par des bienfaits publics et des témoignages du cœur, dans le temps qu'il posait

sa bouche sur la main royale, méditât de sacrifier l'honneur et son pays. Il veut n'avoir trahi
le Roi que le 14 mars; nous y consentons : l'honneur français réclame sa propre justification. Il
nous sera doux de supposer qu'il n'a été égaré
qu'après le 9; le fardeau est encore assez pesant.
Nous supposerons que, dans la nuit du 13 au 14,
il a commencé seulement son crime; il n'a pas besoin de faire une justification qu'on lui accorde,
de s'excuser sur la culpabilité dont nous consentons à l'absoudre.

Les commissaires du Roi requièrent que, sans
s'arrêter aux moyens proposés par le maréchal
Ney, il soit passé outre, et que les débats soient
ouverts.

Après une pause de quelques minutes, M. Dupin a la parole :

Monseigneur, et messieurs,

Une procédure civile ou criminelle est ou n'est
pas régulière, suivant l'observation des formes
et des lois. Nous nous bornerons donc à comparer ce qu'a dû faire et ce qu'a fait le magistrat.

L'ordonnance a dit : « Le procureur-général,
commissaire de S. M., *poursuivrait*, » elle n'a
pas pu dire autre chose, si ce n'est qu'il poursuivrait selon les formes et non arbitrairement; que
les huissiers ne dateraient point leurs exploits,
et qu'il serait passé sur les formalités les plus ordinaires.

Revenant sur la première nullité, il cherche à
établir qu'elle était valide; sur la seconde, il insiste sur la différence qui existe entre être *en
accusation*, ce qui peut être fait par un simple
accusateur, ou en état de *mise en accusation*, sur
ce qu'il est défendu au ministère public de pour-

IIᵉ partie   6

suivre qui que ce soit avant cet état de mise en accusation, irrégularité qui entraînerait des peines terribles, si la pureté de son intention pouvait être suspectée. Il prétend que n'ayant pas été mis en accusation, tous les actes sont irréguliers. Il examine ensuite si l'organisation de la chambre n'était point compatible avec les dispositions généreuses qu'accordent tous les tribunaux aux citoyens. Il cherche à prouver qu'il était utile qu'elle se divisât en bureaux; qu'en effet cette majesté, qui lui eût été ôtée, eût préjudicié aux intérêts de son client, mais qu'elle devait ensuite se former en comité général : il répète qu'il y a nullité dans toutes les poursuites.

Sur le troisième moyen, il prétend que la signification n'est pas valable : elle a été faite par un officier qui devait s'astreindre aux formes consacrées. C'est le délai qu'elle accorde que nous sollicitons tous. Les témoins à charge sont réunis; ils le sont tous. Et ceux à décharge, où sont-ils ? Nous n'avons eu que quarante-huit heures pour leur donner signification.

Nous étions prêts, nous dit-on, devant le conseil de guerre...... Mais, là, nous avions eu le temps de nous préparer; et de cette instruction il ne nous reste rien. Pouvions-nous assigner nos témoins hier, pour les faire comparaître aujourd'hui? Il y a des difficultés physiques devant lesquelles nous avons dû être arrêtés, et qu'il est impossible qu'on refuse de reconnaître. On semble, par une concession généreuse, nous accorder le point que notre innocence est prouvée avant une certaine époque. Cela ne suffit pas; nous ne voulons pas d'une justification anticipée, et par conséquent incomplète. Vous voulez passer à la proclamation du 14, et nous voulons développer les circonstances qui l'expliquent.

Vous voulez placer notre tête sous la foudre ; et nous, nous voulons expliquer comment l'orage s'est formé.

M. Bellart. Je n'abuserai pas plus long-temps des momens de l'assemblée. L'ordonnance du 12 n'a point laissé la marche de l'instruction à l'arbitraire du procureur - général. Elle a entendu que la chambre parcourrait les dispositions qu'elle a indiquées. Signifie-t-on jamais l'acte d'accusation à une chambre de mise en accusation? Le Roi exclut la mise en accusation par l'ordonnance acceptée.

Si des dépositions des témoins devait résulter sa justification, nous serions les premiers à les lui fournir. Mais dira-t-il qu'il n'était pas à Lons-le-Saulnier ? Fera-t-il établir qu'il n'a pas lu la proclamation séditieuse, qu'il n'a point passé à l'ennemi à la tête de l'armée? Si c'est là un simple moyen dilatoire, la société tout entière demande une réparation prompte et légitime. Ce moyen doit être écarté. Je n'ajoute plus qu'un mot, et c'est pour répéter qu'il devait avoir tous ses moyens préparés. La procédure au conseil de guerre a été longue, et trop longue. Il a pu rapprocher toutes ses justifications. Les commissaires du Roi persistent dans leur conclusion.

M. le président. L'accusé doit avoir le dernier la parole.

M. Berryer. Ce n'est point seulement pour les événemens postérieurs au 14 mars, mais pour témoigner sur les événemens des jours précédens, sur les circonstances même de cette journée encore si peu connue. Nos témoins sont des témoins simultanés, des témoins de *visu* de la proclamation et de ses effets.

M. le président. Pour faire droit aux réclamations proposées, la chambre des pairs va délibérer. — Faites retirer l'accusé.

Il est deux heures trois quarts.

Après une heure et demie de délibérations, les membres rentrent en séance.

M. le président. La chambre des pairs faisant droit aux conclusions de MM. les commissaires du Roi, et sans s'arrêter sur les moyens particuliers et mal fondés, présentés par les défenseurs du maréchal, ordonne qu'il sera passé outre, et que les débats s'ouvriront.

Les témoins sont-ils tous présens ?

M. Berryer. Ils n'y sont pas tous. Je demande à la cour de vouloir bien m'accorder un délai quelconque.

M. le président. Sont-ils assignés ?

M. Berryer. Ceux qui sont à Paris.

M. le président. Quels sont ceux que vous tenez particulièrement à faire convoquer ?

M. Berryer. M. Passinges, baron de Préchamps, chef d'état-major ;

Le marquis de Soran, aide-de-camp de S. A. R. Monsieur. Il est arrivé deux jours avant le 14 auprès du maréchal.

Il existe au ministère de la guerre une note des mesures proposées au gouvernement par le maréchal dans ces circonstances périlleuses. Il est utile qu'elle soit consultée.

M. le président. La chambre se la fera représenter. Attachez-vous à ceux des témoins qui peuvent être entendus.

M. Berryer. M. de Saint-Amour, attaché au ministère de la guerre. On le disait à Paris. Il paraît qu'il est employé par les ministres. On ne sait pas le lieu précis de sa résidence, et nous

l'avons cherché en vain. C'est lui qui fut chargé
par le duc de Dalmatie de porter au maréchal
Ney l'ordre de quitter sa terre des Coudreaux
pour se rendre à son gouvernement de Besançon. Il est essentiel de l'entendre sur les explications et renseignemens qu'il a donnés, ou sur
lesquels il a gardé le silence.

M. le baron de Mongenet, maréchal-de-camp,
commandant d'artillerie à Besançon. Il est urgent
de l'entendre sur l'ordre prétendu donné par le
maréchal de désarmer les places qui pouvaient
opposer une résistance à l'usurpateur.

M. Bertrand Bessière, qui se trouvait auprès
du maréchal.

M. le lieutenant-général comte Heudelet, ré-
sidant à Dijon.

Il a eu une correspondance très-active avec le
maréchal, dans laquelle il lui parlait de l'esprit
public et des dispositions de chacune des classes
en particulier. Il paraît être chargé du commandement de la 24ᵉ division militaire à Nancy.

M. le président. Précisez les délais que vous
demandez.

M. Berryer. Je pense que la huitaine est le
terme le plus court que nous puissions invoquer.
Nous nous en rapportons d'ailleurs à la justice de
la chambre. Si le ministère public voulait nous
seconder, il me semble que les commissions rogatoires, et les auditions de témoins sollicitées
par lui, auraient un caractère d'injonction plus
pressant.

M. Bellart. Quand un débat est indiqué et surtout ouvert, il n'est plus possible de l'interrompre.
Le ministère examine quels sont les témoins qu'il
faut entendre. Si les témoins sont absens, l'accusé
doit demander une prorogation pour l'ouverture

des débats. Mais le débat est ouvert, il faut qu'il
se poursuive. Que demande-t-on ? Un délai ? Ce
qui est hors de toutes les formes ; les témoins ont
été entendus en commission rogatoire. Si le maréchal prétend qu'on les lise, cette satisfaction
devra lui suffire.

Je fais observer que le ministère public règle
seul le choix des témoins. Sans doute nous nous
prêterions à des détails d'instruction qui pourraient être favorables à sa cause ; mais ici tous
deviennent inutiles. On ne demande point ces
délais pour l'intérêt de la cause, mais seulement
pour faire triompher un moyen dilatoire. Par respect pour les lois, le débat doit être poursuivi.

M. Dupin. Le débat n'est pas ouvert ; il ne l'est
pas, car la réquisition du commissaire du Roi
tend à le faire ouvrir. Ceci est une argumentation
subtile et subversive de tous nos intérêts. On a
cité les cours d'assises. Hé bien ! les cours d'assises
se tiennent de trois mois en trois mois, et par conséquent on a le temps de pourvoir à sa défense.

C'est le 18 que l'acte a été signifié. Pouvions-
nous donc, avant la notification, faire assigner des témoins ? Je réduis la cause à cette
seule question : avons-nous pu, en passant les
jours, les nuits, en consacrant notre existence
tout entière à la défense du maréchal Ney, arriver au complément de tous ses moyens de défense ? Non, messieurs, non ; tous les témoins
à charge sont là, je le répète, et nous n'avons
point ceux qu'il est important de faire entendre.
C'est du choc que doit naître la lumière !

On nous propose des renseignemens écrits.
Sont-ils suffisans ? Ce n'est pas tout d'être déchargé de l'accusation du crime avant le 14 ; il
faut que la cour entende et juge les circons-

tances antécédentes. Depuis le 18, en quatre
jours, on veut qu'il soit possible que vous adop-
tiez que nous avons pu produire nos moyens.
Nous nous reposons sur la justice de la cour,
nous nous confions à la diligence du ministère
public.

M. Bellart. Est-ce donc la première fois que
le maréchal est inculpé? Tout n'était-il pas préparé pour sa première défense? On argumente
d'une considération qui n'est pas fondée. Le ministère prêterait volontiers son intercession; mais,
encore une fois, elle serait inutile aux intérêts de
l'accusé. Nous persistons pour qu'il soit passé
outre.

M. Berryer. Devant le conseil de guerre, il
n'est dressé aucun acte d'accusation ; nous n'a-
vons donc pas été instruits des chefs de l'accusation. On n'a jamais instruit un procès criminel
sur la commune renommée. Le maréchal sait
bien qu'il pèse sur lui une prévention funeste et
un soupçon trop général pour ne pas être accablant ; mais ce n'est pas là un texte pour instruire
contre lui hors des formes.

M. le président. La chambre des pairs va délibérer.

Il est cinq heures un quart. MM. les pairs se retirent dans la salle de leurs délibérations.

A six heures un quart la chambre rentre en
séance.

L'accusé est présent.

M. le chancelier, président, prononce le jugement suivant :

« La chambre des pairs, faisant droit sur la
demande de l'accusé, d'ajourner à tel jour qu'il
lui plairait de fixer l'ouverture des débats, pour

faire entendre les témoins à la requête du maréchal,

» Après avoir entendu le commissaire du Roi,

» Maintient les exploits d'assignation donnés le 19 de ce mois, et ajourne au lundi 4 décembre prochain, pour tout délai, l'examen, l'ouverture des débats, et le jugement. »

M. le président donne ordre que le public se retire, et la séance est levée.

Séance du 4 décembre.

Le public a été admis dans la salle à huit heures; la séance a commencé à onze heures moins un quart.

MM. les pairs venaient de prendre, en comité secret, une délibération fort importante, celle de ne donner force de décision, dans la cause qu'ils allaient juger, qu'aux cinq huitièmes des voix délibérantes; en telle sorte que si les membres de l'assemblée étaient au nombre de cent soixante, il faudrait cent votes uniformes pour composer la majorité; pour l'absolution, la majorité simple suffira.

On assure que cette décision a été sollicitée par M. Dupin, l'un des défenseurs de l'accusé, dans un mémoire où il traite cette importante question.

M. le président. Que les témoins soient introduits; faites venir l'accusé.

Les témoins et l'accusé entrent; l'accusé est escorté par des grenadiers royaux : sa contenance est pleine d'assurance et de dignité.

M. le président. Quels sont vos nom, prénoms, âge, titres, qualités et domicile?

L'accusé. Je me nomme Michel Ney, maréchal de France, né à Sarre-Louis.

M. le secrétaire archiviste, faisant fonctions de greffier de la chambre, relit l'acte d'accusation que nous avons donné en entier.

M. le président. Que MM. les témoins se retirent dans la salle qui leur est destinée, et n'en sortent que pour comparaître devant l'assemblée, lorsqu'ils y seront appelés.

On passe à l'appel nominal; tous les membres sont présens, excepté le général comte Dambarrère, retenu par une indisposition.

M. le président. M. le procureur-général, commissaire du Roi, a la parole.

M. Bellart. Messieurs, la lecture de l'acte d'accusation retrace les griefs imputés à M. le maréchal Ney; je ne pense pas devoir insister sur un tableau déjà si fâcheux, recommencer des plaintes nouvelles, éterniser le déplorable sentiment que fait naître le scandale de cette procédure. Je crois de l'intérêt de la justice, comme de celle de la justification même de l'accusé, d'abréger les longueurs d'une information depuis long-temps commencée. Je demande que les débats soient ouverts; que la présence des témoins soit constatée.

M. le greffier de la chambre donne la liste des témoins ainsi qu'il suit :

Témoins assignés à la requête du ministère public.

MM. le duc de Duras, Mangin, Pantin, Perrache, de Félix, le comte de Rochemont, de Beausire, le duc de Reggio, le baron Clouet, le comte de Faverney, le prince de Poix, le comte de Scey, le comte de la Genetière, le colonel de

Grivel, le comte de Bourmont, de Balincourt, Chamoilles de Frénoy, le chevalier Grisot, Tumerel de Lécourt.

Les témoins composant cette première liste sont tous présens.

Témoins à la décharge de l'inculpé, et assignés à la requête du ministère public.

MM. le duc de Mailbé, le baron Pressinges de Préchamp, le comté de Ségur, de Hange de Bourcier, Boulouze, le baron Capelle, le marquis de Vaulchier, le chevalier Durand, madame Maury, sont présens.

Sont absens : MM. le baron Mermet, le baron Gauthier, le marquis de Sauran, Regnaud de Saint-Amour, Cayrol, le baron de Mont-Genet, Bessières, Guye, le comte Hendelet, le duc d'Albuféra.

M. Bellart. Je dois une explication à la chambre relativement à l'absence de M. le duc d'Albuféra ; il paraît qu'il est retenu dans son lit par une indisposition grave ; il a écrit à M. le chancelier, aux défenseurs de M. le maréchal, à moi-même, pour déclarer qu'il s'en tenait textuellement à une déposition écrite qu'il a envoyée. Pour ma part, je ne trouve nul inconvénient à ce que sa déposition soit lue et prise en considération, s'il y a lieu.

M. Berryer. Nous la regardons également comme très-satisfaisante, et exposée en des termes suffisans pour éclairer la religion de la chambre.

M. Bellart. MM. les défenseurs de l'accusé ont-ils d'autres listes de témoins à produire ?

M. Berryer ayant répondu négativement, M. le président poursuit l'interrogatoire.

M. le garde-des-sceaux, M. Dubouchage, M. de

Cazes, entrent dans l'assemblée; ils occupent le banc des ministres.

M. le président. Où étiez-vous, M. le maréchal avant le 6 mars dernier?

M. le maréchal. Monseigneur et messieurs les pairs, je déclare que je vais répondre à toutes les questions qui pourront m'être faites dans cette enceinte, sous la réserve toutefois du bénéfice qui m'est attribué par l'article 12 de la convention militaire de la capitulation de Paris, et le traité du 20 novembre dernier.

M. Bellart. Les commissaires du Roi déclarent qu'ils ne peuvent admettre de pareils moyens comme défense fondamentale dans cette cause ; l'accusé peut user des ressources qu'il croit utiles, mais non pas hors des limites de la procédure.

M. le maréchal. M. le président, j'étais, avant le 6 mars, à ma terre des Coudreaux, située dans le département d'Eure et Loir.

M. le président. Pourquoi l'avez-vous quittée?

M. le maréchal. Pour obéir aux ordres de son S. Ex. le ministre de la guerre. En arrivant à Paris je ne savais rien ; on peut demander à M. le duc de Montmorency, ici présent, et habitant alors une terre voisine de la mienne, si la moindre connaissance des événemens qui occupaient Paris circulait encore dans nos provinces. Mon notaire fut, en arrivant, le premier qui m'aborda avec ces mots : Savez-vous *la grande nouvelle?* J'ai vu le ministre de la guerre, mais après avoir rendu mes devoirs à S. A. R. monseigneur le duc de Berri.

M. le président. Quelles furent les explications que vous donna le ministre?

M. le maréchal. Il ne me donna aucune explication; il parut refuser au contraire d'entrer dans des détails.

M. le président. Avez-vous vu le Roi?

M. le maréchal. J'ai vu le Roi : je ne pus d'abord, dans les premiers instans de mon arrivée, pénétrer jusqu'à lui; mais en rentrant chez moi, diverses personnes de ma famille m'assurèrent qu'il était convenable que je me présentasse devant S. M. J'insistai donc pour être admis, et je le fus. Le Roi ne savait, ou ne se rappelait point les ordres donnés par le duc de Dalmatie, et ne m'entretint d'aucunes dispositions militaires. On a dit que j'avais donné l'assurance que je ramènerais Bonaparte dans une cage de fer; ceci n'est point exact, et serait une sottise : j'ai dit qu'en hasardant une entreprise si folle, il mériterait, s'il était pris, d'être enfermé dans une cage de fer; mais je ne me suis point chargé, moi, de l'exécution. Dussé-je être passé par les armes et déchiré en lambeaux, je suis prêt à confirmer cette déclaration.

M. le président. Reconnaissez-vous les ordres qui vous ont été transmis par le ministre de la guerre?

Un huissier de la chambre présente à M. le maréchal différens papiers qu'il examine.

M. le maréchal. Oui, je les reconnais.

M. le greffier donne lecture de ces ordres; ils portent en substance que le prince de la Moskwa se rendra dans son gouvernement de Besançon, et fera quelques dispositions relatives au cantonnement des troupes et à la garnison de plusieurs places.

M. le président. Accusé, quelle fut votre conduite à Besancon?

M. le maréchal. Je n'avais rien à faire à Besancon. J'y commandais des dépôts. J'y serais resté les bras croisés; je me rendis le 12 à Lons-le-Saulnier.

M. le président. Qu'avez-vous fait à Lons-le-Saulnier?

M. le maréchal. J'ai rappelé aux troupes, là et partout où je les rencontrais sur la route, leurs sermens à l'autorité royale.

M. le président. Que s'est-il passé depuis?

M. le maréchal. Des émissaires de Bonaparte arrivèrent de toutes parts, et m'ont circonvenu; quelques-uns étaient des officiers de la garde déguisés; c'est à tort que dans l'instruction il a été établi que l'un d'eux était manchot, il était seulement blessé au bras; ils m'ont tous dit, m'ont tous assuré, que l'Autriche et l'Angleterre étaient d'accord avec Napoléon; que j'étais responsable de la guerre civile et du sang français qui pourrait être versé. Jusqu'alors j'avais été fidèle; il n'a pas fallu moins que des considérations de cette valeur, et le nom si sacré de la patrie, pour me faire oublier mes engagemens. On a dit, et le ministère public a répété, que j'avais hésité quand le Roi m'avait présenté sa main: je déclare que les sentimens qui me l'ont fait prendre, avec respect, étaient dans mon cœur; que je n'ai point dissimulé. J'ai pu être égaré, jamais perfide.

M. le président. Pourquoi n'avez-vous pas conservé la lettre qui fut écrite par Bonaparte ou par le général Bertrand?

M. le maréchal. Je n'en ai pas été le maître: madame la maréchale, dans un moment d'affliction et de terreur bien explicables dans une femme, avait ordonné qu'on les brûlât. Je ne suis arrivé à Paris que le jour même où Labé-

doyère a été fusillé. Je n'ai pu sauver ces papiers, je les regrette; ils contenaient des détails qui m'auraient été profitables.

M. le président. Reconnaissez-vous cette proclamation? (On lui présente une feuille imprimée).

M. le maréchal. Cette proclamation est fausse; elle avait été répandue, et je l'ai su depuis, avant même que j'en eusse eu connaissance. La signature qu'elle porte n'est point la mienne. Avant que je l'eusse connue, elle était imprimée à Dôle, je le suppose; mon nom ni mes qualités n'y sont point dans l'ordre que j'ai été accoutumé de signer.

M. le président. La vôtre était-elle dans les mêmes termes?

M. le maréchal. Dans les mêmes.

M. Berryer fait observer cependant que ces deux pièces manquent d'identité.

M. le président. Comment ébranla-t-on la fidélité que vous deviez au monarque, et comment vous séduisit-on?

M. le maréchal. En me disant que tout le monde savait que l'affaire de Bonaparte était arrangée d'avance; en me montrant, ce qui était une vérité, l'espèce de rage et d'enthousiasme qui emportait vers lui les soldats et les habitans des campagnes.

M. Bellart. Je prie M. le président de demander à l'accusé s'il ne lui fut pas remis, dans la nuit du 13 au 14, des plaques de la Légion d'honneur à l'effigie de l'usurpateur, et des aigles pour les drapeaux de ses régimens.

M. le maréchal. A moi, personnellement, il ne me fut rien apporté; les chefs des différens corps remplacèrent les signes royaux par des aigles et des couronnes de laurier. Nulle part les drapeaux blancs ne furent insultés.

M. Bellart. Quelles décorations portait l'accusé? Veuillez le lui demander, M. le président.

M. le maréchal. Je portais celles du Roi; je les ai portées à Auxerre; j'ai abordé Napoléon avec elles; je les ai portées jusqu'à Paris.

M. le président. Quelles actions se sont passées dans la matinée du 14?

M. le maréchal. J'étais chagrin; j'avais besoin de conseils, et je n'en eus point. Ceci deviendra évident dans les débats. Je sommai, au nom de l'honneur, MM. les lieutenans-généraux Lecourbe et Bourmont de m'aider de leurs lumières et de me prêter leur appui : je n'en obtins rien.

M. le président. Quels ordres donnâtes-vous alors?

M. le maréchal. Ceux qui me furent transmis par le général Bertrand, et qui consistaient à diriger les troupes sur Auxerre.

M. le président. N'avez-vous donné aucun autre ordre, et particulièrement à M. le comte de la Genetière?

M. le maréchal. Je ne le crois pas; je ne m'en rappelle pas.

M. le greffier, sur l'invitation de M. le président, donne lecture d'un *itinéraire* qu'ont dû suivre les troupes sous le commandement de M. le maréchal Ney, se dirigeant sur Lyon, Mâcon et Saint-Amour. Les principales dispositions de cet ordre sont que le 5e régiment de hussards ouvrira la marche; qu'une double ration de pain et de vin sera distribuée aux soldats, et une paye extraordinaire comptée aux officiers; que tous ces traitemens seront acquittés sur le trésor de l'Etat;

que les décorations militaires seront échangées; que le drapeau tricolore sera repris par l'armée.

M. le maréchal. Je crois en effet que cet ordre fut donné dans la matinée du 14. Depuis, le général Bertrand disposa absolument de la marche des troupes.

M. le président. Pourquoi aviez-vous donné ces ordres, et pourquoi ces dépenses, ces doubles rations?

M. le maréchal. Ces dispositions m'étaient étrangères; elles venaient de l'état-major de Bonaparte; je n'ai joué dans tout cela qu'un rôle secondaire. Tout le monde sait que Bonaparte en agissait ainsi, et qu'il n'était point rare qu'il donnât 50 francs, jusqu'à 100 francs par jour à ses officiers, dans des marches extraordinaires.

M. le président. Que dites-vous à M. le colonel de la Genetière? Ne lui montrâtes-vous pas une lettre, un ordre que vous disiez avoir reçu?

M. le maréchal. Je ne lui montrai point d'ordre; ce ne fut jamais ni dans la discipline militaire, ni dans mon habitude, de montrer à un subalterne les lettres que je pouvais recevoir des officiers d'un grade que je regarde comme supérieur. Un seul colonel me montra une noble résistance, et c'est M. Dubalen; je lui dois cet éloge: lui seul me proposa sa démission. « Vous êtes li-
» bre, mon cher colonel, lui dis-je; je vous con-
» seille seulement de vous retirer promptement
» pour échapper aux mauvais traitemens de vos
» propres soldats ». En effet, il se retira à Besançon.

M. le président. Avez-vous fait cette proclamation qui fut lue le 14 mars?

M. le maréchal. Jamais. On la lut à la vérité;

je l'ai lue moi-même, et je n'ai jamais cherché à dissimuler ce tort; mais je ne l'ai point signée.

M. le président. Expliquez-vous sur un ordre qui fut donné par vous d'arrêter plusieurs officiers soupçonnés de ne point partager vos sentimens.

M. le maréchal. Cet ordre, je l'avais reçu moi-même.

La pièce originale est représentée à l'accusé. Il continue : Je crois en effet que c'est celui-là. On remarquera que j'y suis appelé maréchal d'*Empire*, ce qui prouve évidemment qu'il m'était venu du quartier-général de Bonaparte. On connaît son extrême célérité à prendre toutes sortes de mesures, à prévoir toutes les conséquences. Tout le monde sait encore qu'il n'eût jamais permis, qu'il n'eût jamais pardonné qu'un maréchal arrêtât l'un de ses généraux. Je le répète; je n'ai joué qu'un rôle secondaire; toutes les mesures décisives étaient prises sans ma participation.

M. le président. N'y a-t-il pas eu quelques troubles à Lons-le-Saulnier en votre présence?

M. le maréchal. On a beaucoup parlé de ces troubles; le fait est qu'il n'y a pas eu un verre de cassé. J'ai fait venir chez moi le maître d'un café où l'on prétendait qu'on avait causé quelque dommage; je lui ai offert de l'indemniser de ma propre bourse : cet homme s'est retiré sans demander d'indemnité. Si on parle des cris, des élans de joie et de quelques rumeurs populaires, pouvais-je empêcher des femmes, des enfans, des vieillards, une ville tout entière, de manifester cette sorte d'ivresse que partout on partageait trop généralement.

M. le président. Pourquoi avez-vous donné

IIe partie   7

l'ordre au commandant de la ville d'Auxonne de rendre la place?

M. le maréchal. Auxonne était tout rendu ; le 6ᵉ régiment de hussards y était.

M. le président. N'avez-vous pas écrit à M. le duc de Bassano ?

M. le maréchal. Je l'ai fait par ordre du général Bertrand, au nom de l'empereur. J'étais chargé de lui prescrire de suspendre, à Paris, tout mouvement qui eût pu troubler la tranquillité de cette capitale ; de lui dire que Napoléon arriverait sans avoir besoin d'appui ; que sa marche était triomphale ; que son entrée à Paris ne coûterait pas une goutte de sang ; qu'il ne serait pas tiré un seul coup de fusil.

M. le président. Huissiers, faites entrer le premier témoin.

Le premier témoin entre ; c'est M. le duc de Duras. Après avoir levé la main, juré de répondre sans haine et sans crainte, il décline ses noms et qualités, et répond ainsi aux questions suivantes :

M. le président. Connaissiez-vous l'accusé avant les événemens relatés dans l'acte d'accusation ?

M. le duc de Duras. Je le connaissais ; il était venu chez moi ; je l'avais rencontré plusieurs fois chez le Roi.

M. le président. Qu'avez-vous à déposer sur les faits contenus dans l'acte dont vous avez entendu la lecture ?

M. le duc de Duras dépose qu'étant le 9 mars auprès de S. M. avec les personnes qui ont coutume de l'entourer, M. le maréchal Ney fut introduit par le premier valet de chambre : qu'il alla au devant du Roi, d'un pas assuré, parut entendre avec reconnaissance les assurances que lui donna S. M. de son extrême confiance en lui ;

qu'en se retirant il lui baisa la main, et promit de tout entreprendre pour ramener Bonaparte dans une cage de fer.

M. le président. Accusé, avez-vous quelques observations à faire sur cette déposition ?

M. le maréchal. Je croyais avoir dit que Bonaparte méritait d'être mis dans une cage de fer; et non que je voulusse l'y mettre. Il se pourrait cependant que dans le trouble où m'avait naturellement jeté ces événemens et la présence du Roi, ce mot me fût échappé ; je n'ai nulle raison de mettre en défiance les assertions de M. le duc de Duras.

On introduit le deuxième témoin : c'est M. le prince de Poix.

Présent à l'entrevue du maréchal avec S. M., il dépose dans le même sens que le précédent témoin, et affirme la vérité des mêmes circonstances.

M. le président. Avez-vous, accusé, quelques observations à faire ?

M. le maréchal. Aucune.

Le troisième témoin comparaît : c'est M. le comte de Scey, ancien préfet du Doubs, député de ce même département.

Après les réponses et les sermens, il dépose qu'il a connu l'accusé durant ses fonctions de préfet dans la 6e division militaire, qu'il se rendit chez lui à son arrivée à Besançon, pour le voir et s'informer si monseigneur le duc de Berri arriverait; que le maréchal lui demanda de l'argent et des chevaux ; qu'il tint des discours propres à lui faire penser qu'il était dévoué aux intérêts du Roi; que l'enthousiasme était général à Besançon, et les sentimens unanimes dans l'attachement à la cause des Bourbons; que la veille

les voitures de monseigneur le duc de Berri étant
arrivées, avaient été traînées en triomphe; qu'on
fit partir des canons de la forteresse; qu'on lui
dit, sur ses observations à cet égard, que ces
dispositions étaient hors des attributions de sa
place; qu'il demanda des armes pour les volón-
taires royaux; qu'il n'en trouva pas; que M. le
baron Pressinges lui dit, en parlant de Napoléon : « Il ne s'en ira pas comme vous croyez »,
et cela dans un sens et avec un ton à lui faire
concevoir des alarmes.

M. le maréchal. Je ne vous ai point demandé
d'argent; il est vrai que j'avais un bon de 15,000 fr.
donné par le ministre de la guerre sur les caisses
publiques de Besançon; mais cette affaire fut réglée par mon secrétaire et postérieurement à
mon départ de Besançon. Je vous ai demandé des
chevaux, et je le fesais dans l'esprit de mes instructions et de mes devoirs; vous ne les avez
point fournis. Rien n'est sorti de la citadelle, en
armes ou canons; vous n'avez point eu la précaution de faire distribuer des cartouches aux
troupes de passage dans votre résidence; je ne
sais pas de quel nom je dois caractériser, M. le
préfet, votre déposition, inexacte en presque tous
ses points.

M. de Scey. Je ne dis pas que cet argent fût
pour un autre emploi que celui que commandait l'intérêt public; j'ai redemandé ce bon comme
une pièce de comptabilité; il avait été envoyé
pour régulariser les comptes généraux.

M. le maréchal. Vous rappelez-vous, M. le préfet, que vous m'offrîtes 700,000 francs, et ce
que je vous dis sur cet argent mis à ma disposition ? « Que moi ni les soldats n'avaient besoin
» de rien, et que ces fonds devaient être réser-

» vés pour les urgentes nécessités qui ne pouvaient
» manquer de naître, et pour le service du Roi ».
Je crois que c'est de Besançon, M. le préfet,
qu'est partie, à son origine, cette infâme calomnie
d'avoir reçu 500,000 francs pour faire mon devoir. On ne la reproduit plus aujourd'hui, parce
qu'on a senti qu'il était trop odieux et trop ab-
surde d'accuser de pareilles bassesses un homme
tel que moi ; mais, si j'eusse été assassiné dans
mon transfert d'Aurillac à Paris, comme j'en ai
couru vingt fois les risques, mes enfans n'auraient pu se laver de cette tache. On a dit que
j'avais voulu éloigner, disséminer les gardes
nationales, je ne les ai point désunies comme
ôn le prétend ; j'ai appelé, au contraire, autour
de moi tout ce qui se sentait du courage et du
dévouement ; mais beaucoup de gens de bonne
volonté paraissent aujourd'hui, et à cette époque
il n'y en avait pas.

M. le président. Rappelez ce que vous avez ou
vu ou appris de l'enthousiasme des habitans de
Besançon.

M. le maréchal. Je sais peu de chose à cet
égard ; tout le monde, à Besançon, était, comme
ailleurs, ou morne, ou du parti de l'usurpateur.

On introduit le quatrième témoin : c'est M. de
Rochemont.

Il dépose qu'il était employé, à Lons-le-Saulnier, dans l'administration des impôts indirects ;
que le 13 mars, M. le maréchal Ney ayant fait
chercher un homme de confiance pour l'envoyer
à Mâcon sonder l'esprit public et observer les
forces de Napoléon, il s'offrit, et fut agréé ; que
M. le maréchal l'ayant fait venir chez lui, lui fit
beaucoup de questions sur les malheurs que lui
et sa famille avaient éprouvés pendant la réve-

lution; qu'il le complimenta sur la résolution où
il était de donner au Roi une preuve de son zèle;
qu'il lui demanda s'il était bien affermi dans sa
détermination; qu'ayant répondu affirmativement,
il lui fut donné une mission par écrit, et une lettre
du général Lecourbe au général Gauthier, à
Bourg; que le maréchal lui promit de rendre
compte à S. M. de la conduite qu'il allait tenir,
et de solliciter son avancement dans son administration; qu'il lui demanda encore s'il avait de
l'argent; que sur sa réponse, qu'il y avait peu de
jours qu'il avait fait un voyage de Paris, il tira
de sa poche cinq pièces de 20 francs, et les lui
donna, en lui assurant qu'il lui serait compté une
plus forte somme à Bourg, s'il en avait besoin;
qu'il alla ensuite trouver M. le préfet, marquis
de Vaulchier, qui le complimenta également;
qu'il ne put partir que le 14 de Lons-le-Saulnier;
qu'il arriva à Bourg le soir; que le général Gauthier était absent; qu'il alla chez un capitaine de
la gendarmerie, connu pour son attachement à
à la cause royale; qu'il apprit là de mauvaises
nouvelles; que l'officier voulut l'engager à retourner sur ses pas; qu'il persista à continuer son
voyage; qu'il arriva à Mâcon à onze heures du
soir; qu'à peine entré dans une auberge pour y
souper, un commissaire de police vint examiner
son passeport avec beaucoup de soin, accompagné par deux gendarmes; que le commissaire
sortit, l'un des gendarmes revint pour l'avertir
qu'il n'avait pas un moment à perdre, qu'on avait
le projet de l'arrêter; que portant sur lui une
commission écrite qui pouvait le faire fusiller, il
jugea à propos de fuir, après avoir donné deux
pièces de 20 francs au gendarme, en reconnaissance de l'avis qu'il venait d'en recevoir; qu'il fit

trois lieues à pied avant de pouvoir se procurer
des chevaux de poste; qu'il trouva sur sa route
beaucoup de troupes criant toutes *vive l'empereur!* qu'il apprit à Lons-le-Saulnier, le matin du
jour suivant, que le maréchal Ney y avait fait une
proclamation en faveur de Napoléon, et emmené
ses troupes avec lui.

M. le président. Monsieur le maréchal, quelle
était votre intention en envoyant cet émissaire?
Espériez-vous encore n'être point distrait de vos
devoirs; dans quel but le faisiez-vous agir?

M. le maréchal. Mon intention ne peut être
douteuse; je voulais, dans les intérêts du Roi,
m'éclairer sur la vérité; j'avais mis quelqu'un en
campagne, comme cela se pratique. Je n'ai aucune autre observation à faire sur la déposition
qui vient d'être faite à la chambre.

Le cinquième témoin paraît: c'est M. le comte
de Faverney.

Voici sa déposition :

Il a connu le maréchal avant les événemens du
14 mars. J'étais à Lons-le-Saulnier, dit-il, à cette
époque, et dans les journées des 10 et 11, je m'as-
surai des dispositions des gardes d'honneur que
j'avais l'honneur de commander. M. de Bourmont, que j'allai trouver, me renvoya à M. le
maréchal : M. le maréchal me dit : Il ne faut pas
amener ici vos royalistes; vous voyez bien que je
ne puis pas me battre ici; Lons-le-Saulnier n'est pas
une position militaire. Le 15, j'étais à Poligny,
où j'appris que MM. les généraux de Bourmont
et Lecourbe allaient passer; j'allai au-devant d'eux
jusques hors des portes de la ville. Les chevaux
de poste manquaient, et les voyageurs devaient
faire une halte; je les engageai à venir attendre
chez l'un des habitans, M. le Gagneur. Là, dans

le salon où nous étions réunis, le général Lecourbe nous annonça que tout était fini ; que M. le maréchal Ney avait dit que *tout était arrangé*, et que la reddition des troupes à Napoléon n'avait été pour lui qu'un jeu d'enfant.

M. le maréchal. Je prie monsieur de me dire si je ne lui ai pas parlé, à lui-même, constamment dans les intérêts de S. M. Lui, sans doute, avait de bonnes intentions, mais qu'il déclare s'il aurait pu réunir trois hommes. Quant à ce qu'on lui *a dit* que *j'avais dit que tout était arrangé*, cela ne se rapporte pas à ce que je tenais moi-même du général Bertrand.

M. de Faverney. J'avais beaucoup d'hommes qui m'avaient donné parole de marcher. Qu'on ne dise pas, sur ce que j'ai avancé touchant M. le général Lecourbe, que j'invoque le témoignage d'un mort. Il vivait quand ma déposition a été faite ; à cette époque, nous avions tous l'espoir de le voir lui-même à Paris.

M. le maréchal. Je crois qu'on devrait dire franchement qu'on ne pouvait disposer de personne à cette époque.

M. de Faverney. J'ai entendu dire encore au général Lecourbe qu'il irait trouver Bonaparte, et qu'il lui ferait de vives remontrances sur sa conduite ; qu'il déclarerait que s'il traitait encore les généraux comme il l'avait fait autrefois, on saurait bien se défaire de lui ; qu'au reste, tout était en subversion ; que si Bonaparte était tué, ils étaient cinq ou six qui voulaient être empereurs, et que la France ressemblerait à l'empire romain dans sa décadence ; le général Lecourbe a détaillé ensuite que les troupes avaient été échelonnées par le maréchal Ney, et divisées en petits pelotons pour mieux opérer leur défection et prévenir toute résistance.

M. le maréchal. Il était impossible que Lecourbe tînt de pareils discours ; il savait que les troupes étaient en marche et suivaient l'itinéraire tracé par le ministre de la guerre ; qu'ainsi il n'était pas en moi de pouvoir séparer les troupes en détache-mens partiels.

M. Bellart insiste pour qu'il soit donné par l'accusé une explication plus précise sur ce dernier point. M. le maréchal répond encore que les troupes étaient parties de Besançon à l'époque où il y arriva ; et qu'ainsi tous les ordres qu'elles ont exécutés, ont été, jusqu'au 14, apportés par le général comte Bourmont.

M. Bellart. M. le général Bourmont donnait-il donc des ordres seuls ?

M. le maréchal. Il les donnait en vertu de ceux du ministre ; j'invoquerai, à cet égard, le témoignage de M. le duc de Mailhé.

On introduit le sixième témoin : c'est M. le lieutenant-général comte de Bourmont.

Il déclare qu'il a connu le maréchal avant l'époque de sa défection, dans un voyage que fit Monsieur dans les départemens de la 6e division militaire.

J'ai fait, dit-il, à Lille, une déposition en vertu d'une commission rogatoire ; je m'étais abstenu de charger l'accusé. Je n'avais répondu que sur des faits où j'étais strictement obligé de donner des détails. Je fus retenu par la *commisération* qui s'attache à une grande infortune ; mais aujourd'hui qu'il m'attaque, qu'il a déposé que j'approuvais sa conduite et sa proclamation ; que je lui avais fait entendre qu'il faisait bien de quitter le parti du Roi pour celui de Bonaparte, je vais m'expliquer avec plus de détails : de pareils allégations touchent à mon honneur ; je parlerai, et si je l'inculpe davantage , qu'il ne s'en prenne qu'à lui.

Le 18 ; M. le baron Capelle arriva à Lons-le-Saulnier ; il vint me voir, et me dit que Bourg était insurgé. Je portai, avec lui, cette nouvelle au maréchal ; il en parut fâché.

Le 14 au matin , arriva le 8e régiment de chasseurs à cheval ; j'allai le dire encore à M. le maréchal ; il me donna l'ordre de le faire mettre en bataille.

« Hé bien, mon cher général , me dit-il ensuite , vous avez lu les proclamations que répand l'empereur ; elles sont bien faites : qu'en dites-vous ? Elles doivent avoir une grande influence sur les soldats. » Je lui répondis qu'en effet il s'y trouvait des expressions qui étaient d'un effet immanquable sur leur esprit ; telles que celle-ci : *La victoire marchera au pas de charge*, etc. — Vous avez été surpris, ajouta-t-il, de voir l'armée se diviser pour aller en avant : c'est ainsi qu'elle a fait sur tous les points , et tout est fini. Le général Lecourbe entra ; il lui tint le même langage ; il lui dit qu'il y avait trois mois que tout le monde savait à Paris cet arrangement ; que, si nous y eussions été, nous l'aurions su comme les autres ; que toute l'armée était fractionnée par deux bataillons et trois escadrons. Le Roi n'est plus à Paris , dit-il ; s'il y était, il eût été enlevé ; ce n'est pas qu'on en veuille à sa personne. Qu'il s'en aille ; qu'il s'embarque : malheur, malheur à qui entreprendrait rien contre lui ou quelqu'un de sa famille ! Il faut aller trouver l'empereur : je m'en défendis ; il vous traitera bien , me dit-il ; au reste, vous êtes les maîtres ; mais Lecourbe viendra avec nous.

Le général Lecourbe dit : « Ma foi, je n'ai jamais reçu que des mauvais traitemens de Bonaparte, et le Roi ne m'a fait que du bien ; j'ai de l'honneur, d'ailleurs, et je ne veux pas manquer à mes sermens »

« Et moi aussi, dit le maréchal, j'ai de l'honneur, et c'est pour cela que je vais rejoindre l'empereur ; je ne veux plus voir ma femme rentrer en pleurant, le soir, de toutes les humiliations reçues dans la journée. Il est évident que le Roi ne veut point de nous. Les maréchaux et l'armée doivent avoir de la considération, et Bonaparte seul peut leur en donner. »

Le général Lecourbe voulut se retirer à la campagne, le maréchal insista pour le retenir ; il nous lut alors la proclamation qu'il allait lire aux soldats. Le général Lecourbe et moi nous étions entièrement opposés à ces sentimens ; mais nous crûmes qu'il avait été pris contre nous des mesures en cas de résistance ; nous pensâmes d'ailleurs que l'influence du maréchal serait grande sur l'esprit des troupes. Nous allâmes donc sur le terrain pour juger l'effet qu'il allait produire ; nous étions tristes et abattus ; les officiers vinrent nous prendre la main, en nous disant « si nous avions su cela, nous ne serions pas venus ».

Cependant les troupes criaient *vive l'empereur !* M. le maréchal Ney était si bien résolu d'avance à prendre le parti de Bonaparte, qu'une demi-heure après cette lecture il portait le grand-aigle de la Légion à l'effigie de l'usurpateur ; et à moins de croire qu'il l'eût apporté dans l'intention de servir le Roi, je demande ce qu'il faut penser de la conduite du maréchal ?

L'accusé : Il paraît que M. le comte de Bourmont a fait son thème depuis long-temps ; que de-

puis huit mois il avait préparé ses dénonciations
à Lille; il s'était flatté peut-être que nous ne nous
verrions jamais; il a cru que je serais traité ici
comme le fut Labédoyère. Il est fâcheux que le
général Lecourbe ne soit plus. Mais je l'invoque
dans un autre lieu, je l'interpelle contre ces
témoignages dans un tribunal plus élevé. Ici
M. Bourmont m'accable, là nous serons jugés
l'un et l'autre.

Cependant je fis venir ces deux officiers chez
moi; je les sommai, au nom de l'honneur, de me
dire leur pensée. M. de Bourmont me dit: Je suis
de l'avis de la proclamation. Lecourbe dit: Cela
vous a été envoyé? Je ne répondis point; mais j'insistai pour m'éclairer de leurs lumières: nulle réponse. Quelqu'un m'a-t-il dit: Où allez-vous? vous
allez risquer l'honneur et votre réputation pour
une cause funeste: je n'ai trouvé que des hommes
qui m'ont poussé dans le précipice. — Je les invi-
tai à rester chez moi; ils se retirèrent. Ce fut le
général Bourmont qui fit assembler les troupes;
il eut deux heures pour réfléchir. S'il jugeait ma
conduite criminelle, ne pouvait-il pas me faire arrêter? J'étais seul, je n'avais pas un homme avec
moi, pas un cheval de selle pour échapper. Il s'é-
loigna; il se réfugia chez M. le marquis de Vaulchier, formant ensemble des *catteries* pour être
en garde contre les événemens, et s'ouvrir, dans
tous les cas, une porte de derrière. Enfin tous les
officiers rassemblés vinrent me prendre, et me
conduisirent sur la place d'armes jusqu'au milieu
du carré.

M. le président. Qui avait donné l'ordre de
faire revenir les troupes?

M. de Bourmont. Ce fut moi, sur l'ordre verbal
de M. le maréchal.

M. le maréchal. Il les a rassemblées après communication de la proclamation.

M. le président. Comment se fait-il qu'ayant désapprouvé la conduite de M. le maréchal, vous l'ayez ensuite suivi sur le terrain?

M. de Bourmont. Je voulais voir s'il se manifesterait quelque esprit d'opposition dans les troupes. Quant au moyen de parer à l'influence que devait exercer le maréchal, il n'y en avait qu'un seul, c'était de le tuer lui-même. On m'a dit que je pouvais rejoindre le Roi; j'ai craint d'être arrêté; et m'éloigner était d'ailleurs manquer mon objet, qui était de rendre compte de tout à S. M. J'étais à Paris le 18, et j'ai rapporté au Roi ce dont j'avais été le témoin.

M. le maréchal. M. de Bourmont a dit que j'avais, à Lons-le-Saulnier, la plaque à l'effigie de Napoléon; cela est inexact: j'ai porté jusqu'à Paris les décorations du Roi. Vous me supposeriez donc un misérable! J'aurais donc, comme l'ont prétendu les ministres, emporté de Paris l'intention de trahir le Roi? Je suis fâché qu'un homme d'esprit emploie des moyens aussi faux et aussi petits; il y a vraiment de *l'infamie*, mon cher général, à déposer de pareilles suppositions.

M. le président. Pourquoi avez-vous compris le général de Bourmont dans l'ordre d'arrêter quelques officiers?

M. le maréchal. L'ordre a été donné à Auxerre, et personne n'en a été frappé: cet ordre venait de Bonaparte. M. de Bourmont a disparu d'auprès de moi; je ne sais si c'est par une mauvaise honte ou par quelque sentiment que je ne saurais m'expliquer; le fait est qu'il a contribué à me pousser à la défection.

M. Berryer. Que M. de Bourmont nous dise à qui il faut attribuer l'ordre de faire marcher l'armée par fraction ?

M. de Bourmont. Au ministre de la guerre.

M. le maréchal. C'est vous qui en avez apporté l'ordre et qui l'avez fait exécuter ; il est au moins curieux de savoir comment on veut m'attribuer cet ordre.

Ici M. de Bourmont a donné quelques explications qui ont paru peu intelligibles aux défenseurs du maréchal.

M. Dupin. Il s'agit de répondre juste et comme le fait toujours l'accusé : il faut savoir ici qui a donné cet ordre et l'a fait exécuter. Il doit rester pour constant, malgré les hésitations qu'on oppose, que l'ordre était exécuté le 9, et M. le maréchal arriva le 10 à Besançon.

M. Berryer. Nous prions M. de Bourmont de vouloir bien s'expliquer à cet égard.

M. de Bourmont. Je représentai que la marche par deux bataillons était dangereuse ; M. le maréchal parut en convenir et approuver mes mesures ; je dois dire que toutes ses actions, jusqu'au 14, me parurent dans les intérêts du Roi.

M. Berryer. Permettez-moi, M. le président, de demander à M. de Bourmont, qui prétend avoir été conduit sur la place d'armes par un sentiment de pure curiosité, si c'était aussi la curiosité qui l'amenait au banquet donné à l'état-major par M. le maréchal, après la proclamation.

M. de Bourmont. Il fallait écarter les soupçons et empêcher qu'on ne m'arrêtât. Le maréchal était inquiet de moi ; il envoyait fréquemment des officiers pour savoir quel parti j'allais prendre; il fallait enfin remplir mon objet.

M. le maréchal. Je n'ai fait arrêter qui que ce soit; j'ai laissé tout le monde libre. Vous ne m'avez fait aucune objection, personne ne m'en a fait. M. le colonel Dubalen vint m'offrir sa démission; seul il se conduisit en homme d'honneur. Vous aviez un grand commandement; vous pouviez me faire arrêter; vous auriez bien fait. Si vous m'aviez tué, vous m'auriez rendu un grand service; et peut-être était-ce là votre devoir!....

Sur ce que M. le général Bourmont a rappelé que Bonaparte était déjà à Lyon, le 13, avec cinq mille hommes : Pourquoi tromper sur le nombre? ajoute le maréchal; tout le monde sait qu'il était à la tête de quatorze mille hommes, sans y comprendre les soldats qui se rendaient de toutes parts à sa rencontre, et cette foule d'officiers à la demi-solde. Je voyais la guerre civile inévitable : il eût fallu marcher sur soixante mille cadavres français.

M. le président interpelle M. le général Bourmont de répondre s'il croit que le maréchal eût pu opérer quelque résistance contre les troupes de Napoléon. Le général répond que tout eût dépendu d'une première démarche; que si le maréchal eût pris une carabine et eût chargé le premier, son exemple eût pu être décisif; car, dit-il, nul homme n'a plus d'empire sur l'esprit de l'armée. Il n'ose pas affirmer cependant qu'il eût été vainqueur; l'issue de l'événement tenait à des dispositions militaires sur lesquelles on ne peut faire que des conjectures.

M. le maréchal. Cela eût été impossible; l'eussiez vous fait, vous? *Je ne vous crois ni assez de fermeté ni assez de talens.*

M. Bellart observe que ces explications sortent de la controverse, et qu'on doit se renfermer dans la question.

M. Dupin. La question demeure à résoudre. Nous faisons une injonction au déposant, c'est au déposant à répondre ; M le procureur-général ne peut pas prendre sa place, et son droit n'est ici que le nôtre.

M. le président. On demande enfin si le maréchal eût pu (sa proclamation à part) faire marcher ses troupes contre Bonaparte.

M. de Bourmont. Il eût pu disposer de celles qui étaient à Poligny, à Lons-le-Saulnier, à Saint-Amour, et qui n'avaient pas pris la cocarde de la rebellion.

M. Dupin. M. le maréchal ne vous lut-il la proclamation qu'une fois ?

M. de Bourmont. il la lut une seconde.

M. Dupin. Je demande si, lorsqu'il la lut une seconde fois, vous saviez ce qu'allait faire M. le maréchal ?

M. de Bourmont. Nul doute.

M. Dupin. Avez-vous fait quelques dispositions contraires à l'effet qu'on voulait produire ?

M. de Bourmont. Je n'en ai pas eu le temps.

M. Dupin. Comment saviez-vous donc que les troupes penchaient pour le Roi ?

M. de Bourmont. Je ne pouvais pas en répondre.

M. le baron Séguier. Demandez, M. le président, si un officier ne fut pas arrêté, le 13, par les ordres de l'accusé ?

M. de Bourmont. On m'a dit que cet officier avait parlé de se rendre à Bonaparte, je le fis arrêter ; mais comme c'était un militaire recommandable, je le fis seulement conduire à Besançon.

M. le baron Séguier. Pourquoi n'avez vous pas fait arrêter les émissaires de Bonaparte?

M. de Bourmont. Je n'ai eu connaissance de leur arrivée qu'après que le maréchal m'en eut instruit.

M. le maréchal. Il y eut, en effet, un officier arrêté le 13, et ce fut M. de Bourmont qui le dénonça; mais il y avait impossibilité d'arrêter les autres. Je doute même que celui-ci ait été conduit à la citadelle de Besançon.

Un pair. Je demande comment M. le maréchal pensait, le 14 mars, que le Roi eût quitté Paris.

M. le maréchal. Cela résultait des feuilles du *Moniteur,* où des nouvelles alarmantes étaient semées : je l'ai cru, j'ai dû le croire avant de me décider à faire une démarche qui étouffait la guerre civile.

M. Berryer. Nous supplions M. le président de demander à M. de Bourmont quel effet produisit la lecture de la proclamation.

M. de Bourmont. Les soldats criaient *vive l'empereur !* les officiers étaient stupéfaits.

M. Berryer. Qu'on demande à M. de Bourmont s'il a crié *vive le roi !* (On entend quelque rumeur dans l'assemblée.)

La déposition écrite du général Lecourbe confirme, sous plusieurs rapports, la déposition de M. le comte de Bourmont; en voici les passages les plus remarquables :

« Le maréchal Ney fit appeler le général de Bourmont et moi dans sa chambre, et nous communiqua alors ses projets. Il nous fit lecture de la proclamation qu'il devait faire aux troupes, et que tout le monde connaît. Il nous représenta

IIe partie   8

qu'il n'y avait plus à balancer ; que Lyon avait
ouvert ses portes ; que tous les départemens ac-
couraient au-devant de Bonaparte, et que nous
courions des dangers de la part des troupes, si
nous ne nous rangions de son parti. En effet, la
nuit du 12 au 13 avait été fort agitée à Lons-le-
Saulnier ; mais j'ai toujours ignoré si le maréchal
Ney avait provoqué les troupes à la révolte. Le
fait est que la veille il nous avait paru, à Bourmont et à moi, dans les meilleures intentions
pour le Roi. Le général Bourmont et moi lui
fîmes des observations sur ce changement ; alors
il chercha à nous persuader que c'était une affaire
arrangée, et que rien n'empêcherait Bonaparte
d'aller à Paris. »

Un pair prend la parole et dit : Je prie M. le
président de vouloir bien interpeler l'accusé pour
savoir comment il se fait qu'il ignore le nom des
émissaires qui lui ont été envoyés par Bonaparte
ou Bertrand ?

M. le maréchal. Les émissaires qui m'ont été
envoyés sont, je crois, à Paris dans ce moment.
Je ne dois ni ne veux les nommer. C'est bien assez
que je sois compromis, sans compromettre encore d'autres personnes.

M. le président. Mais cela peut vous être utile,
M. le maréchal.

M. le maréchal. Quels que soient les secours
que je puisse attendre d'une pareille révélation,
je ne la ferai pas.

M. le président. M. de Bourmont, avez-vous
entendu, après la proclamation, des cris de *vive
le Roi !*

M. de Bourmont. Je n'en ai pas entendu personnellement ; mais j'ai ouï dire par des officiers

français que des cris semblables étaient partis du troisième rang.

M. Dupin. M. de Bourmont a-t-il écrit à M. Durand, commandant d'armes à Besançon?

M. de Bourmont. Je crois lui avoir écrit pour le prévenir de ce qui se passait, afin qu'il se tînt sur ses gardes.

M. Berryer. Je demande que la cour veuille bien permettre que l'on fasse entendre le joaillier de M. le maréchal.

M. Bellart. Cela est inutile. Que pourra dire le joaillier? qu'il n'a pas vendu d'aigle au maréchal; mais ne peut-il pas en avoir acheté chez un autre marchand? Ne peut-il pas se faire encore que M. le maréchal ait conservé une de ses anciennes décorations?

Un pair. L'accusé a prétendu que dans la conduite qu'il a tenue, il n'avait été entraîné que par le seul sentiment d'éviter une guerre civile en France; mais on avait réuni une armée à Paris; si cette armée avait résisté dans les intérêts du Roi, la guerre civile aurait existé de fait.

M. le maréchal. Je n'avais aucune connaissance de la réunion de cette armée.

Un autre pair. Après son arrivée à son gouvernement, M. le maréchal a-t-il fait quelque proclamation pour le Roi.

M. le maréchal. Je n'en ai fait aucune. Je n'avais en quelque sorte aucun commandement réel, car tous les ordres émanaient directement du ministre de la guerre. Ils étaient adressés au général de Bourmont, qui les faisait exécuter. Seulement M. de Mailhé vint me présenter un ordre du jour qui était très-bien fait et que j'approuvai; mais je ne pouvais point prendre l'initiative:

j'étais d'ailleurs sous les ordres de *Monsieur*. Ne pouvant, dans les circonstances critiques où j'étais alors placé, quitter mon poste un seul instant, je fis prier S. A. R. de vouloir bien m'indiquer un rendez-vous, afin que je pusse me concerter avec elle sur l'ensemble des opérations.

M. Berryer (à M. de Bourmont). Dans la soirée du 13, a-t-on fait prêter un nouveau serment aux officiers ?

M. de Bourmont. On avait seulement réuni les sous-officiers qui avaient donné les meilleures espérances, et il en fut de même des officiers que les généraux regardaient comme les plus sûrs.

Les avocats du maréchal insistent de nouveau pour que le joaillier soit entendu.

M. Bellart. Dans quel sens prétendez-vous le faire entendre ?

M. le maréchal. Parce que je tiens à prouver que je n'avais point de décoration *à l'aigle* à Lons-le-Saulnier, puisqu'ainsi que je l'ai déjà dit, je me présentai à Auxerre devant Bonaparte avec la décoration du Roi, et que je la portai même jusqu'à Paris.

Ici l'audience est interrompue pendant vingt-cinq minutes.

Elle est reprise.

M. le marquis de Vaulchier, préfet du Jura, septième témoin, est introduit.

Avant d'entendre sa déposition, M. Bellart prie M. le président de vouloir bien représenter au maréchal trois passeports qui lui ont été délivrés dans le mois de juillet dernier.

L'identité de ces trois passeports est reconnue par le maréchal. Le premier lui a été délivré par M. le duc d'Otrante, alors ministre de la police.

Le deuxième a été délivré à un nommé Falise, ancien domestique du maréchal, qui doit être dans ce moment à Liége. Ce second passeport a été envoyé au maréchal à Aurillac. Ce fut sa femme qui le lui envoya, parce qué craignant pour lui, elle voulait lui faciliter les moyens de suivre le plan qu'il avait formé de se rendre en Amérique.

M. le procureur-général n'élève aucun doute sur la véracité de cette assertion ; et comme il ne voulait qu'éclaircir un fait que l'on fera valoir, s'il y a lieu, dans le cours des débats, la discussion sur cet objet n'est pas poussée plus avant.

M. le marquis de Vaulchier fait sa déposition. Le maréchal arriva à Lons-le-Saulnier, dans la nuit du 12 mars, à trois heures du matin. Le général de Bourmont alla le réveiller, avec le marquis de Sauran ; ils furent chez le maréchal, qu'ils trouvèrent dans son cabinet. On causa des mesures à prendre pour repousser Bonaparte, et on convint de ce qu'il était convenable de faire. On a dit au témoin que le maréchal devait donner des ordres pour que les corps qu'il commandait pussent joindre S. A. R. Monsieur, du côté de Clermont. Il reçut l'ordre d'envoyer un exprès au Fort-Barreaux pour en prévenir le commandant, et il fit partir aussi deux autres exprès, afin d'établir une communication avec le général Marchand, et par suite avec le prince d'Essling, si cela se fût trouvé possible. Ces divers ordres furent donnés à M. le marquis de Vaulchier par M. le comte de Bourmont, qui lui-même avait reçu des instructions en conséquence du maréchal Ney.

Vers neuf heures du matin, M. le préfet du

Jura se rendit de nouveau chez le maréchal ; celui-ci lui remit trois dépêches, l'une pour le maréchal Suchet, l'autre pour le duc de Feltre, ministre de la guerre, et la troisième pour le maréchal Oudinot. Le maréchal se borna à inviter M. de Vaulchier à faire expédier ces dépêches sans retard. Le maréchal ne donna aucun nouvel éclaircissement au préfet, et les dépêches furent expédiées.

M. de Vaulchier revit encore le maréchal dans la soirée du 12 ; alors on était instruit de l'arrivée de Bonaparte à Lyon. Cette nouvelle causait beaucoup de chagrin au maréchal : il se plaignit des mauvaises dispositions qui avaient été prises. S'il s'était trouvé auprès de S. A. R. Monsieur, il aurait monté dans sa voiture et lui aurait dit : Marchons, monseigneur ; il faut aller aux avant-postes ; c'est là le seul moyen d'opposer quelque résistance aux progrès de Bonaparte. Le maréchal parla ensuite des raisons particulières de mécontentement qu'il avait, et surtout des mortifications qu'on avait fait éprouver à la cour à madame la maréchale. Il s'étendit ensuite sur les motifs du mécontentement de l'armée, et sur la conduite qu'on aurait dû tenir à son égard.

M. de Vaulchier invita le maréchal à dîner ; il n'accepta pas : il voulut demeurer à étudier ses cartes de géographie, dont il était entouré. Il en demanda de nouvelles, qui lui furent fournies. D'après l'invitation qui lui en fut faite, M. le préfet de Lons-le-Saulnier envoya, le 13, chez M. le maréchal, un homme de confiance, M. de Rochemont, pour aller à Châlons, afin d'examiner les progrès et les forces de Bonaparte. Cet exprès partit ; ses passe-ports furent visés par M. le préfet, qui eut soin de les antidater, afin d'éviter les soupçons.

M. de Vaulchier avait remarqué, dans la journée du 12, que les régimens qui se trouvaient à Lons-le-Saulnier n'étaient pas animés d'un bon esprit; les officiers étaient froids; cependant rien n'indiquait précisément une défection inévitable. Lorsque le 13 au soir il fut question d'envoyer des exprès à Châlons, le maréchal parut tenir beaucoup à ce que ces exprès fussent expédiés. Le préfet reçut divers ordres pour le service militaire.

Le mardi, 14 mars, M. Vaulchier reçut dans la matinée des dépêches de Paris, qui contenaient des nouvelles rassurantes; l'ordre du jour du général Dessoles à la garde nationale de Paris, qu'il fit publier sur-le-champ, lui sembla propre à mettre un frein aux désordres et aux défections. Cependant un de ses amis entra dans son cabinet, et lui dit : Mon ami, tout est perdu, il n'y a plus de ressource. — Comment, tout est perdu? mais voyez ces dépêches que je reçois à l'instant; elles sont très-propres, au contraire, à diminuer nos craintes. — Tout est perdu; vous dis-je. — Ici l'ami de M. Vaulchier lui raconta qu'il venait d'être témoin de la scène qui avoit eu lieu sur la place, et où le maréchal avait donné lecture de la proclamation, qui avait été accueillie par les soldats, aux cris de *vive l'empereur!* Après s'être fait raconter tous les détails relatifs à cette lecture, M. le préfet prit la résolution de se retirer.

Avant de se mettre en route, il vit le maréchal; ils eurent ensemble diverses explications; ce dernier ne mit aucun obstacle à son départ, seulement il l'invita à réunir les notables de la ville, et

à désigner parmi eux un successeur pour administrer le département au nom de l'empereur. M. de
Vaulchier persista dans sa résolution de renoncer
à ses fonctions.

M. de Vaulchier déclare en outre que le 14,
après la lecture de la proclamation, le maréchal
était décoré du grand *aigle* de la Légion d'Honneur, et que dans la derniere explication qu'il eut
avec lui, il lui parla des événemens qui avaient lieu
comme de choses inévitables et concertées depuis
trois mois, par suite d'une correspondance avec
l'île d'Elbe; le ministre de la guerre, d'ailleurs,
avait fait des dispositions en conséquence.

Cherchant, au surplus, à légitimer la fatale résolution qu'il venait de prendre, le maréchal revint
sur ses plaintes amères contre les procédés du gouvernement.

Ces détails ont été racontés au témoin qui dépose par le général Bourmont, qui les tient du
maréchal.

M. le maréchal. J'avoue que je n'ai aucun souvenir de la plupart des circonstances qui viennent
d'être racontées par M. de Vaulchier. Il me semble
impossible toutefois que nous ayons pu avoir ensemble tant et de si longues conversations. M. le
préfet a eu tout le temps d'arranger à son aise la
déposition qu'il a faite; mais il n'est ni vrai ni vraisemblable que tout ce qu'il a dit ait pu se passer
entre nous. Si notre conversation a duré dix minutes, c'est tout au plus; et certes on conviendra
que j'avais alors autre chose à faire que de lui donner des explications qui, d'après la longueur de
son rapport, auraient exigé un temps considérable.

Dans le cours de sa déposition, M. Vaulchier a

parlé d'une entrevue que le maréchal Ney aurait
eue avec le duc d'Albuféra, à Paris, avant de
partir pour son gouvernement, et des paroles
qu'il lui aurait dites, et qui seraient propres à
faire soupçonner quelque préméditation dans sa
défection. M. le préfet du Jura a de nouveau arti-
culé quelques phrases relativement au complot
qui aurait été formé par MM. les maréchaux. A
cela, le maréchal Ney répond : Comment aurai-je
pu me concerter avec le maréchal Suchet, puisqu'il n'était plus à Paris lorsque j'y passai pour
me rendre à Lons-le-Saulnier ? et comment au-
rais-je pu arrêter un plan quelconque avec les maréchaux, puisque je ne les ai pas vus ?

M. le président adresse la parole à l'accusé :
Avez-vous donné l'ordre d'administrer le département au nom de Bonaparte ?

M. le maréchal. Oui, monseigneur ; j'ai donné
cet ordre afin d'éviter les malheurs qui auraient
pu résulter d'une opposition alors inutile, et dans
l'intention de maintenir la tranquillité et d'éviter
une guerre civile.

M. le président. Que répondez-vous à l'attes-
tation du témoin, qui affirme, comme l'a fait
M. de Bourmont, que le 14, après avoir fait la
lecture de la proclamation, vous étiez décoré de
l'*aigle* de la Légion-d'Honneur ?

M. le maréchal. M. de Vaulchier a aussi mal vu
que M. de Bourmont.

M. de Vaulchier. Je suis certain de ce fait ; j'ai
vu, je le répète, la décoration à l'*aigle* sur l'habit
du maréchal.

M. le maréchal. Cette assertion est contraire à
la vérité ; cent mille témoins en pourraient affirmer la fausseté.

M. Berryer. Le témoin a dit au maréchal qu'il ne lui avait point fait délivrer de cartouches pour la garde nationale : quel sens attache-t-il à cette allégation ?

M. de Vaulchier. Je conviens que les dispositions des troupes pouvaient paraître à M. le maréchal telles, que toute résistance a pu lui sembler inutile. Les soldats, en effet, étaient mal disposés. Je pense pourtant que le mal n'était pas tout-à-fait sans remède.

M. Bellart demande que le témoin dépose sur le bureau, après l'avoir légalisée, la lettre du maréchal dont il a donné lecture.

La lettre est déposée après la légalisation.

Huitième témoin : M. le baron Capelle. Le 13 mars, entre cinq et six heures du soir, il fut forcé par la défection des troupes de quitter Bourg, chef-lieu du département dont il était préfet ; il savait que le maréchal Ney était à Lons-le-Saulnier ; il se rendit auprès de lui ; il y arriva le 14, entre trois et quatre heures du matin. Il avait été en correspondance avec M. le général de Bourmont, et alla chez lui en descendant de voiture. Il lui raconta les défections dont il avait été témoin, et lui fit part du mauvais esprit qui existait sur plusieurs points. Le général de Bourmont était convaincu que les troupes sous les ordres du maréchal se battraient.—J'en doute, lui répondit M. Capelle. Qui tirera le premier coup de fusil ? —Moi, répliqua M. de Bourmont.

Après cette entrevue, le général de Bourmont et le baron Capelle se rendirent chez le maréchal ; M. Capelle répéta à celui-ci les détails qu'il venait de donner au général de Bourmont, au sujet de l'inquiétude que lui donnait l'effervescence

des esprits. Le maréchal parut affecté de ce rapport, et en témoigna une profonde indignation.
Le témoin évalua à 12 ou 15,000 hommes les forces que Bonaparte avait à Lyon. Il proposa un
plan d'attaque qui consistait à marcher sur les
derrières de Bonaparte, pour faire rétablir l'autorité du Roi à Grenoble, et dans les départemens environnans, et marcher ensuite sur l'usurpateur. Il parla aussi de l'avantage qu'il y aurait eu à se porter sur Chambéry, attendu que
les Suisses étaient prêts à faire un mouvement favorable, et à venir au secours du Roi. A cela, le
maréchal répondit : Si les étrangers mettaient le
pied sur le sol français, ce serait alors que tous
les Français se déclareraient pour Bonaparte. Le
Roi n'a d'autre parti à prendre que de se faire
porter sur un brancard à la tête de ses soldats ; sa
présence leur en imposera, et son aspect vénéra-
ble anéantira toute idée de défection.

Au surplus, ajouta le maréchal, je ne peux
pas arrêter l'eau de la mer avec la main.

Je dois ajouter, dit toujours M. le baron Capelle, que lorsque je consultai M. le général de
Bourmont sur le degré de confiance qu'on pouvait accorder au maréchal Ney, il me répondit :
Je crois qu'à défaut de dévouement, on peut
compter sur la loyauté du maréchal.

Après avoir eu ces diverses conversations,
M. Capelle, harassé de fatigue, se jeta sur un lit ; à
midi, il fut réveillé par son valet de chambre,
qui vint lui annoncer que le maréchal venait de
lire la proclamation aux troupes, et que de toutes parts on avait crié *vive l'empereur !*

Profondément affligé, le baron Capelle se rendit sur-le-champ chez M. de Bourmont, qui, at-
terré comme lui de la scène dont il venait d'être

témoin, lui raconta tout en détail. M. de Bourmont a eu particulièrement avec le maréchal
des explications détaillées à ce sujet. Le maréchal lui
a dit que la famille royale ne pouvait plus régner en
France; que son expulsion avait été antérieurement résolue; qu'on avait d'abord songé au duc
d'Orléans; mais qu'ayant été instruit ensuite que
la reine Hortense avait des relations avec l'île
d'Elbe pour faire remonter Napoléon sur le trône,
on avait été contraint de se ranger de son parti,
et que c'était une affaire décidée.

Le baron Capelle, résolu alors à se retirer,
demanda au général de Bourmont s'il voulait
partir avec lui. Celui-ci refusa; il avait l'intention
de se rendre à Besançon, dans l'espérance de
conserver au Roi cette place importante.

En sortant de chez le général de Bourmont, le
baron Capelle se rendit chez le général Lecourbe
qui, également affligé, était occupé à écrire le récit
des événemens déplorables qui venaient d'avoir
lieu, afin d'en pouvoir donner les détails au Roi.

Dans la route, M. Capelle rencontra un sous-of-
ficier qui lui donna ordre d'aller chez le maréchal:
il s'y rendit, et ne put pas lui parler. Un rendez-
vous lui fut donné pour quatre heures; malgré
les craintes qu'il devait avoir d'être arrêté, il
retourna chez le maréchal, qui lui conseilla d'aller reprendre sa préfecture. Rien ne pourra m'y
déterminer, répondit alors le baron Capelle; je
dois, je veux rester fidèle au Roi. Et moi aussi,
répliqua M. le maréchal, j'aurais voulu rester
fidèle aux Bourbons, mais malheureusement les
circonstances ne l'ont pas permis. Il ajouta : il ne
sera fait aucun mal aux princes; ils se retireront
dans un apanage qui leur sera donné; malheur à

qui oserait porter atteinte au respect qui leur est dû!

Le témoin dit encore qu'il croit se souvenir que le maréchal lui parla des dispositions conformes au plan concerté, qui avaient été prises à Paris par le duc de Dalmatie. Ensuite le maréchal visa son passeport sans difficulté, et M. le baron Capelle, n'ayant pu partir dans la soirée, faute de chevaux de poste, se mit en route le lendemain matin. Il alla joindre le Roi, avec lequel il est rentré en France.

M. le président au témoin. Avez-vous remarqué quelle décoration portait M. le maréchal Ney lorsque vous le quittâtes?

M. Capelle. Je n'oserais l'affirmer, mais je crois que M. le maréchal portait le grand *aigle;* cependant il m'a semblé avoir remarqué qu'il avait aussi la décoration de l'ordre de Saint-Louis. Autant que ma mémoire peut me le rappeler, je crois être plus certain que M. le maréchal avait l'*aigle.* Cependant je ne peux affirmer aucune de ces deux assertions.

M. le maréchal. Le témoin se trompe évidemment sur un fait. Je n'ai pas pu lui dire le 14 mars que M. le duc de Dalmatie opérait à Paris un mouvement conforme aux dispositions que je venais de prendre, car alors le maréchal Soult n'était plus ministre de la guerre; il avait été remplacé par le duc de Feltre, dont j'avais moi-même reçu des lettres. M. le baron Capelle m'a fait beaucoup de mal, beaucoup de mal.....

M. le baron Capelle. Je n'ai aucune raison pour m'écarter de la vérité. C'est elle seule qui m'a inspiré dans ma déposition; je n'ai point d'inimitié personnelle contre M. le maréchal.

M. Berryer. Il est nécessaire de donner ici une

explication à l'auguste tribunal. Quand le maréchal Ney dit que le témoin lui a fait beaucoup de
mal, cela se rapporte seulement au récit qu'il
lui fit à Lons-le-Saulnier, des défections dont il
avait été témoin, et des mauvaises dispositions
des habitans du pays qu'il avait traversé. J'invite
M. le baron Capelle à donner quelques détails sur
ce qu'il a vu et appris dans son voyage de Bourg
à Lons-le-Saulnier.

Le baron Capelle rapporte que plusieurs des
communes qu'il avait traversées étaient fort mal
disposées; que l'esprit y était mauvais; qu'à Grenoble un esprit de vertige s'était emparé de presque toutes les têtes; qu'il avait su qu'à Lyon il en
avait été à peu près de même; qu'enfin l'esprit
révolutionnaire avait fait de rapides progrès. Il
désigne particulièrement plusieurs communes où
le mauvais esprit des habitans lui avait semblé entièrement contraire aux intérêts du Roi.

Neuvième témoin : M. le comte de Grivel, inspecteur des gardes nationales du Jura. Aussitôt
après l'arrivée du maréchal à Lons-le-Saulnier, il
lui fut présenté; il lui offrit les gardes nationales
et plusieurs volontaires royaux. Le maréchal,
sans accepter ce secours, ne le refusa point positivement. Le témoin était présent à la lecture de
la proclamation, et comme il se trouvait placé
au centre du carré formé par les troupes, le maréchal lui fit un signe et lui ordonna de se retirer;
il obéit. Il fut indigné qu'aucun des officiers généraux qui entouraient alors le maréchal n'eussent opposé quelque résistance aux mouvemens
séditieux des soldats. Il parcourut les rues de
Lons-le-Saulnier, en criant *vive le Roi !* mais malheureusement tous ses efforts furent inutiles; il ne
put opposer aucune digue au torrent. Il alla voir

le préfet, et il partit, désespéré de tout ce qu'il avait vu, pour se rendre à Besançon.

M. de Grivel raconte que, sur sa route, il rencontra le 6ᵉ de chasseurs; et que, grâces au bon esprit du chef de ce corps, il parvint, par les mesures qu'il concerta avec lui, à faire rétablir momentanément le drapeau blanc, dans la journée du 20, à Lons-le-Saulnier, où il revint ensuite.

M. le maréchal. J'ai, en effet, engagé M. le comte de Grivel à quitter le carré où il s'était placé, parce qu'il y courait de grands dangers. Quant à la circonstance qu'il rapporte du rétablissement du drapeau blanc à Lons-le-Saulnier, je n'en puis rien dire. Je n'y étais plus à l'époque dont il est question. Le témoin a parlé des cris de *vive le Roi!* qui auraient été proférés; c'est une erreur.

M. de Grivel. Je n'ai pas dit que je les eusse entendus. On m'a rapporté qu'on avait crié *vive le Roi!*

Dixième témoin : M. le comte de la Genetière. Il était major en second d'un régiment qui était à Besançon; il alla offrir ses services au général de Bourmont, qui l'employa à l'état-major. Il était présent lorsque le maréchal lut la proclamation. Cette lecture causa un enthousiasme extraordinaire parmi les troupes. Le maréchal embrassa presque toutes les personnes qui l'entouraient. Dès les premiers mots de cette proclamation, les soldats firent entendre les cris de *vive l'empereur!* Le cœur navré, le témoin alla trouver ensuite les généraux Bourmont et Lecourbe, qui étaient également très-affligés de tout ce qui venait de se passer.

Il suivit d'abord le mouvement du maréchal jusqu'à Dôle ; mais là, dans la nuit, il écrivit à ce dernier une lettre qu'il lui fit remettre trois heures après son départ, et il partit pour Besançon. Là, on lui fit voir l'ordre de l'arrêter, qui pourtant ne fut pas exécuté.

M. le maréchal, après avoir relevé quelques erreurs qu'il croit avoir remarquées dans le récit du témoin, prétend qu'il n'a reçu aucune lettre de lui.

M. de Grivel. Vous l'avez si bien reçue, M. le maréchal, que vous l'avez envoyée à M. de Bourmont.

M. de Bourmont. Cette lettre me fut en effet apportée de la part de M. le maréchal, par un officier, qui me demanda même des explications au sujet de la conduite de M. de Grivel.

M. le maréchal. Quel est l'officier qui vous a porté cette lettre ?

M. de Bourmont. Je ne le connais pas ; vous devez savoir qui il est, puisque c'est vous qui me l'avez envoyé.

M. le maréchal. Comment se fait-il que vous n'ayez pas connu cet officier ? ils étaient tous sous vos ordres immédiats ; je n'en connaissais aucun ; ils n'avaient affaire qu'à vous seul ; de vous seul ils recevaient des ordres ; vous deviez les connaître tous. Je n'ai aucune connaissance de la lettre dont il est question.

M. Berryer. Je prie M. de Grivel de dire s'il ne se souvient pas d'avoir ajouté dans sa déposition devant M. le rapporteur, au conseil de guerre, que M. le maréchal avait, en sa présence, parlé de son dévouement à la cause des Bourbons, en disant qu'il serait le libérateur de la patrie, s'il pouvait parvenir à faire triompher le Roi.

M. de Grivel. J'avais omis de rapporter cette circonstance; elle est vraie. Le 12 et le 13, M. le maréchal fit réunir tous les officiers pour leur parler dans le sens du gouvernement. Je suis convaincu, et je crois pouvoir affirmer que M. le maréchal, jusqu'à l'époque du 14, a été sincèrement dévoué à la cause de S. M.

M. le président (à l'accusé). Comment, avec de telles dispositions, avez-vous pu lire, le 14 au matin, la proclamation? Se peut-il qu'en si peu d'instans vous ayez pu renoncer à d'aussi bonnes dispositions? Pourquoi n'avez-vous pas fait arrêter le premier émissaire qui s'est présenté à vous dans la nuit du 13 au 14?

M. le maréchal. Après la tempête, il est facile de faire des raisonnemens sur l'orage qu'on a éprouvé. Je le répète, j'ai été circonvenu, entraîné comme par enchantement. On me persuada que par l'intermédiaire du général Koller, qu'on me dit être allé à l'île d'Elbe, tout avait été arrêté avec l'Autriche; que l'Angleterre avait consenti au changement de dynastie. L'idée d'une guerre civile dans mon pays m'effraya; je n'y pus résister.

Le témoin, interpelé de déclarer quel esprit régnait à Lons-le-Saulnier, convient qu'il était généralement mauvais. Il ajoute que le 15 au soir, à Dôle, étant dans le cabinet du maréchal, il a vu entre ses mains une lettre du général Bertrand.

Le maréchal ne s'en souvient pas. Il ne se rappelle pas même s'il a vu M. de Grivel à Dôle.

Le témoin, interrogé sur la question de savoir si le maréchal portait, après la lecture de la pro-

clamation la plaque de la Légion à l'*aigle*, répond qu'il n'a fait aucune remarque à cet égard.
Il ne peut affirmer ni le pour ni le contre.

Onzième témoin : M. le baron Clouet. Sa déposition n'est pas d'une grande importance. Il
était à Tours lorsque le maréchal partit de sa
terre pour se rendre dans son gouvernement. Il
vint à Paris, d'où il se rendit à Lons-le-Saulnier.
Il n'eut avec le maréchal que des explications
vagues. Il lui demanda la permission de se retirer.
Elle lui fut accordée.

M. le baron Clouet a ajouté : L'automne dernier, j'accompagnai le maréchal dans son gouvernement , lorsqu'il s'y rendit pour recevoir
S. A. R. Monsieur. Il m'a souvent entretenu, dans
son voyage, de son respect, de sa vénération,
de son profond dévouement pour la famille des
Bourbons. J'ai été attaché pendant huit ans à
M. le maréchal Ney, et la facilité de son esprit à
recevoir des impressions vives et promptes peut
seule m'expliquer sa conduite.

Douzième témoin : M. le duc de Reggio. Il n'a
aucune déposition nouvelle à faire; ce qu'il a à
dire se borne aux deux lettres qu'il a reçues, dans
le temps, du maréchal Ney, et qui sont parmi les
pièces de la procédure.

Ces deux lettres, dont le greffier donne lecture, sont relatives aux mesures que le maréchal
croyait devoir être prises dans l'intérêt du Roi.

Elles sont légalisées par les témoins, et déposées
sur le bureau.

M. Berryer, qui avait ces lettres entre les
mains, a demandé que cette formalité fût remplie, afin de pouvoir faire usage, au besoin, de
ces deux pièces.

M. Bellart. Je pense qu'il est convenable, après la déclaration de M. le duc de Reggio, de lire la déposition écrite de M. le duc d'Albufera.—Il est malade dans ce moment, et il a envoyé ce matin sa déclaration.

On lit cette déclaration; elle prouve le dépôt fait par M. le maréchal Suchet, de trois lettres à lui adressées par M. le maréchal Ney, et qui se rapportent aussi à des dispositions militaires, antérieurement au 14 mars.

Il est cinq heures et demie passées. M. le chancelier annonce que la chambre suspend l'audience pour la continuer demain à dix heures précises.

Séance du 5 décembre.

La séance est ouverte à dix heures et demie.

Les témoins qui ont déjà fait leurs dépositions sont introduits dans la salle.

L'accusé entre escorté de la garde ordinaire. On fait l'appel nominal; aucun membre n'est absent.

M. le président demande à MM. les défenseurs du maréchal si la présence de trois témoins, M. le prince de Poix, M. le duc de Duras, M. le duc de Reggio, est absolument utile à l'intérêt de l'accusé, et s'ils ne pourraient vaquer, pour aujourd'hui, à d'importantes affaires.

M. Berryer déclare que leurs dépositions étant terminées, l'accusé ne met aucun empêchement à ce qu'ils soient libres de se retirer.

Les trois témoins se retirent.

M. le garde-des-sceaux occupe seul le banc des ministres.

L'audition des témoins est continuée; le treizième est introduit : c'est M. Mangin, avoué, à Paris.

Il dépose qu'il ne connaît point l'accusé ; que le 20 mars dernier, il reçut de M. Laboulée, directeur de la navigation à Montereau, une note où il était dit que M. le maréchal Ney était, en ce moment à Montereau ; que logé dans l'auberge du sieur Labbé, il avait dit que les intérêts de Bonaparte avaient été réglés au congrès de Vienne par les soins de M. le prince de Talleyrand ; que les puissances, et particulièrement l'Autriche, prêtaient leur appui à sa rentrée en France ; que tout était arrangé et décidé pour l'exclusion de la maison royale.

L'accusé, interrogé sur cette déposition par M. le président, dit qu'il n'a aucune observation à faire.

Le quatorzième témoin est M. Pantin, avoué près le tribunal de première instance de Paris. Il n'a jamais connu l'accusé. Vers le 15 ou 20 juillet dernier, s'entretenant dans une promenade publique, avec le sieur Mangin, du bonheur de la fuite de l'individu nommé Bonaparte, et de l'heureux retour du Roi, ils dirent que beaucoup de sujets avaient manqué de foi ; M. Mangin lui raconta qu'à Montereau, M. le maréchal Ney avait dit que tout était concerté, depuis trois mois, pour le retour de Napoléon. Il fait observer lui-même à la chambre que tout cela est un ouï dire, qu'il a reçu sur un ouï dire.

M. le maréchal. Je n'ai vu à Montereau, à mon passage, que M. le sous-préfet ; je n'ai point d'interpellation à faire à monsieur, ni d'observations à présenter sur son témoignage.

On introduit le quinzième témoin, M. Perrache. Il dépose qu'il a ouï dire, par M. Pantin, qui,

lui-même l'avait entendu répéter, que M. le maréchal, qu'il ne connaît pas, qu'il n'avait jamais
vu avant la procédure, n'était point allé dans son
gouvernement, avec l'intention de s'opposer aux
progrès de l'usurpateur. — Nulle réponse de la
part de l'accusé.

M. de Félix, volontaire royal, né à Maubeuge,
fils du directeur de la manufacture d'armes, est
le seizième témoin.

Il a servi en Espagne sous les ordres du maréchal duc d'Albuféra, et ne connaissait point le
maréchal Ney, avant de l'avoir vu à Lille : là, il
l'entendit haranguer les soldats dans des intérêts
contraires à ceux du Roi, et demander s'il n'y
avait point d'*intrus* parmi les officiers, entendant,
par cette désignation injurieuse, les gentilshommes ou les individus qui n'avaient pas servi dans
les rangs de l'armée. Des soldats ivres, et criant
vive l'empereur ! ont maltraité, devant lui, un
citoyen ; le prince de la Moskwa portait une
vieille ceinture, brodée d'aigles.

M. le maréchal. Je n'ai point d'observations
à faire.

Le dix-septième témoin est M. Beausire. Il
connaît peu l'accusé ; on prétend qu'il a passé
avec lui un marché relativement à la remonte de
quelques régimens de cavalerie. Tout ceci est un
mal entendu ; il y a eu confusion de noms ; cette
affaire ne peut regarder que les frères Thiébaut,
dont il a entendu parler, mais qu'il ne connaît
pas davantage.

M. le maréchal. Je ne connais point monsieur ;
les frères Thiébaut me sont également inconnus.

M. Charmoille de Frenoy comparaît comme
dix-huitième témoin : il est officier d'infanterie,
il n'a connu l'accusé qu'à Besançon, lorsqu'il y

fut envoyé au commencement de mars dernier, par les ordres du ministre de la guerre ; il s'offrit pour prendre du service contre Napoléon ; il fut envoyé en mission à Dôle ; il rencontra des troupes avec le drapeau et la cocarde tricolores, prit la résolution invariable de ne pas trahir ses devoirs ; en conséquence il se retira, et n'a aucune connaissance des événemens qui se sont passés à Lons-le-Saulnier.

Le dix neuvième témoin est M. Grison, capitaine : il était à Landau quand le maréchal y arriva, dans le courant d'avril, visitant le cordon des troupes par ordre de Bonaparte. Il dépose qu'ayant fait assembler le corps des officiers, le maréchal Ney ferma les portes de la maison où ils étaient réunis, et dit : « J'espère qu'il n'y a ici » ni étrangers ni intrus : » il se répandit en propos outrageans contre la famille royale, et gâta tout par sa présence.

M. le maréchal. Un maréchal de France, un officier quelconque, faire retirer les clefs d'un lieu où sont assemblés des officiers........! cela n'est point vraisemblable. Je n'ai rien dit d'outrageant pour la famille royale ; les lettres, les instructions secrètes même de Bonaparte contenaient l'injonction formelle d'en respecter tous les membres ; de favoriser leur retraite, de s'abstenir de tous mauvais procédés. Je ne sais pas, monsieur l'officier, par qui vous êtes envoyé pour me dénoncer, mais je répète que vos allégations n'ont pas même de vraisemblance.

Le témoin. Vous avez dit des mots injurieux, des paroles contre la famille royale, que je n'ose pas répéter : vous avez dit que plusieurs maréchaux de France avaient pensé à la république....

M. le maréchal. Je n'ai ni observation ni réponse à faire.

Le vingtième témoin est M. de Baillencour, colonel. Je connais depuis long-temps M. le maréchal; je n'ai aucune notion sur les faits qui lui sont imputés. Seulement, j'ai entendu dire, à Philippeville, qu'il avait dans sa voiture, avant de se rendre à son gouvernement de Besançon, tout ce qu'il a lu à Lons-le-Saulnier.

M. Bellart. Je prie M. le président de demander à M. Grison s'il ne connaît aucun autre témoin des faits qu'il a articulés.

M. Grison. J'en connais un autre, c'est M. Casse; il est ici, il déposera.

On introduit M. Casse. Toutefois, M. le président prévient la chambre que son nom n'étant point sur la liste des témoins assignés, ses dépositions ne pourront être considérées que comme renseignemens, et qu'il l'admet dans l'assemblée en vertu du pouvoir discrétionnaire que lui attribue la loi.

M. Casse entre. C'est un officier parlant le français avec l'accent allemand. « Oui, dit-il au maréchal, vous avez dit que la famille des Bourbons était incapable de régner, que vous autres maréchaux vous faisiez la cour au Roi, mais que vous portiez toujours l'empereur dans votre cœur; vous avez dit que quand il vous donnerait deux fois la valeur des Tuileries, vous ne pourriez jamais aimer le Roi ».

Ces paroles ont causé quelque rumeur.

M. le Maréchal. Je n'ai rien à dire à de pareilles choses.

M. Berryer. Nous avons invoqué le témoignage du joaillier de M. le maréchal, qui lui fournit

ses décorations ; nous demandons de le faire comparaître.

M. Cailloé, passementier joaillier, est appelé
à déposer ; il déclare que ce ne fut que le 25
mars que les plaques et décorations du maréchal lui furent apportées pour y ajuster les ornemens impériaux : il montre ses comptes relatés sur son registre. M. de Châteaubriand, l'un
des secrétaires, en prend connaissance. M. De-
vaux, aide-de-camp du maréchal Ney, dépose
qu'il était à Lons-le-Saulnier, le 14, avec S. Ex. ;
mais il ne peut dire si le prince a changé de décoration dans cette journée ; il ne l'a point remarqué.

Le vingt-unième témoin assigné est M. Batardy,
notaire, demeurant à Paris, rue du Mont-Blanc.

Il expose qu'au mois de février dernier, M. le
maréchal lui fit écrire, de sa terre des Coudreaux,
pour ses affaires, notamment pour ses dotations,
dont on poursuivait la liquidation près du congrès
de Vienne.

Le beau-père du maréchal lui annonça que
S. Ex. serait bientôt à Paris, Il se rendit à son
hôtel, et se trouva au moment où il descendait
de voiture. Il embrassa d'abord son plus jeune fils,
passa quelques instans avec madame la maréchale,
dont la physionomie était soucieuse ; elle venait
de faire une visite, je ne puis dire laquelle ; mais
elle était péniblement affectée, et je l'entendis
dire : « Chacun a ses malheurs ». M. le maréchal
me demanda ensuite ce qu'il y avait de nouveau.—
Quoi, vous ne le savez pas ? — Non, on ne sait pas
de nouvelles aux Coudreaux.—Napoléon est débarqué à Cannes. Le maréchal me témoigna le
plus vif étonnement et l'affliction la plus profonde. « Mon malheureux pays ! Que vient faire

cet homme, qui n'a que la guerre civile à nous apporter? S'il n'eût pas compté sur des mésintelligences et des ressentimens, il n'eût pas osé mettre le pied sur le sol français ».

Il termine par affirmer, sur l'honneur, que le 7 mars il ne pense point que M. le maréchal Ney fût informé du retour de Bonaparte, et que certes il ne le désirait point.

M. le président. Accusé, avez-vous quelques observations à faire?

M. le maréchal. Aucune.

Le vingt-deuxième témoin est M. le duc de Mailhé. Il dépose, après un narré succinct de sa propre conduite dans les événemens de mars, qu'il laissa M. le maréchal, à Lons-le-Saulnier, dans les plus favorables dispositions pour la cause du Roi.

M. le maréchal. Je prie M. le duc de Mailhé de dire si je n'avais pas averti Monsieur des dangers de sa retraite sur Moulins ; si je ne l'avais pas supplié à genoux de m'accorder un rendez-vous pour concerter nos opérations ; mais M. de Mailhé quitta mon gouvernement, et je n'entendis plus parler de lui ni de S. A. R.

M. le duc de Mailhé. Je dois encore à la vérité de déclarer que j'ai entendu M. le maréchal donner les ordres les plus rassurans, et dire, en propres termes, à M. le comte de Bourmont : « Allons, mon cher général, il faudra marcher contre Bonaparte ; nous serons peut-être inférieurs en nombre, mais nous nous battrons bien ; et, morbleu, nous le *frotterons.*

M. le maréchal. J'envoyai le détail de mes dispositions au ministre de la guerre, il mit mes lettres sous les yeux du Roi ; ma conduite fut approuvée.

M. le général comte Philippe de Ségur est le vingt-troisième témoin. Il dit qu'il a l'honneur de connaître beaucoup M. le prince de la Moskwa, que le 7 mars il lui dit qu'il allait combattre Napoléon; qu'il le chargea, en son absence, de plusieurs dispositions militaires; que tout ce qu'il entendit de sa bouche était digne du général français qui a fait la gloire de son pays dans vingt campagnes.

M. le marquis de Sauran, vingt-quatrième témoin, dépose ainsi qu'il suit:

J'ai parcouru, à l'époque de mars dernier, les départemens de la 6e et 7e divisions militaires; M. le maréchal Ney, que je vis successivement à Dôle, à Besançon, à Quingey, à Poligny, me parut partout bien disposé; une proclamation venue de Grenoble (et je le suppose, par la voie du commerce), tomba dans ses mains; il me la communiqua. « Ceci est bien fait, me dit-il, le Roi a tort de ne pas écrire comme cela; c'est ainsi qu'on parle aux troupes et qu'on les émeut : *Le drapeau tricolore volera de clocher en clocher, jusqu'aux tours de Notre-Dame!* »

Je tirerai sur le premier, ajouta-t-il; le soldat qui refusera d'obéir, je lui passe mon épée dans la poitrine : tout ira. Il nous faut du canon; j'ai un de mes aide-de-camp qui l'appliquera bien.

On donne lecture à la chambre des ordres rédigés par M. le maréchal, et écrits sous sa dictée par M. de Sauran, le 13 à quatre heures du soir; il en résulte qu'il ne pensait nullement, à cette époque, à déserter la cause qu'il avait juré de défendre.

M. le président. Comment est-il possible qu'après avoir pris des précautions si sages, établi

un plan de campagne si détaillé, vous ayez consommé la défection la plus complète?

M. le maréchal. Cette réflexion est juste, monseigneur; j'avoue que cela est étrange, et paraît
inexplicable : mais l'orage éclatait sur ma tête;
tout m'abandonnait autour de moi; j'étais seul et
circonvenu : vous savez le reste.

M. Berryer. Nous demanderons communication de l'original de ces pièces importantes.

M. de Frondeville. Je demande que M. le maréchal explique ce que c'est que l'orage dont il a
parlé.

M. le maréchal. La fureur révolutionnaire s'em-
parant de tous les esprits, du 13 au 14, personne
au monde n'aurait pu disposer des troupes et leur
faire quitter la place contre leurs vœux.

M. de Saint-Romain. Je demanderai à l'accusé
pourquoi il n'a pas fait arrêter les émissaires de
Bonaparte?

(Quelques rumeurs se manifestent dans l'assemblée.)

M. le maréchal. Je pense que j'ai déjà répondu
sur la même question.

Le vingt-cinquième témoin est M. Regnault-
de-Saint-Amour. J'ai entendu dire à M. le
maréchal qu'il eût fallu défendre les positions du
Rhône, couper les ponts de Lyon, empêcher le
contact des troupes de la 7ᵉ division avec les éclai-
reurs de Bonaparte. Ces discours étaient tenus le
11 mars, et j'ai vu S. Ex. très-disposée à défendre
les intérêts de S. M.

M. Berryer. M. le président, veuillez bien demander au témoin si, outre les troupes dont les
sentimens étaient tout à fait égarés, les habitans

des villes et des campagnes étaient dans des dispositions favorables.

M. de Saint-Amour. L'esprit était déjà très-mauvais dans le département de l'Ain, et particulièrement à Bourg les paysans se réjouissaient en criant *vive l'empereur!*

Le vingt-sixième témoin fait sa déposition : c'est M. Boulouze, négociant à Lyon.

Il quitta Lyon dans la matinée du 11, par la crainte des troupes de Bonaparte. Arrivé à Lons-le-Saulnier, un officier, empressé de savoir des nouvelles, s'adressa à lui, et le conduisit au prince de la Moskwa. Le prince l'interrogea long-temps. Le témoin lui donna des détails de l'entrée de Napoléon à Lyon ; lui communiqua une proclamation datée de Grenoble ; le prince eut beaucoup d'égard pour un voyageur si dévoué à la cause de Sa Majesté, et le laissa emporter, en le quittant, la certitude qu'il délivrerait la France de son fléau.

Je dis au maréchal, ajoute M. Boulouze. Déjà vous avez été le sauveur de la France, en forçant à Fontainebleau Napoléon d'abdiquer ; vous le serez deux fois.

M. le président. C'est le 12 mars que vous faisiez naître ces espérances : comment vous décidâtes-vous à les trahir sitôt ?

M. le maréchal. Peu de jours auparavant, Monsieur avait la même confiance dans les événemens. Il céda cependant, et moi aussi.

Madame Maury est le vingt-septième témoin ; elle raconte qu'à Dijon, le 16 ou le 17 mars, un comte Bayano, italien, qui voyait M. le prince de la Moskwa, alors dans cette ville, lui parla beaucoup de sa préoccupation, de ses regrets ; lui dit qu'il maudissait les circonstances difficiles où

il s'était trouvé, et que le sentiment de sa patrie
l'avait emporté sur tout.

Le vingt-huitième témoin est M. le baron Passinges de Préchamp. Il déclare qu'il était à Besançon
au moment du départ du maréchal pour Lons-le-
Saulnier ; que tous les discours, toutes les dispositions dont il a pu juger, respiraient le plus sincère attachement à la famille royale. Les soldats,
dit-il, pouvaient être guidés, s'ils fussent restés
casernés ; en contact avec la population, ils étaient
perdus. Le 14, à la fatale revue, toutes les figures
étaient pâles et annonçaient une grande catastrophe. Je pressentis le retour du régime de 93,
où les officiers furent chassés par les soldats ; je
me rendis, par ordre du maréchal, au quartier-
général de Bonaparte ; mais je dois dire que le
but de cette mission honore le maréchal ; il s'a-
gissait seulement de faire régler avec le général Bertrand, et assurer la subsistance des troupes.
Je quittai Lons-le-Saulnier : depuis ce temps je
ne servis plus.

M. Berryer. Avez-vous vu la proclamation imprimée de M. le maréchal ?

Le témoin. Je la vis à Auxerre ; ce qui me fit
présumer qu'elle avait été répandue d'avance.

M. de Boursillac, sous-préfet à Poligny, est
entendu comme vingt-neuvième témoin.

Il a vu le maréchal avant sa défection ; le reçut chez lui, lui offrit de mettre à sa disposition les gardes nationales, et de donner lui-même
l'exemple de prendre les armes ; il a entendu le
maréchal se plaindre du Roi, de M. et de mad. de
Blacas ; du rejet qu'on avait fiat, à la cour, des
services de la vieille garde ; le 15 mars il apprit l'é-
vénement de Lons-le-Saulnier, qui lui fut con-

firmé , le soir même, par MM. les généraux Lecourbe et de Bourmont.

M. le maréchal. Sur ce que j'ai dit de la vieille
garde, je dois une explication ; oui, j'ai dit au
Roi qu'il était politique et généreux de se l'attacher ; qu'elle avait des droits à défendre sa personne ; que la garde était la récompense de toute
l'armée, et qu'il ne fallait pas l'anéantir. Ce discours, je l'ai tenu à Compiègne, dans un moment
où S. M. daignait me donner une confiance toute
particulière. Bonaparte l'a su, et m'a dit depuis :
« Si le Roi eût suivi vos conseils, jamais je n'eusse
» mis le pied en France. »

M. le baron Capelle, interpelé par M. le président sur l'esprit de la ville de Lons-le Saulnier,
renvoie la question à M. le Vaulchier, son collé-
gue, qui déclare que le sentiment le plus général
des habitans était l'indifférence. La saine portion
des citoyens, dit-il, était royaliste ; mais elle était
la plus faible.

L'audience, interrompue un moment, recommence à trois heures.

Trentième témoin : M. le chevalier Durand,
maréchal-de-camp, commandant d'armes à Besançon. Il dépose : M. le maréchal Ney arriva à
Besançon dans la matinée du 9 mars ; je lui fus
présenté par M. le général de Bourmont, commandant la division, avec les officiers de la place.
La conversation du maréchal, dans cette entrevue, nous donna la plus grande confiance dans
ses dispositions ; il nous dit, entre autres choses,
qu'il était heureux que Bonaparte eût tenté sa
folle entreprise, que ce serait le cinquième acte
de sa tragédie. Il donna des ordres pour le départ
des troupes de la garnison ; lui-même partit le
11 ; les troupes se mirent en marche ; les chefs

principaux étaient dévoués au Roi; cependant
les soldats et les simples officiers ne donnaient pas
la même garantie. Le maréchal nous dit, avant
de se mettre en route, qu'il faisait son affaire de
Bonaparte : Nous n'élevâmes aucun doute sur ses
intentions; son caractère connu, sa franchise,
l'influence qu'il avait sur les soldats, la haine qu'il
témoignait contre Bonaparte, tout devait nous
rassurer. Dans les journées des 12 et 13, plusieurs
ordres du maréchal parvinrent dans la place;
tous étaient dans les intérêts du Roi. Dans la
soirée du 14 arriva le sieur Duldeau, officier du
génie ; il nous apporta plusieurs dépêches : l'une
nous annonçait l'affaire du 14 et la défection du
maréchal. Deux autres dépêches, signées du
maréchal prince de la Moskwa, nous parvinrent le 15 ; ces dépêches, adressées au général
Mermet, commandant par intérim la division,
contenaient quatre ordres : le premier, pour
faire partir six pièces d'artillerie ; le second,
pour faire marcher tous les hommes disponibles
de la garnison; le troisième, pour faire proclamer
Napoléon et arborer les couleurs tricolores; le
quatrième, pour faire arrêter plusieurs individus, auxquels M. le maréchal avait rendu la
justice de penser qu'ils ne suivraient pas son
exemple.

Je donnai le conseil de n'exécuter aucun de
ces ordres et de faire fermer les portes de la ville ;
mais la crainte de causer du tumulte et de voir
répandre du sang empêcha de suivre mon avis :
on laissa les communications libres, les batte-
ries et les troupes sortirent le 18; et le 21, à
cinq heures du soir, on arbora les trois couleurs.

M. Berryer. Je prie le témoin de vouloir bien

rectifier une erreur de date qui a échappé à sa mémoire, et qui est relative au jour qu'il a désigné pour l'arrivivée à Besançon de M. le maréchal.

M. Durand. J'ai dit que c'était le 9, et je le crois en effet. Je suis certain que M. le maréchal partit le lendemain.

M. Berryer. Cependant, dans votre déposition écrite, vous avez dit que c'était le 10, et il nous importe d'éclaircir ce fait.

Le témoin (après avoir rappelé ses souvenirs). J'ai tort, c'est en effet le 10 que M. le maréchal arriva à Besançon; il partit le 11.

M. Berryer. Je ferai une seconde observation au témoin : Est-ce bien le maréchal qui donna des ordres pour le départ des troupes.

M. Durand. Les troupes n'ont pu partir que sur les ordres de M. le maréchal, transmises par M. le comte de Bourmont.

M. le maréchal. Vous vous trompez, M. le général, les troupes étaient parties avant mon arrivée.

M. Durand. Pas toutes.

Un pair. Le témoin a-t-il entendu parler, antérieurement au 14, de préparatifs pour désarmer la place de Besançon?

M. Durand. Je n'en ai pas entendu parler.

Le même pair. Le témoin peut-il donner quelques éclaircissemens sur le départ des canons?

Le témoin : Les bouches à feu partirent pour Château-de-Joux.

M. Berryer. Ceci est un point important. M. le baron Mongenet aurait pu nous donner des détails essentiels sur ce fait.

M. Bellart. M. le baron Mongenet a été

assigné comme témoin, mais on n'a pu savoir où il était, on a dit chez lui qu'il était en voyage et que l'on ne pouvait savoir son adresse que par la première lettre qu'il écrirait.

On lit la déclaration faite par M. le baron Mongenet devant le rapporteur du conseil de guerre.

M. Durand. Le maréchal avait donné l'ordre de faire partir de l'artillerie ; mais il n'a point été question du désarmement de la place de Besançon : ce qui a pu donner lieu à ce bruit, c'est qu'on rentra plusieurs pièces montées du polygone ; mais je n'ai eu, je le répète, aucune connaissance qu'il ait été question de désarmer la place.

Le témoin ne sait pas quelles mesures avaient été prises pour l'approvisionnement.

Trente-unième témoin : M. le lieutenant-général, *comte Heudelet.* J'avais cru, ainsi que je l'ai déjà dit, avoir reçu plusieurs lettres de M. le maréchal, antérieurement, au 14 ; mais c'est une erreur de ma part ; je n'ai reçu qu'une seule lettre le 13, dont la copie a été insérée dans un mémoire de M. Berryer. Cette lettre me parvint au moment où je me disposais à partir de Dijon, que la mauvaise disposition des esprits m'obligeait de quitter. J'ai écrit plusieurs fois à M. le maréchal pour lui demander des renseignemens sur la situation des affaires.

Un pair. Etiez-vous sous les ordres du maréchal ?

M. le comte Heudelet. Je n'étais point sous ses ordres ; du moins je n'avais reçu aucune instruction à cet égard. Cependant, pour le bien du service, j'eus soin d'informer le maréchal de

IIᵉ partie   10

ce qui se passait; mais je n'ai reçu aucun ordre de lui.

M. Berryer. Les renseignemens d'un officier-général aussi distingué que M. le comte Heudelet sont précieux. Je le prie de vouloir bien nous dire quelle était la situation politique des départemens sous son commandement, et des pays environnans.

M. le comte Heudelet. Dans tous le pays, le mouvement d'insurrection était général. On ne pouvait point compter sur les soldats, ni sur les habitans. Le parti du Roi était d'une infinie minorité. Il en était de même, je crois, dans le gouvernement de M. le maréchal.

Je donnai des renseignemens conformes au ministre de la guerre, au duc de Bellune et au duc de Reggio, avec lesquels j'étais en correspondance.

M. Berryer. Quel était l'esprit des campagnes? (Quelques murmures dans l'assemblée.)

Le général Heudelet. Les habitans étaient exaspérés : ils étaient portés à se réunir à Bonaparte.

M. Berryer. Pensez-vous que, dans la situation où il était, le maréchal pût opposer quelque résistance à Bonaparte ?

Le général Heudelet. Je ne sais pas, au juste, quelles sont les forces qu'il avait à sa disposition : s'il n'avait que quatre régimens, comme on l'a dit, la résistance était impossible.

Un pair (M. de Frondeville). M. le général pense-t-il que la ville d'Autun fût dans de mauvaises dispositions ?

Le général Heudelet. Oui.

Le pair. N'avez-vous pas eu connaissance que

la garde nationale demanda à quitter Autun pour ne pas servir l'usurpateur ?

Le général Heudelet. Je n'ai eu aucune connaissance de ce fait : comme chef militaire, j'en aurais vraisemblablement été informé. J'ai su que le maire d'Autun avait demandé des cartouches; mais comme je connaissais ses mauvaises dispositions, je ne lui en fis point délivrer. Je fus instruit qu'un officier, porteur de dépêches du ministre de la guerre, avait été arrêté et retenu à Autun. Je me suis toujours défié de l'esprit d'Autun.

Le même pair (M. de Frondeville). J'avais des raisons particulières pour faire ces questions, parce que comme préfet alors, c'est à moi qu'on porta la demande de la garde nationale.

M. Dupin. Je me permettrai de faire observer que ceci est moins une question qu'une déposition sur un fait.

Le pair. Ce n'est point une déposition. Comme M. le maréchal Ney s'appuie sur les mauvaises dispositions du pays, j'ai cru devoir demander des éclaircissemens sur ce point important. Ma remarque n'avait pas d'autre objet. Je n'ai pas besoin qu'on me fasse mesurer l'étendue de mes devoirs comme juge; je les connais.

M. Dupin se lève pour répondre.

Sur une simple observation de M. le chancelier, il se rassied.

Trente-deuxième témoin : M. Dutour, commissaire des guerres, attaché au maréchal. Sa déposition n'est relative qu'à la décoration que portait le maréchal à Lons-le-Saulnier, le 14. Le témoin dépose qu'il n'a fait aucune remarque à ce sujet.

On va appeler de nouveaux témoins.

M. Bellart. Les témoins qui vont être appelés doivent déposer des faits absolument étrangers à l'acte d'accusation. Ils doivent parler d'une difficulté qu'on prétend élever au sujet de la convention de Paris, du 3 juillet. Il est bien tard pour faire valoir de pareils moyens; cependant les commissaires du Roi ne s'opposent point à l'audition de ces témoins; ils ne veulent pas qu'on puisse supposer qu'ils aient manqué de générosité.

Trente-troisième témoin: le maréchal prince d'Eckmülh. Avant qu'il ait parlé, M. Berryer l'invite à donner quelques éclaircissemens sur ce qui est relatif seulement à la convention de Paris, du 3 juillet.

Le prince d'Eckmülh. Dans la nuit du 2 au 3 juillet, étant sous les murs de Paris, avec l'armée que je commandais, et au moment où je faisais mes dispositions pour livrer une bataille générale, je reçus ordre de la commission du gouvernement de faire des ouvertures à l'ennemi, pour traiter de l'évacuation de la capitale. On me porta des instructions auxquelles j'ajoutai quelques articles relatifs à la désignation d'une ligne militaire. Les premiers coups de fusil avaient déjà été tirés; je me hâtai d'envoyer aux avant-postes, afin d'éviter l'effusion du sang. J'envoyai au quartier-général pour faire les premières ouvertures; elles furent accueillies, et MM. Bignon, de Bondi, et le général Guilleminot se rendirent auprès du duc de Wellington et du maréchal Blücher, en qualité de plénipotentiaires pour traiter de la convention militaire. Le général Guilleminot, chef d'état-major de l'armée, avait pour instruction expresse de rejeter toute proposition qui ne serait pas favorable à la ville de Paris, à ses habitans, aux autorités civiles et militaires. Le 3 au soir, on me rapporta la convention signée.

M. Berryer. Où étaient alors les généraux ennemis ?

M. le prince d'Eckmlüh. Le maréchal Blücher avait son quartier-général à Saint-Cloud, le duc de Wellington était aux environs de Paris, du côté de Gonesse.

M. Berryer. Qu'auriez-vous fait, si la convention proposée n'eût pas été accepté ?

M. le prince d'Eckmülh. J'aurais livré la bataille ; j'avais une belle armée, bien disposée, j'avais 25,000 hommes de cavalerie, 4 ou 500 pièces de canon ; et toutes les chances que peut prévoir un général en chef m'étaient favorables.

. *M. Dupin.* Je prie M. le prince d'Eckmülh de vouloir bien expliquer quel effet devait avoir, dans sa pensée, l'article 12 de la convention, relatif à la sûreté des personnes, pour leurs opinions ? s'il entendait que cet article devait avoir un effet indéfini, ou bien s'il était seulement temporaire ?

M. Bellart. De pareils détails sont tout à fait étrangers à l'accusation ; il est inutile, peut-être indiscret, de les demander. Je m'oppose, au nom des commissaires du Roi, à ce que le témoin réponde à de pareilles interpellations.

M. le président. Oui, ceci est en effet étranger à la cause,

Quelques pairs. Non, non.

M. Bellart. Permettez : ce qu'on peut dire hors l'acte d'accusation serait une sorte de piège. La cour ne peut pas écouter....

M. le maréchal Ney. Cette capitulation était protectrice de tous les Français, quelles qu'aient été leurs opinions et leur conduite antérieure. C'est sur la foi de cette convention que je me suis reposé. Sans cela pense-t-on que j'eusse balancé à périr le sabre à la main, si j'avais prévu que je dusse figurer sur le banc des accusés.

M. le président. Si cette convention peut être invoquée, c'est dans ses termes propres qu'il faut chercher protection ; mais il n'est point convenable de scruter, surtout dans de telles matières, la pensée du témoin. En vertu du pouvoir directionnel que me donne la loi, j'ordonne au témoin de s'abstenir de répondre aux nouvelles questions qui lui sont adressées.

M. le prince d'Eckmülh va s'asseoir sur le banc des témoins.

M. Berryer voudrait que le témoin expliquât quels sont les articles de la convention qui ont été adoptés sans réclamation.

Cette demande n'a pas de suite pour le moment.

Trente quatrième témoin : M. le comte de Bondi. Je fus chargé, concurremment avec les autres plénipotentionnaires, de traiter de la convention de Paris. Nos instructions portaient expressément de rompre toute négociation dans le cas où l'article 12, qui garantissait la sûreté des personnes, et qu'aucun individu quelconque ne serait recherché pour sa conduite passée ou ses opinions, ne serait pas adopté sans restriction. Cet article n'éprouva aucune difficulté : il fut adopté par les généraux Blücher et Wellington, de la manière la plus rassurante pour les personnes auxquelles il pouvait se rapporter le plus directement. Quelques autres articles seulement éprouvèrent diverses modifications.

Un pair. Je désirerais que M. le président vou-lût bien demander à M. le prince d'Eckmülh si le Roi aurait pu rentrer à Paris immédiatement après la signature de la capitulation ?

Plusieurs pairs. Non, non; cette question ne doit pas être débattue.

Un pair (M. le comte de Lally-Tollendal). Je me crois obligé de faire observer à la chambre que des matières politiques d'une si haute impor-tance ne doivent point être débattues en public.

Plusieurs voix. Appuyé, appuyé.

Trente-cinquième témoin, M. le général, comte Guilleminot. Comme chef de l'état-major de l'ar-mée réunie sous les murs de Paris, je fus chargé de stipuler dans la convention pour les militaires. Il m'était expressément recommandé de renon-cer au traité dans le cas où leur sûreté ne serait pas garantie. L'armée était prête à combattre ; c'est l'adoption de l'article 12, que l'on considérait comme la principale base du traité, qui fit poser les armes.

M. Dupin. Puisqu'il s'agissait simplement d'une convention militaire, pourquoi M. le général Guilleminot ne fut-il pas seul chargé de traiter?

Le général Guilleminot. MM Bignon et Bondi étaient chargés de stipuler pour la ville de Paris, pour les autorités civiles en général, et moi pour les militaires.

Il ne reste plus de témoins à entendre.

M. le président. L'accusé, ses conseils ou M. le commissaire du Roi, ont-ils quelques nouvelles observations à présenter?

Sur leur réponse négative, M. le président an-nonce que M. le procureur-général a la parole.

M. Bellart se lève et s'exprime en ces termes :

« Messieurs les pairs, lorsqu'au fond des déserts, autrefois couverts de cités populeuses, le voyageur philosophe qu'y conduit cette insatiable curiosité, attribut caractéristique de nôtre espèce, aperçoit les tristes restes de ces monumens célèbres construits dans des âges reculés, dans le fol espoir de braver la faux du temps, et qui ne sont plus aujourd'hui que des débris informes et de la poussière, il ne peut s'empêcher d'éprouver une mélancolie profonde, en songeant à ce que deviennent l'orgueil humain et ses ouvrages. Combien est plus cruel encore pour celui qui aime les hommes, le spectacle des ruines de la gloire tombée dans la ruine par sa propre faute, et qui prit soin de flétrir elle-même les honneurs dont elle fut d'abord comblée.

» Quand ce malheur arrive, il y a en nous quelque chose qui combat contre la conscience pour la routine de respect, long-temps attachée à cette illustration à présent déchue. Notre instinct s'indigne de ce caprice de la fortune, et nous voudrions, par une contradiction irréfléchie, continuer d'honorer ce qui brilla d'un si grand éclat, en même temps que détester et mépriser celui qui causa de si épouvantables malheurs à l'Etat.

» Telle est, MM. les pairs, la double et contraire impression qu'éprouvent, ils ne s'en défendent pas, les commissaires du Roi à l'occasion de ce déplorable procès. Plût à Dieu qu'il y eût deux hommes dans l'illustre accusé, qu'un devoir rigoureux nous ordonne de poursuivre ; mais il n'y en a qu'un ! Celui qui pendant un temps se couvrit de gloire militaire est celui-là même qui devint le plus coupable des citoyens.

» Qu'importe à sa patrie sa funeste gloire ? il l'a éteinte tout entière dans une funeste trahison, suivie pour notre malheureux pays d'une catastrophe sur laquelle nous osons à peine faire reposer notre attention ; qu'importe qu'il ait servi l'Etat, si c'est lui qui contribua puissamment à le perdre ; il n'y a rien que n'efface un tel forfait. Il n'est pas de sentiment qui ne doive céder à l'horreur qu'inspire cette grande trahison.

» Brutus oublia qu'il fut père, pour ne voir que la patrie. Ce qu'un père fit au prix de la révolte même de la nature, le ministère, protecteur de la sûreté publique, a bien plus le devoir de le faire, malgré les murmures d'une vieille admiration qui s'est trompée d'objet. Ce devoir, il va le remplir avec droiture, mais avec simplicité. On peut du moins épargner à l'accusé des affligeantes déclamations. Qu'en est-il besoin à côté d'une conviction puisée dans une si incontestable évidence ? Je les lui épargnerai donc. C'est un dernier hommage que je veux lui rendre. Il conserve sans doute encore assez de fierté d'ame pour en sentir le prix, pour se juger lui-même, et pour distinguer dans ceux qui sont chargés de la douloureuse fonction de le poursuivre ce mélange vraiment pénible de regrets qui sont de l'homme, et des impérieuses obligations qui sont de la charge. »

Après cet exorde, M. le procureur-général entre dans la discussion de l'accusation.

« M. le maréchal Ney, dit-il, convient que le 7 mars il reçut du ministre de la guerre l'ordre de se rendre dans son gouvernement. Il passa par Paris, où il demeura vingt-quatre heures; il employa ces vingt-quatre heures à faire ses préparatifs de voyage. Il eut une entrevue avec le ministre qui, assure-t-il, ne lui donna aucune sorte d'instruction; il vit le Roi, et il eut l'honneur de recevoir de S. M. des marques de faveur, et même des témoignages d'une affection particulière.

» Arrivé à Besançon, M. le maréchal y trouve les instructions du ministre de la guerre; le ministre lui donnait l'ordre formel de réunir dans son gouvernement toutes les forces disponibles, pour les tenir à la disposition de S. A. R. Monsieur; les ordres donnés à M. le maréchal (M. Bellart en a lu une partie) portaient encore de manœuvrer et d'employer tous les moyens possibles pour entraver, contrarier les opérations de l'ennemi, et pour l'anéantir.

» Et cependant l'accusé a prétendu qu'il n'avait reçu personnellement aucun ordre, aucune instruction précise. Il semblerait, à l'entendre, qu'on l'eût envoyé dans son gouvernement pour y rester les bras croisés. Quoi ! ce serait un général en chef, un maréchal de France, couvert d'honneurs et de gloire, un homme qui jouissait de la plus grande influence sur l'esprit de l'armée; ce serait un guerrier, honoré de la confiance du Roi, que, dans une circonstance aussi importante, aussi périlleuse, on aurait déplacé pour le laisser dans l'inaction ? Cette assertion est aussi peu vraie que vraisemblable.

» M. le maréchal Ney avait reçu des ordres précis; il devait employer les forces qui lui étaient confiées à anéantir, à exterminer l'usurpateur. Il quitta Besançon pour se rendre à Lons-le-Saulnier; et c'est dans la fatale nuit du 13 au 14 mars qu'il se rend coupable du plus grand crime, qu'il paie par tant de perfidie les bienfaits dont il avait été comblé!

» Quelles que soient les difficultés que l'esprit éprouve à se persuader qu'il n'y ait eu, comme le prétend l'accusé, aucune préméditation dans le crime qu'il a commis, je ne discuterai point cette question préexistante. Je n'approfondirai point la déposition contraire de quelques témoins, je ne chercherai pas même à pénétrer le silence pieux de ces jeunes témoins, de ces aides-de-camp, dont je suis loin assurément de prétendre blâmer le silence, et dont, sans doute, vous avez gardé le souvenir.

» Le récit simple, naïf et réservé de l'aide-de-camp du maréchal, a produit une impression trop vive sur les esprits, pour que vous n'en ayez pas encore présentes toutes les circonstances.

» Vous avez apprécié cette louable retenue que le jeune officier a mis dans sa déposition; vous aurez senti que, pénétré de la plus profonde et de la plus louable reconnaissance pour son bienfaiteur, il n'a fait qu'indiquer en quelque sorte les circonstances qui étaient de nature à faire ressortir toute la perfidie de l'accusé.

» M. le maréchal Ney partit, dit-il, de Paris, avec la ferme résolution de servir le Roi. Il arrive à Lons-le-Saulnier. Le premier acte qu'il fait de son pouvoir, dans la nuit du 13, c'est de recevoir non pas un, mais plusieurs émissaires de Bonaparte.

» Celui qu'on opposait comme un rempart inexpugnable à l'u-
surpateur se rend accessible à ses envoyés; au lieu de les faire
saisir sur-le-champ, il écoute leurs propositions. N'est-ce pas là
que le crime a commencé; n'est-ce pas dans cette fatale nuit du 13
au 14 que l'accusé s'est rendu traître à son Roi, perfide envers sa
patrie. — Il a pris quelque temps pour délibérer. Délibérer dans
de pareils momens !...... Il a fait appeler deux généraux pour leur
demander des conseils. Devait-il avoir besoin d'avis dans de telles
circonstances, et l'honneur lui laissait-il le choix du parti qu'il avait
à prendre?

» Les deux généraux Lecourbé et de Bourmont cependant se
rendent chez M. le maréchal. Il prétend qu'ils lui conseillèrent,
d'un commun accord, d'abandonner la cause du Roi pour se
ranger sous les drapeaux de Bonaparte; mais la déposition des
deux témoins est absolument contraire à cette allégation; et il est
au moins déraisonnable de la soutenir.

» Et d'ailleurs, si l'on pouvait, abondant dans le sens de l'accusé, révoquer en doute, en effet, la déclaration de M. de Bourmont, bien qu'elle se rapporte entièrement à la déposition écrite
du général Lecourbé, n'est-il pas un autre genre de témoignage
qu'il n'est pas possible de réeuser? Si le général de Bourmont eût
conseillé à M. le maréchal Ney de trahir son Roi, l'aurait-il
abandonné vingt-quatre heures après? Ici ce sont des faits et non
des hommes qui parlent; mais M. de Bourmont n'a déclaré que
la vérité. L'accusé ne délibérait plus dans la matinée du 14; son
parti était pris; il n'avait d'autre but, en fesant appeler les deux
généraux, que de les associer à son crime. Sa résolution était
prise d'abandonner la cause de son souverain légitime pour adopter un nouveau maître; il était déterminé d'avance à passer du
côté de la fortune.

» Lors même que les généraux Lecourbe et de Bourmont auraient conseillé au maréchal de trahir, s'ils eussent été en effet ses
complices, il n'en résultait autre chose, sinon qu'il y aurait eu
deux coupables de plus.

» C'est le 14 au matin qu'un guerrier jusque-là couvert de
gloire, qu'un maréchal revêtu de la confiance de son Roi, se
rend au milieu de ses troupes, leur lit la proclamation du 13, et
leur ordonne ainsi de reconnaître comme souverain celui qu'ils
devaient combattre et anéantir comme usurpateur.

» L'histoire conservera long-temps le souvenir de tant de per-
fidies !

» Je pourrais borner ici les développemens que je dois vous
donner sur l'accusation portée contre M. le maréchal Ney. J'ignore
ce qu'on pourra dire pour justifier des faits si matériels, et non
démentis par l'accusé lui-même. J'avoue que mon imagination ne
conçoit pas quels motifs on peut alléguer pour justifier, ou même
pallier un crime aussi clairement démontré; et je dois l'avouer
avec franchise, je désirerais qu'en effet on pût porter quelques
convictions favorables dans vos esprits, et que l'on sauvât ainsi du
naufrage de l'honneur quelques-uns de ses débris.

» On essaie de soutenir que la proclamation n'avait séduit per-

sonne ; que le mal était déjà sans remède; qu'il était impossible
de résister au torrent; mais les débats que vous avez entendus
démontrent eux-mêmes la fausseté d'une pareille assertion. Sans
parler des sujets fidèles qui ont déposé devant vous, rappelez-vous
encore l'aide-de-camp de M. le maréchal; assurément l'accusé avait
un grand pouvoir sur l'esprit de ce jeune militaire; et pourtant
il a résisté à ce torrent, plus fort sans doute pour lui que tout
autre. Il s'est rendu auprès du maréchal; il a dîné avec lui dans
la journée du 15, et ensuite lui a demandé son congé. Tout le
monde n'a donc pas été entraîné, puisque l'un de ceux qui, par
sa position particulière, courait le plus de dangers, a pu résister
à ce torrent qui, vous dit-on, traînait tout à sa suite.

» Et qu'on ne nous parle plus du danger vrai ou supposé qu'il
pouvait y avoir à ne pas suivre l'impulsion qui était donnée sur
quelques points. Est-ce un militaire, un militaire français, qui
ose parler de péril, lorsqu'il s'agit surtout de faire son devoir !
Le maréchal n'aurait-il pas dû périr, s'il le fallait, pour la défense de la cause sacrée qu'il avait juré de défendre. Que l'accusé
cherche donc ailleurs ses moyens de justification.

» Toujours est-il que le crime fut consommé par la lecture de la
proclamation.

» Le maréchal n'avait rien fait au surplus pour éviter un mal qui,
selon lui existait avant sa défection personnelle, et certes les dépositions des témoins ont assez établi que ce mal n'était pas alors sans
remède, comme on voudrait le faire penser.

» Quoi qu'il en soit, le maréchal, dans la matinée du 14, entra tout entier dans le crime ; il pénétra bien franchement et sans
réserve dans le sentier de perfidie qu'il avait adopté : le jour même
il transmet au colonel la Genetière, son chef d'état-major, l'itinéraire que les troupes devaient suivre pour rejoindre l'usurpateur;
il prescrit d'admettre dans les rangs tous les officiers à la demi-
solde qui se présenteront ; enfin il ordonne de faire disparaître
les couleurs du Roi pour faire arborer la cocarde tricolore. (M. Bel-
lard lit un extrait de cet itinéraire.)

» Ne serait-il pas superflu maintenant d'entrer dans d'autres
détails ?

» Faut-il vous parler de l'ordre signé par le maréchal, le 19, d'arrêter MM. de Bourmont, Lecourbe, Clouet, la Genetière, de
Scey, etc.? A quoi bon nous entretenir de tous ces crimes détaillés, lorsque le crime principal est si bien et si clairement démontré?

» La question de la préméditation qu'on veut discuter n'est, au
fond, qu'une question oiseuse. Les autres petits moyens qu'on
essaie de faire valoir ne sont réellement que des formes de chi-
cane, dont on devrait peut-être s'abstenir. Les faits sont d'une
telle évidence, que je ne pousserai pas plus loin mon examen.
J'attendrai les objections qu'on se propose d'opposer, et je crois
pouvoir prendre d'avance l'engagement de les réfuter sans peine
dans leur entier.

» Je ne dois pas omettre, toutefois, de vous faire remarquer
avec quel mépris et quels termes insultans l'accusé s'exprimait sur

sur les princes de l'auguste maison de nos rois. Ce sont encore autant de faits consignés dans la procédure.

» Messieurs, vingt-cinq années de troubles et d'orages politiques n'ont que trop affaibli les principes de la morale ; dans ces derniers temps surtout ces principes ont été trop souvent méconnus ; que d'hommes, que je n'accuse point pourtant, et dont les circonstances doivent atténuer les erreurs, se sont écartés de leur devoir ! Mais, si l'on aime à chercher quelques excuses pour des fautes nées des événemens, il est bien douloureux et bien pénible de rencontrer au nombre des vrais coupables l'un de ces citoyens illustres qui firent long-temps la gloire de la France ; et de le trouver au premier rang de nos guerriers, dont l'honneur devrait composer l'existence tout entière.

» Si, pour la première fois, en effet, l'accusé eût redouté le péril, ne lui restait-il pas une autre ressource, moins glorieuse pourtant que celle qui lui était naturellement offerte, et ne devait-il pas au moins rentrer dans la retraite pour y conserver religieusement la foi qu'il avait jurée ?

» Je m'arrête, Messieurs, et je laisse à vos consciences le soin d'apprécier les charges contenues dans l'acte d'accusation.

» Je me réserve de répondre aux moyens qui seront présentés par l'accusé. »

M. Bellart ayant cessé de parler, M. le président, après avoir consulté les défenseurs du maréchal, a suspendu la séance à cinq heures moins un quart. Elle sera reprise demain matin, à neuf heures et demie, pour entendre M. Berryer.

Séance du 6 décembre.

La séance s'ouvre à 10 heures et demie.

L'accusé et les témoins sont présens.

M. le garde-des-sceaux, MM. de Vaublanc, Dubouchage et de Cazes occupent le banc des ministres.

On fait l'appel nominal : aucun membre n'est absent.

M. le Président. Les défenseurs de l'accusé ont la parole.

M. Bellart. Avant d'entendre les avocats, je demande à la chambre qu'elle veuille bien permettre à M. de la Genetière, l'un des témoins une explication nécessaire sur le déni que fait M. le maréchal d'avoir reçu la lettre qu'il lui écrivit le 14 mars : il semble rester en doute que cette noble démarche ait été réellement faite ; il importe à l'honneur d'un témoin que sa conduite soit éclaircie, et à la chambre de connaître qui, de M. de la Genetière ou de M. le maréchal, en aurait imposé.

M. de la Genetière est appelé, et paraît à la place où sont reçues les dépositions des témoins : il tient un papier à la main.

J'ai écrit la nuit du 15 au 16 à M. le maréchal : mon domestique était chargé de lui remettre la lettre deux heures après mon départ. Il dut la recevoir à 3 heures du matin, et en effet il la reçut ; car il écrivit à M. de Bessière, à Besançon, une lettre où il y a un paragraphe qui me concerne. La voici :

« Donnez ordre au major de la Genetière, qui doit arriver à Besançon, de sortir de cette place, et de n'y rentrer qu'après l'arrivée de Napoléon à Paris, c'est-à-dire au grand jour de la réconciliation générale, où lui-même oubliera tous les griefs. Puisque le major manque de confiance en moi, je ne puis pas en avoir en lui. » Il est donc établi que j'avais écrit à M. le maréchal, et qu'il avait reçu ma lettre.

M. le comte Gouvion. Qui est-ce qui le prouve ? qu'est-ce que tout cela veut dire ?

M. le maréchal. J'avais appris le départ de M. de la Genetière comme beaucoup d'autres incidens, par les rapports de la gendarmerie. Chargé du gouvernement de la province et du commandement de l'armée, j'avais mille moyens d'être instruit d'un fait sans la prétendue lettre de M. de la Genetière.

Le témoin se retire avec beaucoup d'émotion, en murmurant quelques paroles.

M. Bellart insiste encore pour éclaircir le dé-menti donné par le maréchal : la chambre ne s'y arrête plus.

M.' Berryer. Monseigneur, messieurs les pairs,

« Malgré l'éloquence qu'on a déployée dans l'exposé fait par le ministère public, sur la procédure où nous sommes engagés, je déclare que je ne peux me circonscrire dans l'espèce de cadre qu'on semble nous avoir tracé d'avance. Déjà quelques traits échappés à la franchise de M. le maréchal vous ont fait sentir qu'il n'avait jamais cessé d'être bon Français. Il faut prouver cette vérité, éclairer à cet égard toutes les consciences; je ne crains point qu'on m'accuse d'avoir rendu épineuse la discussion, de me traîner sur de longs détails; ils sont tous religieusement du devoir de mon ministère. Je parlerai contre l'application violente qu'on veut faire de la loi. Je me suis imposé l'obligation d'écrire d'avance les réflexions que je veux soumettre à cette haute cour de justice, afin de ne hasarder rien qui blesse les convenances dans cette cause si délicate et si imposante.

» Je dois d'abord, a-t-il dit, des actions des grâces à S. M. pour avoir voulu que la défense fût libre, entière et publique. Comment acquitterai-je envers vous, Messieurs, le tribut de reconnaissance qui vous est dû pour les délais que vous nous avez généreusement concédés; pour cette portion de vérité qui est venue, à la faveur d'une temporisation si nécessaire, alléger le poids énorme des préventions qui pesaient contre nous.

» Le maréchal Ney n'a jamais reçu de récompense pécuniaire pour accomplir ses devoirs, n'a jamais porté dans son cœur l'intention d'une perfidie en manifestant au Roi son dévouement; il n'a jamais souillé sa main ni ses lèvres. Il est déchargé sans retour de cette calomnie. Qu'est-ce donc que cette expression : *Qu'il subsistait encore assez de louche*, entendue hier encore dans cette enceinte par l'organe du procureur-général? Bénis soient les retards favorables qui nous ont amenés jusqu'à la journée du 20 novembre! journée où il a été établi, dans la profession de foi européenne, que les projets de haine,

les idées de récriminations devaient être à jamais étouffés.
Ces sentimens que témoignent envers nous tant de nations que nous avons successivement tourmentées, et
auxquelles le maréchal a été plus d'une fois si funeste,
ne vous paraissent-ils pas mériter toute la profondeur de
vos méditations ?

» Le 14 mars, le prince de la Moskwa était fidèle ;
il y a une injustice évidente à s'en prendre à sa résolution du retour de Bonaparte et des maux qui en ont été
la conséquence. Vous êtes des jurés, Messieurs; je ne
me séparerai plus de cette idée, que vous composez un
juri national. Le fait qui nous est imputé n'est prévu par
aucune loi : serait-il hors de vos attributions de juger
l'intention qui l'a produit? Vous nous verrez moins défenseurs d'une vie tant prodiguée pour la France, que
défenseurs de la loi.

» L'événement qui ramena parmi nous Napoléon fut
une fatalité sans exemple; j'examinerai si les catastrophes
du mois de mars sont de nature à en faire reposer sur le
maréchal Ney toute la culpabilité; si, quand l'Europe
entière a pris un parti contre le grand coupable, la peine
imposée à un de ses prétendus complices doit être plus
grave; si enfin l'Europe n'a pas pris des précautions pour
empêcher cette vengeance, elle qu'on prétend avoir voté,
sollicité la mise en jugement du maréchal Ney.

» Je commencerai par la réfutation de l'acte d'accusation.

» Jamais on ne qualifiera bien la conduite de l'accusé
au 14 mars, si on n'est pas juste sur la position des
choses. A en croire cet acte d'accusation, il ne s'agissait
alors que d'un complot isolé soutenu par une poignée
d'hommes, et ce serait l'unique défection du maréchal
qui aurait tout décidé. Vue de cette manière, sa conduite
serait en effet bien coupable; mais la vérité, la vérité
qui triomphe tôt ou tard des préventions ou des nuages
dont on veut l'obscurcir, doit dire ce qu'ont pensé les
dépositaires mêmes de l'autorité légitime. Comment
se fait-il qu'en vingt jours Bonaparte soit arrivé de Cannes à Paris, qu'il ait obtenu de la multitude, égarée sans
doute, mais enfin de la multitude, des hommages, des
transports d'enthousiasme? Au 14, il y avait quatre jours
qu'il occupait Lyon, qu'il le parcourait sans résistance,
sans opposition, suivi, entouré par le peuple; je m'en

réfère à tout ce qui a été dit des mauvaises dispositions
des provinces par les commissaires royaux chargés de les
parcourir. Voyez les journaux du temps, les feuilles du
Moniteur du 10 et du 11 mars. Partout il y est rapporté
qu'on se disperse et qu'on déserte. Il y avait donc un mouvement populaire! sans cela les émissaires de l'usurpateur eussent échoué, eussent été arrêtés et punis. Ces
dispositions trop générales sont manifestées dans une
adresse votée par la chambre des députés et par un
compte sur la situation du royaume, qui fut rendu dans
cette même enceinte. Il y est dit, qu'à Dijon, à Châlons,
la populace se jeta avec fureur sur les canons qu'on veut
opposer à Bonaparte. Nous avons recueilli un mot précieux, un mot explicatif dans la bouche même d'un témoin qu'on ne suppose pas être dans les intérêts du maréchal, c'est M. Capelle, préfet de l'Ain, fuyant son
département: « c'est une rechute de la révolution », dit-il;
on ne peut donc pas, à moins de vouloir nier l'évidence,
se réfuser à avouer que le maréchal était avec sa petite
troupe, ses faibles moyens, au sein d'un foyer général de
défections. Que deviendrait-on, si on s'en prenait à tous
les agens de l'autorité ? et si, dans le naufrage universel,
on était coupable pour n'avoir pu empêcher le vaisseau
de se briser sur les écueils! Il est prouvé, au procès, que
le parti de Bonaparte était, de tous, celui qui convenait
le moins au maréchal Ney. N'est-ce pas lui qui, à Fontainebleau, osa le premier lui dire de descendre du trône?
N'est-ce pas lui qui écrivit au gouvernement provisoire
que la France devait se réunir à ses anciens Rois? Combien
Napoléon n'a-t-il pas dû nourrir de ressentimens contre
le maréchal! M. de Bourmont ne lui disait-il pas à Besançon : « Vous avez tout à craindre de cet enragé, il
» pourra bien vous faire couper la tête avant six mois ».
Comment le maréchal a-t-il donc pu se réunir à lui ? L'acte
d'accusation dit qu'il y fut décidé par ses *intéréts personnels* et sa *vanité*. Qu'avait-il donc à gagner ? N'était-il pas
pair, maréchal, prince, commandant d'un des premiers
gouvernemens ?

» Je parlerai peu, Messieurs, de vingt-cinq ans d'illustration et de services rendus à la patrie; ils n'excu-
seraient pas l'accusé de l'avoir trahie. Mais j'en tire au
moins cette conséquence que, père de quatre enfans
jeunes encore, rien ne pouvait, à la fin de sa carrière,

le rapprocher d'un guerrier dont l'étoile avait pâli dans les funestes campagnes de Saxe et de Russie, et l'attacher à ce fougueux dominateur.

» On dit que ce fut à la faveur de la nuit qu'il reçut des émissaires; cela n'a été nullement prouvé dans les débats; cette conduite n'a rien d'analogue à la franchise de son caractère, et vous n'êtes pas de ces juges devant qui un quart de siècle de gloire et de vertus n'auraient aucun poids et aucun crédit. On a cru nous faire une concession en accordant que le maréchal ne fut coupable qu'au 14 mars : nous avons pris acte de cette déclaration; mais elle ne nous suffit pas; mais nous cherchons une justification hors des faveurs accordées par l'accusateur public.

M. *Bellart*. Je ne suis point accusateur public.

M. *Berryer*. Hé bien! procureur-général....

» Il continue. Le 10 mars, M. le maréchal arrive à Besançon : ses instructions portaient que S. A. R. Monsieur, frère du Roi, avait pris le commandement général à Lyon, et qu'il devait seconder ses opérations. Il devait donc *attendre* et *seconder*. Cinq à six cents hommes étaient tout ce qu'il avait à Besançon. M. de Bourmont avait fait filer par échelons tout ce qu'il y avait de troupes réunies dans la 6ᵉ division militaire ; c'est donc méchamment qu'on a attribué cet ordre au maréchal. Qu'aurait fait un chef timide ou froid pour la cause royale ? Il eût attendu. Le maréchal Ney écrit au prince pour l'avertir de la faiblesse des moyens mis à sa disposition ; il demande d'être placé à l'avant-garde ; il demande de ne point rester à Besançon, où sa présence n'est point utile. Voilà le maréchal de France! l'élan de sa bravoure accoutumée! voilà l'ennemi de Bonaparte! »

Le défenseur lit ici une lettre écrite par l'accusé, le 10, à S. A. R. Monsieur : elle prouve l'ignorance absolue où il était encore des progrès de Bonaparte.

» M. le duc de Mailhé, poursuit-il, lui apprit la retraite précipitée de Lyon; le maréchal ne voit que les jours du prince en danger; il veut partir; il réfléchit ensuite qu'il n'est pas un soldat; il reste : il écrit au ministre qu'il occupera Bourg et Mâcon, et, s'il le peut, qu'il attaquera l'ennemi. Il emmène M. de Bourmont dans sa propre voiture; ceci prouve, sans doute, qu'il n'était

IIᵉ partie   11

pas en défiance sur ses résolutions à venir ni en combat
avec sa conscience; car la sagacité connue, l'habitude
d'observer de ce singulier compagnon, pouvait le trouver
en défaut sur quelques points, si sa religion eût été douteuse. Devant le sous-préfet de Poligny, M. le maréchal
ne montra-t-il pas toute sa franchise en s'expliquant en
termes militaires; en disant qu'on aurait dû *courir sur
la bête fauve*; M. de Saint-Amour et le marquis de Sauran
n'ont-ils pas fait des dépositions semblables?

» Il arrive à Lons-le-Saulnier dans la nuit du 11 au 12 :
dès six heures du matin, sans égard aux fatigues de son
voyage, il écrit, en termes francs, au ministre de la guerre
que ce n'était pas à Lyon, mais à Grenoble, que devait
aller Monsieur. « On se retire, dit-il, ce n'est pas là le
» moyen de faire reculer l'ennemi; je manque absolument
» d'artillerie et d'attelages ». Il écrit, le même jour, les
mêmes choses à peu près à M. le duc d'Albuféra et à
M. le duc de Reggio, et il demande encore qu'on le
seconde. Quand on signale ainsi sa détresse, quand on
choisit de pareils confidens, on est fidèle. Le maréchal
envoya au ministre de la guerre les proclamations qu'il
avait saisies, les signala comme des mensonges, et sollicita des secours. Il attendit des nouvelles de Monsieur;
il attendit l'artillerie qu'il avait demandée; quel est celui
des serviteurs du Roi qui a montré plus de zèle et pris
plus de précautions?

» Le 12 mars, il prit des mesures pour établir une ligne
télégraphique, afin de savoir où il pourrait porter ses
secours.

» Le 13, il écrit deux fois dans la même journée au
ministre. Il prend des mesures pour l'incorporation des
gardes nationales de la Haute-Saône, du Jura et de l'Ain.
Toute sa correspondance atteste ses intentions loyales, et
parle plus haut que quelques témoins qui n'ont pas été
sans espoir dans cette affaire. Je crois le maréchal suffisamment vengé de leurs atteintes, et de ces allégations
préparées et apportées ici après huit mois.

« Nous sommes à la veille d'une grande révolution,
» écrivait-il au duc de Reggio; il faut faire venir les
» troupes en poste. »

» On a voulu, dans les débats, faire dire au maréchal
que l'esprit de l'armée était bon : sa correspondance explique et prouve le contraire.

» Une lettre écrite à M. le comte Heudelet, sous la date du 13, dit qu'il faut éviter les petits détachemens, envoyer à Auxonne des troupes et de l'artillerie, surveiller le cours de la Saône, écrire à M. le comte Germain, préfet.

» Le maire de Dôle reçoit du maréchal l'ordre de faire réunir les gardes nationales; il choisit à Lons-le-Saulnier M. de Rochemont, ancien gentilhomme, comme le sujet le plus sûr, auquel il pût confier une mission délicate. Il lui donne de l'argent, lui ouvre un crédit dans les villes où il doit se rendre. Cet agent, bien élevé et connu pour son attachement à la famille royale, est une preuve irrécusable de la franchise de son zèle.

» Sa maison était ouverte, à toute heure, de jour et de nuit, à M. de Vaulchier, préfet du Jura, dont le dévouement n'était pas douteux. M. de Vaulchier lui a fait deux visites; il eût pu, il eût dû peut-être les multiplier davantage. Si on entre dans l'appartement du maréchal, on le trouve sans cesse occupé d'opérations militaires, et entouré de ses cartes.

» On le trouva ainsi dans la désastreuse campagne de Russie, à l'abri d'un tertre de neige; il méditait une retraite difficile, où il sauva par ses soins seuls six mille personnes, plusieurs personnages célèbres dans l'Europe, qui n'ont pas pu se réunir pour voter son accusation, pour solliciter sa mise en jugement.

» Le 13, il dicta ses instructions..... C'est à vous, MM. les pairs, que nous devons de les avoir et de les produire! « Il faut que Monsieur, dit-il, sache bien qu'il » n'y a plus un moment à perdre; il faudrait que les » troupes vinssent en poste; il faudrait que le Roi fît for- » mer deux camps, l'un à Melun, l'autre à Orléans, pour » assurer la tranquillité de la capitale ». A qui les donnait-il ces instructions justificatives? A qui les dictait-il, le 13 au soir? à M. de Sauran, l'un des plus fidèles compagnons du prince.

» M. de Fay vous a dit qu'il croyait à la fidélité du maréchal. MM. de la Genetière et Cayrol vous l'on dit aussi. M. de Ségur, dont la franchise est si digne de foi, vous a déclaré que le 7, à Paris, il était dans des dispositions non équivoques. MM. Grivel, Boulouze et plusieurs autres l'ont déclaré après lui. Il résulte donc, de tous les débats, que dans la journée du 13 le maréchal Ney était fidèle. Nous rentrons ainsi dans une justification plus victorieuse, plus éclatante que par cette concession anticipée qu'aurait voulu nous faire le ministère public.

Ici l'orateur et les auditeurs ont pris quelques minutes de repos.

M. « *Berryer.* J'arrive au 14 mars, et je pars du principe, que le maréchal Ney était encore innocent. Pour expliquer (ce que l'acte d'accusation nous demande, et ce que, sans doute, on a droit de demander), comment il ne serait devenu ensuite qu'une créature de Bonaparte, il est important de fonder l'état de sa position, et les circonstances qui lui appartiennent. Il est dans l'ordre des choses et de la nature de ne pouvoir tout définir; cette époque de notre histoire restera toujours obscure et confuse; je ne chercherai point à expliquer, moi faible individu, les désastreux retour de Bonaparte, et à rappeler tout ce qu'en ont dit les anecdotes, les gazettes, et dans leurs livres et leurs clubs, la nation la plus indépendante de l'Europe; on conçoit à peine ce phénomène, quand il est accompli. Cette flotte étrangère, chargée de surveiller le captif, le laisse échapper; nul obstacle ne s'oppose à son débarquement sur le littoral de la France : pourquoi veut-on que le maréchal Ney en supporte tout seul la responsabilité? Bonaparte, comme le génie du mal, semble réoccuper l'univers, et l'enivrer du souvenir de sa gloire bien ou mal acquise. Au 14 mars, sa chance n'était plus douteuse, sa marche était triomphale; il était entré dans la seconde ville du royaume. La révolution était faite; elle l'était à Lons-le-Saulnier, comme elle le fut, six jours après, pour Paris.

» Le maréchal a-t-il donc pris part aux agitations et aux tourmentes révolutionnaires? Non. La patrie, toujours la patrie, fut présente à ses yeux. Dans la nuit du 13 au 14, il apprend l'occupation de Lyon : l'usurpateur rend des décrets; l'esprit public le seconde; il marche; il a 15,000 hommes; il donne à sa troupe le nom de *Grande Armée*. Châlons, Mâcon, Autun même, avant qu'il parût, étaient occupés en son nom.

« Le maréchal n'a point d'artillerie : le préfet de la Haute-Saône lui écrit : « Une population immense va au

devant des troupes et s'opposera au départ des canons ».
Tout était donc en insurrection. Songez, messieurs, à l'importance des localités d'où partaient ces divers renseignemens. De Dijon venaient des rapports annonçant que le
corps entier de la gendarmerie, ce corps si fidèle jusqu'ici
à maintenir la tranquillité publique, refusait de réprimer
les cris séditieux, et que des légistes étaient allés, en députation, au-devant de Napoléon.

» Mais le maréchal n'en était plus à conjecturer : dans
la nuit du 13 au 14 il reçut des avis du baron Capelle, qui
étaient plus clairs encore et plus terribles : les dispositions
des généraux Gauthier et Lecourbe, qui ne sont plus,
passeront du moins sous vos yeux comme des testamens
de mort : le général Gauthier a déclaré que ses troupes
l'avaient contraint à s'unir à Bonaparte ; il l'a fait : personne n'a attaqué sa mémoire, il est descendu en paix
dans la tombe.

» M. de Grivel a déclaré que la moitié des troupes qu'il
commandait étaient prêtes à passer à l'usurpateur ; il l'é-
crivait au Roi. On dit la vérité à la majesté.

» M. de la Genetière, qui nous a donné ce matin
même un échantillon de sa malveillance, pour retrancher un moyen de salut au maréchal, a déposé lui-même
que ses soldats ne voulaient point se battre.

» M. de Bourmont, qui est venu nous honorer ici *de sa*
commisération, et je ne sais pourquoi il a choisi ce sentiment pour l'appliquer au maréchal, tout accusé qu'il
est, avait déposé les mêmes faits, je ne sais si sa conscience ou son esprit l'ont porté à retrancher de sa première déclaration que tout, autour de l'accusé, était en
fermentation révolutionnaire.

» Combien de témoins n'ont pas établi que partout les
royalistes étaient en minorité !

» M. le comte Heudelet a dit que le maréchal ne pouvait rien entreprendre, avec succès contre Bonaparte :
MM. Mermet et Bessière se plaignent tous deux de leurs
troupes, qui pourtant n'étaient pas en présence du maréchal, et n'ont pu ressentir son influence.

» Dans quelle instruction a-t-on réuni plus de preuves pour innocenter l'intention ? Où les facultés humaines
sont trop faibles, la culpabilité se mesure aux circonstances.

» Je passe, messieurs, aux causes particulières qui ont pu entraîner notre décision : des émissaires, non pas deux, non pas trois, non pas introduits la nuit, mais en grand nombre, étaient déjà répandus dans le camp et dans toutes les campagnes. M. le baron Passinges de Préchamp a dit que la proclamation du maréchal avait été répandue d'avance.

» Le 14 donc, le maréchal n'avait pas d'armée ; il comptait des hommes, mais nul n'était prêt à obéir dans le sens où il devait agir : livré à tous ses assauts, il en eut un dernier à soutenir, c'est la lettre écrite par le général Bertrand : tout y était prévu, toutes les objections étaient levées ; toutes les solutions données. Le maréchal crut, et dut croire que le Roi était absent, et par conséquent qu'il n'y avait plus de gouvernement avec lequel il eût des engagemens.

» Vous avez remarqué que le maréchal demanda à marcher à l'avant-garde, qu'il osa blâmer ensuite la retraite de Monsieur ; mais, hélas ! dans les trois jours qui s'étaient écoulés du 12 au 15, toutes ses espérances s'étaient évanouies ! Plus de nouvelles de Monsieur ! Plus d'entrevues ni de secours à attendre ! Il y avait donc abandon d'un plan de résistance à Lons le-Saulnier. Les lettres du maréchal au ministère restaient sans réponse. Quelles inquiétudes n'a-t-il pas dû concevoir ! Comment croire que la famille royale n'avait pas quitté la capitale ? Cette nouvelle ne venait pas du général Bertrand seul ; elle venait de Lyon, où le maire, dévoués aux intérêts royaux, avait fait des proclamations qui l'annonçaient. Comment M. le maréchal pouvait-il supposer qu'il fût trompé ? Le *Moniteur* du 18 août annonçait que Bonaparte répandait cette nouvelle ; elle n'était que ridicule pour les habitans de Paris, à Lyon elle était toute-puissante, plus forte encore à Lons-le-Saulnier.

» M. de Bourmont a déclaré que M. le maréchal avait dit, dans la fatale matinée du 14 : « Le Roi est parti ; mal- » heur à qui entreprendrait d'inquiéter sa retraite ! » Il dut donc penser qu'il ne s'agissait plus du gouvernement des personnes, mais du salut des choses.

» Vous pèserez, messieurs, les devoirs d'un général conduisant une troupe désordonnée, et ses obligations pour faire échapper les citoyens à leur fureur et pour les

protéger. La proclamation attribuée au maréchal était an-
tidatée ; elle portait la date du 13, et désignait l'accusé par
le titre de *Maréchal d'Empire*. Il la lut à ses soldats pour
calmer leur impatience, et comme un simple ordre du
jour.

» Le matin, il a fait venir les deux hommes les plus distingués de son armée, MM. les généraux Lecourbe et
de Bourmont. La proclamation fut soumise, pendant plus
de deux heures, à la réflexion de M. de Bourmont ; c'est
lui qui fit rassembler les troupes ; et le général Lecourbe
dépose qu'il fallut aller sur la place d'armes, sous peine de
courir un danger inutile. Quand on vient donc nous parler d'une *curiosité* dérisoire, cela n'est pas vrai ; on s'y
rendit par le sentiment de sa propre conservation. Il a
donc été un moment où la peur n'était pas dans le cœur
du maréchal, mais ailleurs ; et je n'ai pas besoin de m'expliquer davantage.

» J'ai établi qu'il n'y avait aucune préméditation de la
part de l'accusé ; ma tâche devrait être finie....

» Ici le défenseur résume les moyens qu'il a produits.
De nombreux témoins, dit-il, vous ont appris l'énergie
des discours et des dispositions du maréchal. Vous êtes
convaincus, messieurs, qu'il n'a abandonné la cause
royale que quand elle a été désespérée, et que ce n'est
pas lui qui décida des malheurs publics.

» Je sais qu'en révolution on récrimine contre tout ; que
le zèle de quelques nouveaux convertis est surtout intolé-
rant ; qu'un patriote exclusivement attaché à la gloire
nationale, qui ne sut jamais plier ses mains aux convenances des salons, ne peut manquer d'avoir eu des ennemis : mais que nous reproche-t-on enfin ? la lecture
d'une proclamation ?

» M. de Bourmont dit, et le général Lecourbe dépose
dans son testament de mort, que la *généralité* des troupes
manifesta son opinion en criant *vive l'empereur !* et décida les opposans, s'il y en eut.

» Quand on compare à tout ce qui a été produit en
notre faveur, l'objection faite par quelques officiers
civils (qui ne brillèrent pas dans l'occasion), qu'il eût
fallu mêler les citoyens aux troupes, cela vaut-il la
peine d'être pris en considération ?

» On a dit que le maréchal eût dû rejoindre le Roi.
Vos nobles consciences vont m'entendre : ç'eût été sans
doute (et sans tirer l'épée) un moyen sûr de conserver
ses titres, ses droits, sa tranquillité. Mais un général
quitte-t-il son armée ; doit-il s'enfuir? S'il eût abandonné la sienne, messieurs, que de malheurs et de dé-
vastations dont on l'eût accusé? Le maréchal Ney a fait
respecter les hommes et les propriétés : je remercie les
témoins qui ont produit ses ordres du jour ; ils sont
un manifeste des sentimens les plus dignes de l'humanité.

« Le général a été emporté par son armée ; il ne l'a
point quittée ; s'il l'eût fait quel bien en serait-il résulté? ceux
qui ont couru de Lons-le-Saulnier à Paris ont-ils été
plus utiles au Roi? non. Qu'ont-ils entrepris pour sa
cause? rien. Bonaparte les a trouvés à Paris comme il
les eût trouvés à Auxerre. Cette précaution n'est pas un
acte qui puisse être en faveur de ceux qui accusent le
maréchal, et lui *jettent la pierre* (laissez-moi me servir
de cette expression). A Paris, on ignorait le 19 qu'il eût
opéré sa défection : cet incident ne fut donc d'aucun
effet sur les résolutions générales.

» On a dit qu'il avait outragé, par des paroles, les
membres de la famille royale ; demandez à l'un des témoins présens dans cette enceinte, avec quel respect il
en parla toujours, et s'il n'a pas versé des larmes sur la
fin déplorable du malheureux Louis XVI. On a poussé la
licence jusqu'à compromettre sa digne compagne, en
disant qu'elle pleurait chaque soir sur les humiliations
reçues à la cour. La famille à laquelle elle appartient
répond à cette calomnie.

» Quel profit devait donc enfin retirer le prince de la
Moskwa, de la lecture de la proclamation? celui d'aller
dire à Bonaparte que s'il régnait encore en tyran, on
était prêt de se défaire de lui ; celui d'aller s'enfermer
en exil dans sa terre des Coudreaux ; celui d'en sortir après
deux mois, pour aller verser son sang dans les champs de
Fleurus et de Waterloo.

M. Dupin a demandé que le reste de la défense
de l'accusé, infiniment moins longue que cette

première partie, fût continué à demain, en observant que les avocats étaient épuisés de veilles et de fatigues.

M Bellart. Ce qu'on vient de demander est sans exemple.

M. Dupin. Messieurs, je réduis ma demande à une simple question d'humanité.

M. le duc d'Uzès. M. le président, veuillez rappeler l'avocat à l'ordre!

M. le président accorde une heure de suspension dans la séance, et permet à l'accusé de se retirer.

Il est trois heures.

La séance est reprise à quatre heures un quart.

M. le président. La parole est à M. Berryer.

M. Berryer. Je crois avoir complètement justifié M. le maréchal Ney sur le fait de la préméditation dans le crime qui lui est imputé; je crois avoir démontré jusqu'à la dernière évidence, que le maréchal n'avait rien prévu, rien médité. Dans toute sa conduite, dans toutes ses actions, il n'a eu d'autre objet en vue que la patrie. Quelle que soit la nature des gouvernemens qui se sont succédés en France, le maréchal Ney, dans tous ces orages politiques, n'a jamais cessé d'être guidé par l'amour de son pays. Ne l'a-t-on pas vu, dans le mois de mars de l'an dernier, à Fontainebleau, dictant, en faveur de la France, à Bonaparte, l'abdication de son pouvoir? Ne l'a-t-on pas vu, dans sa lettre au gouvernement provisoire, du mois de juillet dernier, sacrifier encore à la patrie, et ne dissimulant aucun des dangers dont nous étions menacés; enfin, en dernier lieu, à Lons-le-Saulnier, n'est-ce pas encore la patrie qui l'a décidé à adopter la route fatale qu'il a suivie? Il était alors persuadé de l'absence du gouvernement royal, il voyait la guerre civile prête à dévorer la France, et il se décida à se ranger du parti odieux pour lui, qu'il embrassa. Rappelez-vous, messieurs, avec qu'elle franchise il eut le courage, devant les représentans de la nation, de ne dissimuler aucun des périls qui nous environnaient de toutes parts après la bataille de Waterloo.

Le maréchal Ney n'a jamais connu qu'un souverain au monde, la patrie : ce fut elle qui fut constamment l'objet de son culte sacré. Cette vérité incontestable, et démontrée d'ailleurs par tant d'actions, doit faire toute idée de criminalité de la part du maréchal. Encore un coup, il faut attribuer exclusivement le fait, reproché au maréchal, au désir ardent qu'il avait d'éviter que les Français répandissent le sang des Français.

Après avoir donné à ces idées tous les développemens dont elles sont susceptibles, M. Berryer a commencé à traiter la question sous le point de vue des rapports qu'elle peut avoir avec la convention de Paris, du 3 juillet, avec les traités conclus à Vienne, les 13 et 25 mars de cette année, et enfin avec le traité du 20 novembre.

Il a démontré, ou plutôt rappelé, que les traités de Vienne, du 13 et du 25 mars, avaient eu pour objet principal de maintenir dans son intégrité le traité de Paris de 1814, et de défendre la cause de la légitimité. Il a fait remarquer que le Roi avait signé ces divers traités, comme allié des diverses puissances de l'Europe. Il a invoqué divers articles de ces traités, et il allait essayer d'en faire l'application à la cause, lorsque M. le procureur du Roi s'est levé.

M. Bellart. Avant que les défenseurs s'engagent dans de nouveaux raisonnemens absolument étrangers au fait de l'accusation, je dois éviter un scandale de plus dans ces pénibles discussions. Nous sommes Français, ce sont des lois françaises seules qu'il faut invoquer. Nous avions bien pressenti qu'on avait eu l'idée de nous présenter les moyens qu'on se dispose à faire valoir; mais nous avions cru, je l'avoue, que la réflexion y ferait renoncer; nous attendions, pour y répondre, qu'on développât la défense de l'accusé; mais puisqu'on s'écarte si notoirement de la controverse, puisqu'on oublie même l'arrêt que la cour a rendu pour

fermer la discussion sur la question préjudicielle, je déclare que les commissaires du Roi
s'opposent formellement à ce que les défenseurs
de l'accusé s'écartent plus long-temps du point
de fait qu'ils sont appelés à discuter.

M. Bellart lit un réquisitoire qu'il dépose sur le
bureau et dans lequel il prend des conclusions
conformes.

M. le président. En vertu du pouvoir discré-
tionnel qui m'est attribué, j'aurais pu m'opposer
à ce que les défenseurs développassent les moyens
étrangers qu'ils voudraient invoquer; cependant,
j'ai consulté la chambre sur ce point, et, à une
grande majorité, elle s'est rangée de mon opinion. J'interdis aux défenseurs de raisonner d'un
traité auquel le Roi n'a eu aucune participation;
d'un traité qui est plus qu'étranger à S. M., puisque vingt-un jours plus tard, et en présence
même des souverains alliés, elle a rendu son ordonnance du 24 juillet. Je défends donc aux défenseurs de s'écarter des moyens qui n'ont aucun rapport avec le fait de l'accusation.

M. Dupin. Nous avons trop de respect pour
les décisions de la cour, pour nous permettre
aucune réflexion sur l'arrêt qu'elle vient de rendre : l'observation que je veux faire maintenant
ne se rapporte qu'au dernier traité, celui du 20
novembre, qu'il est assurément permis d'invoquer; en vertu de ce traité, Sarre-Louis ne fait plus
partie de la France, et nous avons vu que les individus nés dans un pays cédé à un autre, avaient
besoin de lettres de naturalisation pour conserver les droits attachés à leur état primitif. M. le
maréchal Ney est né à Sarre-Louis; il n'est pas seulement sous la protection des lois françaises, il

est sous la protection du droit général des gens.
Il est toujours Français d'intention, mais il est né
dans un pays qui n'est plus soumis au Roi de
France ; j'ai cru devoir faire cette observation
dans l'intérêt de M. le maréchal.

M. le maréchal (se levant avec vivacité).
Oui, messieurs, je suis Français, je saurai mou-
rir Français. Jusqu'ici ma défense a paru libre,
je m'aperçois qu'on l'entrave à l'instant ; je re-
mercie mes généreux défenseurs de ce qu'ils ont
fait et de ce qu'ils sont prêts à faire ; mais je les
prie de cesser plutôt de me défendre tout à fait
que de me défendre imparfaitement : j'aime
mieux n'être pas du tout défendu, que de n'avoir
qu'un simulacre de défense.

Je suis accusé contre la foi des traités, et on ne
ne veut pas que je les invoque !

Je fais comme Moreau, j'en appelle à l'Eu-
rope et à la postérité.

M. Bellart. Il est tems de mettre un terme à
ce système de longanimité qu'on a constamment
adopté. On a fait valoir des maximes bien peu
françaises. On a poussé jusqu'à la licence la liberté
de la défense. Doit-il être permis à un accusé d'in-
tercaler dans sa défense des matières qui y sont
absolument étrangères. Les défenseurs ont eu
plus de temps même qu'ils n'en avaient demandé.
A quoi bon les dérogations du fait capital auxquelles ils se livrent. Ce n'est porter aucune atteinte à la défense que de vouloir la faire circonscrire dans les faits de l'acte d'accusation. Les commissaires du Roi, quelles que soient les résolutions de M. le maréchal, persistent dans leur réquisitoire.

M. le président. Défenseurs , continuez la défense en vous renfermant dans les faits.

M. le maréchal. Je défends à mes défenseurs
de parler, à moins qu'on leur permette de me
défendre librement.

Un moment de silence.

M. Bellart. Puisque M. le maréchal veut clore
les débats, nous ne ferons plus, de notre côté,
de nouvelles observations. Nous ne répondrons
même pas à ce qu'on s'est permis de dire contre
quelques témoins, et nous terminerons par notre
réquisitoire.

Ici, M. le procureur-général donne lecture
de son réquisitoire, dans lequel il requiert, au
nom du commissaire du Roi, que la chambre
applique, au maréchal Ney, les articles du Code
pénal, relatifs aux individus convaincus du crime
de haute trahison et d'attentat à la sûreté de
l'État.

M. le président. Accusé, avez-vous quelques
observations à faire sur l'application de la peine ?

M. le maréchal. Rien du tout, monseigneur.

M. le président. Faites retirer l'accusé, les témoins et l'audience.

L'accusé et le public se retirent. La cour reste
dans la salle. Il est cinq heures.

Avant de mettre sous les yeux du lecteur la
délibération de la chambre, c'est ici le lieu de
dire que Me Dupin, l'un des avocats de l'accusé,
qui, dans toute cette cause, a développé un beau
talent et un beau caractère préparait une défense
énergique si le maréchal lui-même, n'eût, en
quelque sorte, fermé les débats; c'était alors qu'il
se proposait de légitimer surtout les *intentions*
d'un général, d'un citoyen qui, suivant l'expression de Me Berryer, ne connut de souverain que

la patrie; il eut démontré que ses positions militaires et les forces mises à sa disposition étaient
insuffisantes pour opérer une résistance; qu'enfin
l'horreur d'une longue guerre civile détermina sa
résolution. Sa plaidoirie eût fini par des considérations politiques par lesquelles il eut essayé de
désarmer la sévérité de la cour, en lui présentant
la clémence comme le meilleur moyen de rallier
tous les cœurs; « j'aurais, dit-il, montré notre
» chère patrie non comme une terre sèche altérée
» du sang français, mais comme une mère tendre,
» affligée sans doute des torts de ses enfans, mais
» fière encore de les porter sur son sein, prête à
» oublier leurs fautes en compensation de leurs
» services, et souriant, malgré elle, au souvenir
» de ce qu'ils ont fait de grand. »

Avant de poser la question, plusieurs pairs ont
soutenu qu'ils étaient *jurés politiques*, et qu'ils
avaient le droit d'appliquer la peine qu'ils jugeraient convenable. Cinq appels nominaux ont eu
lieu pour la délibération de l'arrêt. MM. les pairs
ont émis leur opinion à haute voix. Le premier
appel a décidé, à la majorité des 113 voix contre
47, la question relative à l'accueil fait par le maréchal aux émissaires de l'usurpateur, dans la
nuit du 13 au 14 mars. Le second, à l'unanimité
moins 1 voix, qui s'est abstenue, les questions
relatives au triple fait d'avoir, par la proclamation du 14, excité son armée à la rébellion et à la
désertion, d'avoir ordonné à ses troupes de se
réunir à l'usurpateur, et d'avoir lui-même, à leur
tête, effectué cette réunion. La qualification du
crime résultant de ces actes, a été l'objet du
troisième appel, et, à la même presqu'unanimité,
il a été qualifié de crime de haute trahison et d'attentat à la sûreté de l'Etat.

Enfin, deux appels ont eu lieu sur l'application de la peine. Le résultat du dernier, dans lequel plusieurs votans ont usé de la faculté de passer à l'opinion la plus douce, a été une majorité de 139 votans pour la peine de mort, appliquée suivant les formes militaires.

Le nombre des votans à chaque appel était de 161. Avant l'appel nominal sur la dernière question, la chambre avait entendu un éloquent discours de M. de Malville, sur la nécessité de modifier la peine, et cette opinion avait été soutenue tour à tour par MM Lemercier, Lenoir-Laroche, Chollet et Lanjuinais. M le comte Porcher de Richebourg avait prononcé, dans la délibération du 4 au matin, une opinion dans le même sens. Cette dernière opinion a été imprimée et distribuée à la chambre.

Après la décision du jugement et avant de le prononcer au public, un assez grand nombre de pairs proposèrent de recommander l'accusé à la clémence du Roi.

MM. les pairs ont délibéré pendant cinq heures et demie.

A onze heures et demie on reprend la séance.

Les ministres sont présens.

M. le président ordonne aux huissiers d'appeler à haute voix les défenseurs de l'accusé. — Ils sont absens.

On ne fait pas venir l'accusé.

M. le chancelier, président, prononce l'arrêt rendu par la chambre.

» La chambre, après en avoir délibéré, attendu qu'il
» résulte de l'instruction et des débats que Michel Ney,
» maréchal de France, duc d'Elchingen, prince de la
» Moskwa, ex-pair de France, est convaincu d'avoir,
» dans la nuit du 13 au 14 mars 1815, reçu plusieurs
» des émissaires de l'usurpateur ; d'avoir, ledit jour 14
» mars 1815, lu, sur la place publique de Lons-le-Saul-
» nier, département du Jura, à la tête de son armée, une
» proclamation tendante à exciter les troupes à la révolte
» et à la défection; d'avoir, immédiatement après, donné
» l'ordre de se réunir à l'ennemi ; et d'avoir lui-même,
» à la tête de son armée, effectué cette défection ;
» Qu'il est, en conséquence, convaincu du crime de
» haute trahison et d'attentat à la sûreté de l'État, dont
» le but était de détruire ou de changer la forme du
» gouvernement et l'ordre légitime de succession au
» trône,
» Le déclare coupable des crimes prévus par les ar-
» ticles 77, 87, 88 et 102 du Code pénal; 1er et 5 du
» titre 1er de la loi du 21 brumaire an 5, et 1er du titre 3
» du même code.
» En conséquence, faisant application desdits articles ;
» Condamne Michel Ney, maréchal de France, à la
» PEINE DE MORT et aux frais du procès.
» Ordonne que l'arrêt sera exécuté conformément aux
» dispositions de la loi du 12 mai 1793, à la diligence
» des commissaires du Roi.
» Et conformément à la faculté accordée par l'ordon-
» nance du Roi du 12 novembre dernier, ordonne que
» le présent arrêt sera prononcé publiquement, hors la
» présence de l'accusé et en présence de ses conseils, ou
» eux dûment appelés, et lu et notifié au condamné par
» le secrétaire-archiviste faisant fonctions de greffier,
» à la diligence des commissaires du Roi. »

M. Bellart. Les commissaires du Roi chargés de la poursuite de l'accusation de haute trahison contre le maréchal Ney,

Attendu la condamnation à mort rendue par la chambre des pairs contre le maréchal Ney,

Requièrent qu'en conséquence de l'article 5 de la loi du 24 ventôse an 12, qui prononce qu'aucune condamnation contre un individu membre de la Légion d'Honneur ne pourra être exécuté qu'après sa dégradation ;

Il plaise à M. le président prononcer que le maréchal Ney, ayant manqué à l'honneur, a cessé d'être membre de la Légion.

Le président. Au nom de la chambre, je déclare que le maréchal Ney, membre de la Légion d'Honneur, ayant manqué à l'honneur, n'est plus membre de la Légion.

Le présent arrêt sera imprimé et affiché à la diligence des commissaires du Roi.—Faites retirer le public.

———————

Le maréchal, en rentrant dans sa chambre, au moment où la cour allait délibérer sur son sort, parut animé et soutenu par le sentiment d'une forte résolution. Il embrassa affectueusement ses défenseurs ; et remarquant leur profonde affliction, il leur dit, *mes chers amis, calmez-vous, nous allons nous quitter, mais nous reverrons là haut.*

Il demanda à dîner et mangea avec assez d'appétit ; il a cru s'apercevoir qu'un petit couteau à lame ronde était l'objet de l'attention et de l'inquiétude des personnes chargées de veiller sur lui. *Croyez-vous, a-t-il dit, en les regardant, que je craigne la mort !* et il a jeté le couteau loin de lui.

Après son dîner le maréchal a fumé tranquillement un cigarre ; ensuite il s'est mis sur un lit.

A trois heures et demie du matin, M. le chevalier Cauchy, archiviste de la chambre, s'est présenté à sa prison ; le maréchal dormait profondément, et il fallut le réveiller pour lui lire son jugement.

En écoutant cette lecture, il céda à un premier

mouvement conforme à l'impétuosité de son caractère. Dès le préambule de l'arrêt, *au fait! au fait!*
a-t-il dit avec impatience. Pendant la lecture, lorsqu'on en fut à l'article de la loi sur la successibilité à la couronne : *cette loi*, s'écria-t-il, *ne peut
m'être applicable ; c'est pour la famille impériale
qu'elle a été faite.* En entendant ses titres de duc,
de prince, détaillés dans l'arrêt : *à quoi bon tout
cela*, dites *Ney*, *Michel Ney*, *puis un peu de
poussière.* Alors un vieux grenadier, qui avait servi
sous lui, s'est approché et lui a dit : « Monseigneur,
j'ai dû quelquefois penser à la mort, et j'ai toujours pensé à Dieu en même temps ». Tu as raison,
répondit le maréchal, tu es un brave homme.

Cet avis, donné avec toute la franchise militaire, parut produire de l'impression sur le maréchal. Au moment même il a envoyé chercher
M. le curé de Saint-Sulpice, et eut avec ce pasteur
un entretien dont il sortit avec calme.

Sur les sept heures du matin, le maréchal reçut son épouse et ses quatre enfans ; Il ne leur
fit point ses derniers adieux, ce fut seulement
une dernière visite : madame Ney se présenta d'a-
bord seule ; le maréchal demanda pourquoi elle
n'avait point amené ses enfans, et il les envoya
chercher ; ils ne tardèrent point à arriver, accompagnés de madame Gamon, leur tante.

Les enfans étaient tristes, silencieux ; les deux
garçons n'ont pas pleuré. Madame Ney était
dans un calme effrayant, accablée du poids de
son infortune ; elle ne paraissait plus tenir à la
terre ; madame Gamon, à genoux devant le maréchal, laissait parler sa douleur avec le plus
grand éclat.

Le maréchal se recueillit un instant ; il devait
être ému ; mais toujours maître de lui, sa fermeté

se manifesta encore dans le discours qu'il adressa
à son épouse :

« *Madame, vous avez déjà éprouvé de grands*
» *malheurs, de plus grands vont vous atteindre ;*
» *le plus grand de tout va vous frapper, vous al-*
» *lez perdre le chef de votre maison. On croit ma*
» *tête nécessaire au salut public, je désire que*
» *l'on ne se trompe point, et alors j'en ferai*
» *volontiers le sacrifice...... Reprenez votre cou-*
» *rage, je vous en ai beaucoup connu, vous en*
» *avez besoin. Conservez-vous pour vos enfans*
» *dont vous devenez le seul appui ; car vous ne*
» *devez plus compter sur personne.* »

» *Donnez à ces malheureux enfans la meilleure*
éducation possible ; et surtout éloignez de leur
esprit, comme de leur cœur, toute idée et tous
sentimens de vengeance ! Ils sont nés Français,
qu'ils soient toujours Français ! Nous nous re-
verrons ce soir..... à ce soir. » Le maréchal avait dit
à sa famille, que le jugement ne recevrait son
exécution que le lendemain, et à peine fût-il
seul, qu'on vint le chercher pour le conduire au
supplice. L'entrevue avait duré une demi-heure.
A présent, dit-il aux officiers qui s'approchèrent
de lui, *le plus tôt qu'il vous sera possible.*

M. le lieutenant-général, comte de Roche-
chouart fut chargé du commandement.

Les précautions les plus prudentes et les plus
sages furent prises pour éviter les rumeurs publiques; diverses dispositions militaires avaient été
préparées pendant la nuit, et de nombreuses pa-
trouilles parcouraient, dès le point du jour, les
avenues du Luxembourg. Chacune des portes du
palais était gardée par un peloton d'infanterie et un
escadron de cavalerie : quelques détachemens se
portèrent vers la plaine de Grenelle. Pendant

12.

que la multitude abusée s'y rendait de toutes parts, on disposait le tragique appareil dans l'enceinte même du palais des pairs.

Lorsqu'on vint avertir le maréchal que tout était prêt ; il passa un habit bleu, prit un chapeau rond. Au moment du départ, il dit à M. le curé, qui était auprès de lui, en lui cédant le pas, » *Vous resterez plus long-temps que moi sur la* » *terre, c'est à moi à vous faire les honneurs de* » *ce monde* ».

L'exécution du jugement rendu par la chambre des pairs, contre le maréchal Ney, le 6 décembre à minuit, a eu lieu le 7 vers les 9 heures du matin. Le maréchal, prévenu que l'heure était arrivée, est descendu d'un pas ferme et tranquille, au milieu de deux lignes de militaires rangés sur les degrés de l'escalier du palais du Luxembourg. Une voiture l'attendait à la porte du jardin qu'il a parcouru tout entier sous escorte. Arrivé à la grille qui donne du côté de l'Observatoire, le maréchal a mis pied à terre. Il a fait alors une quarantaine de pas en avant, et est venu se placer en face des vétérans chargés de le fusiller. On lui a proposé de se mettre à genoux et de se laisser bander les yeux ; il a répondu : *Ignorez-vous que depuis* 25 *ans j'ai l'habitude de regarder en face la balle et le boulet.*

Dans ce moment suprême, le maréchal, toujours calme et sans qu'aucune altération parût sur son visage, a dit à haute voix et en élevant la main vers le ciel : « *Je proteste devant Dieu et la patrie, contre le jugement qui me condamne. J'eusse mieux aimé mourir pour mon pays, mais c'est encore ici le champ d'honneur ; vive la France !* Comme il se préparait à ajouter quel-

ques paroles qui semblaient ne pas suivre assez
vite l'élan de sa pensée, les vétérans, qui avaient
attendu un instant, ont reçu l'ordre de tirer sur-
le-champ.

Le maréchal ayant entendu cet ordre, crie
lui-même aux vétérans, en mettant la main sur
son cœur : « *Soldats, hâtez-vous, et tirez-là !* » A
peine cessait-il de parler, qu'il était déjà tombé
percé de plusieurs balles dans la poitrine, sans
donner un seul signe de vie.

Cependant, madame la maréchale Ney, accompagnée de sa sœur et de tous ses enfans, s'était
rendue aux Tuileries pour implorer la miséricorde
du Roi. On les arrêta au pied de l'escalier ; elles
étaient sous le vestibule, confondues avec tous
les valets, quand passa un ministre ; ces dames se
jettent à ses genoux, les embrassent, s'humilient,
et lui disent tout ce que le désespoir peuvent inspirer. Le ministre détourne la tête, étend les bras :
« *Je ne puis rien faire pour vous, madame !* » et
il continue sa marche.

Enfin, madame Ney parvient auprès du premier gentilhomme de service, le duc de Duras.
« *Madame, lui dit le duc, il n'est plus temps, le*
» *maréchal n'est plus !* »

Madame Ney tomba sans connaissance ; on la
transporta dans sa voiture, et de là dans son
hôtel, où des convulsions affreuses la saisirent.
Son projet est de s'expatrier : le prince de la
Moskwa laisse plus de 500,000 francs de dettes.

Son corps, placé sur un brancard, resta un
quart d'heure exposé aux yeux du public; il
a été rendu à sa famille et déposé à l'hospice de
la Maternité. Les religieuses passèrent la nuit à
prier près de ses restes; ils furent portés, le len-

demain au cimetière de Mont-Louis, dit du *père la Chaise.*

C'est ainsi qu'est mort dans la quarante-septième année de son âge, un maréchal de France dont les talens avaient acquis une réputation européenne ; les noms de ses victoires furent ses titres de noblesse ; il était né plébéien, il avait porté le mousquet du soldat.

SUPPLÉMENT.

Nous croyons faire une chose agréable à nos lecteurs, en leur donnant ici la *première* requête qui fut présentée par le maréchal Ney à la cour des pairs. Cette pièce, extrêmement rare, qui ne nous est parvenue que lorsque cet ouvrage a été presque entièrement terminé, eût trouvé sa place naturelle à la page 36 du deuxième cahier, en voici le texte :

« Messieurs,

» Traduit devant un conseil de guerre, j'ai décliné sa juridiction, et demandé mon renvoi pardevant vous, comme étant mes juges naturels, aux termes de la Charte constitutionnelle.

» Mon déclinatoire a été accueilli ; le conseil de guerre s'est déclaré incompétent, et sa décision vient d'être solennellement confirmée par l'ordonnance du 11 de ce mois.

» Mais si par-là votre compétence est souverainement établie, il s'en suit nécessairement que toute la procédure instruite contre moi devant le conseil de guerre est nulle, comme ayant été faite devant juge incompétent, et qu'il y a lieu de la recommencer devant vous.

» Telle était la jurisprudence des anciens tribunaux, telle est la jurisprudence actuelle.

» L'art. 408 du code d'instruction criminelle est formel à cet égard ; l'ordonnance du 11 novembre dernier n'y a pas dérogé, et je ne trouve pas dans le discours de M. le président du conseil des ministres une raison suffisante pour autoriser la chambre à négliger de s'y conformer.

» J'ai, au contraire, l'intime confiance que vous n'hésiterez pas à déclarer nulle une procédure instruite par des juges qui n'avaient aucun caractère pour informer contre moi.

» Cette instruction, d'ailleurs, n'est pas seulement irrégulière, elle est encore incomplète. Ainsi, pour vous en donner une idée rapide, (car je suis obligé de me défendre rapidement), il est essentiel d'entendre de nouveau le lieutenant-général Bourmont, dont les déclarations sont en contradiction avec celles du général Lecourbe, qui y a persévéré jusqu'au dernier instant de sa vie. Il est nécessaire encore que M. le lieutenant-général Bourmont s'explique catégoriquement sur le fait d'une lettre que je soutiens qu'il a reçue du maréchal Bertrand, le matin du 14 mars. La nécessité de cette comparution avait même été reconnue par le conseil de guerre.

» Enfin, j'ai rapporté dans mon Précis justificatif deux lettres écrites par moi à M. le duc de Reggio, les 12 et 13 mars; je suis porteur des originaux de ces lettres, parce que M. le duc de Reggio les a remises de confiance à madame la maréchale Ney; mais ces originaux n'auront de force et d'autorité dans mes mains, qu'autant que M. le duc de Reggio viendra confirmer, par sa déposition, le fait de leur remise dans mes mains.

» D'ailleurs, n'est-il pas nécessaire (à moins de violer encore une des principales dispositions de nos lois criminelles) de me confronter avec les témoins dont on m'oppose les écrits et les dépositions? La plupart d'entre eux ne me sont pas connus, et je leur ai adressé, dans mes interrogatoires, des démentis sur lesquels ils auront à répondre devant moi.

» C'est, en effet, ce qui constitue les débats; et la preuve qu'il doit y en avoir dans mon affaire, comme dans toutes les autres, c'est que l'ordonnance du 11 novembre porte que le président de la chambre des pairs dirigera les débats.

» Ceci amène encore une observation de ma part. Je réclame la publicité de ces débats; c'est un droit qui semblerait m'être enlevé par la disposition qui veut qu'on suive pour mon jugement *les mêmes formes que pour les propositions de lois.* En effet, ces propositions, comme toutes les autres délibérations de la chambre, sont secrètes (art. 32); mais une telle assimilation ne peut pas me priver, par voie d'induction, de cette publicité qui est garantie à tous les accusés sans exception, comme un droit constitutionnel, par l'article 64 de la charte.

» Je dois aussi m'étonner de ce que, si l'on a pensé qu'en matière de lois la voie du scrutin était nécessaire pour garantir à MM. les pairs la liberté d'opinion, on ait supprimé cette forme rassurante, pour y en substituer une autre qui oblige d'opiner à découvert. Puisqu'on a trouvé *qu'il n'était pas nécessaire que la chambre fût organisée comme un tribunal ordinaire*, il fallait donc lui laisser toutes les formes qui lui sont propres, et ne pas prendre dans les deux, tout ce qui devait m'être contraire; tandis qu'on a négligé tout ce qui menaçait de m'être tant soit peu favorable.

» Je ne puis enfin m'empêcher de relever, comme bien extraordinaire, le passage du discours des ministres, où ils s'expriment en ces termes : *C'est même au nom de l'Europe que nous venons vous conjurer et vous requérir de juger le maréchal Ney.* Certes, je conçois que l'Europe ait conservé un souvenir amer des nombreuses et éclatantes victoires que les Français ont remportées sur elle; si c'est là son grief, il est bien fondé; et, si nos trophées sont des témoins à charge contre moi, le crime de mes victoires est trop évident pour que j'entreprenne de le nier. Mais je crois trop à la grandeur d'ame et à la générosité de ceux-là même que j'eus quelquefois l'honneur de vaincre, pour croire qu'ils poursuivent et requièrent ma condamnation. Au surplus, j'ai prié les ministres des puissances étrangères de vouloir bien s'expliquer à cet égard, pour décharger mon accusation du poids accablant qui pèserait sur ma tête, s'ils laissaient plus long-temps supposer que je dois aussi les compter parmi mes accusateurs.

» A ces causes, je conclus à ce qu'il plaise à la chambre, sans s'arrêter, ni avoir égard à l'instruction faite devant le conseil de guerre, laquelle sera déclarée nulle et non avenue, comme ayant été faite par-devant juge incompétent, ladite instruction soit recommencée de nouveau en la forme voulue par la loi; je réclame aussi la comparution de M. Bourmont et de M. le duc de Reggio; la représentation de la lettre écrite par le général Bertrand à M. de Bourmont; la confrontation avec les témoins, dont les écrits ou les dépositions me sont opposés; je demande que les débats qui s'ouvriront soient publics; je réclame protection, sûreté et liberté pour mes avocats et conseils, et je proteste contre tout ce qui, dans le discours des ministres, tendrait à me priver des droits qui me sont assurés et garantis par nos lois, ainsi que contre toute assertion peu mesurée, dont le but aurait été de me rendre odieux, et de provoquer ma condamnation, comme un sacrifice qui peut être agréable à l'Europe. Sous toutes réserves de droit.

» Ce 11 novembre 1815, au soir.

» *Signé* le maréchal NEY,
duc d'Elchingen, prince de la Moskwa. »

www.ingramcontent.com/pod-product-compliance
Lightning Source LLC
Chambersburg PA
CBHW060344200326
41519CB00011BA/2029